★ 中共早期广东革命领导人研究丛书 ★

魏伟新 ○ 著

彭湃

——从其贡献到精神的研究

暨南大学出版社
JINAN UNIVERSITY PRESS
中国·广州

图书在版编目（CIP）数据

彭湃：从其贡献到精神的研究/魏伟新著．—广州：暨南大学出版社，2021.6
（中共早期广东革命领导人研究丛书）
ISBN 978 - 7 - 5668 - 3184 - 2

Ⅰ．①彭…　Ⅱ．①魏…　Ⅲ．①彭湃（1896 - 1929）—人物研究　Ⅳ．①K827 = 6

中国版本图书馆 CIP 数据核字（2021）第 111589 号

彭湃——从其贡献到精神的研究
PENGPAI——CONG QI GONGXIAN DAO JINGSHEN DE YANJIU
著　者：魏伟新

- -

出　版　人：张晋升
丛书策划：曾鑫华
责任编辑：曾鑫华　高　婷
责任校对：周海燕　冯月盈　林玉翠
责任印制：周一丹　郑玉婷

出版发行：暨南大学出版社（510630）
电　　话：总编室（8620）85221601
　　　　　营销部（8620）85225284　85228291　85228292　85226712
传　　真：（8620）85221583（办公室）　85223774（营销部）
网　　址：http：//www.jnupress.com
排　　版：广州市天河星辰文化发展部照排中心
印　　刷：佛山市浩文彩色印刷有限公司
开　　本：787mm×960mm　1/16
印　　张：14.25
字　　数：235 千
版　　次：2021 年 6 月第 1 版
印　　次：2021 年 6 月第 1 次
定　　价：59.80 元

（暨大版图书如有印装质量问题，请与出版社总编室联系调换）

总　序

在开天辟地的建党初期，轰轰烈烈的大革命时期、土地革命战争时期，中国共产党的早期领导人陈独秀、毛泽东、周恩来、陈延年、罗亦农、张太雷、邓中夏、李富春、蔡和森、李立三等活跃在广东大地上，同时，与他们并肩战斗的还有一批广东本土的领导人：苏兆征、彭湃、杨殷、杨匏安、罗登贤、阮啸仙、叶挺、邓发、谭平山、陈郁……

这些广东籍的中共早期领导人从未改变为人民奋斗一生的初心和金子般的赤诚本色，即使乱云飞渡、风暴吞卷，宁可毁灭自己，也要坚持真理，一心为公，无私无畏，为中国人民和中国革命做出了巨大贡献，他们的名字永垂史册。他们把自己的一生奉献给了中华民族的独立和人民的解放事业，人们不会忘记，历史不会忘记，任何有良知的读史者都不会忘记。

习总书记指出："要深刻认识红色政权来之不易，新中国来之不易，中国特色社会主义来之不易，我们要向革命先烈表示崇高的敬意，我们永远怀念他们、牢记他们，传承好他们的红色基因。"根据这指示，暨南大学出版社以十分敏锐的眼光和把握时代发展脉搏的高度，策划和出版了"中共早期广东革命领导人研究丛书"。这套研究丛书是介绍中共早期广东革命领导人的丛书，展示了苏兆征、彭湃、杨殷、杨匏安、罗登贤、阮啸仙、叶挺、邓发、谭平山、陈郁等在广东孕育成长起来的中国现代历史上著名的无产阶级革命家的精彩人生和伟大精神。

"为有牺牲多壮志，敢教日月换新天。"在中国共产党成立100周年之际，党中央和习总书记提出在全党开展党史学习教育活动，正当其时，十分必要。深入学习党史，才会见古鉴今、明智强心。党员干部要在这门党史"必修课"中补足精神之钙、汲取奋进之力、厚植为民情怀，从党的成功经验中启迪智慧，构筑起更为牢固的共产党人的精神家园。党员和干部要从党史中汲取感恩人民的深切情怀和血浓于水的深厚感情，全心全意为人民服务。要敢于接住历史接力棒，主动挑起担子、扛起大梁。要心怀"长风破浪会有时，直挂云帆济沧海"的念头，拿出"黄沙百战穿金甲，不破楼兰终不还"的劲头，摆出"大鹏一日同风起，扶摇直上九万里"的势头，为实现中华民族全面复兴的宏伟蓝图起好步、打好底、开好局，为中国这艘巨轮在新时代新征程中劈波斩浪增力添智。

"明镜所以照形，古事所以知今。"历史是最好的教科书，是最好的营养剂。"中共早期广东革命领导人研究丛书"记录着中共早期广东革命领袖的光辉历史和辉煌成就，这对讲好红色故事、传承红色基因、弘扬红色精神，是功在当代、利及千秋的一件大事。本丛书广泛搜集档案文献资料，有对他们的后代及同乡的采访记录，有众人皆知的革命故事，也有一些鲜为人知的细节，重心是对他们的事迹和精神进行深入细致的研究，对广大党员干部群众有很大的教育意义。丛书包括《苏兆征》《彭湃》《杨殷》《杨匏安》《罗登贤》《阮啸仙》《叶挺》《邓发》《谭平山》《陈郁》十册，每位革命领导人各成一册，凸显他们各自的特点，且有别于人物传记，实属难得。它是不忘初心、牢记使命的源头活水，是赞颂共产党、讴歌革命先辈的一系列精品力作，是弘扬革命精神、传承红色记忆的丰厚载体，是一项继承优秀传统文化、弘扬革命文化、发展社会主义先进文化、坚定"四个自信"的重要文化工程。希望读者朋友们能从中了解并牢记这些为党和民族的利益不断奉献的中共早期广东革命领导和先驱，从中得到教益，汲取人生奋斗的精神营养和前进动力。

全国党史部门党史研究领军人物　陈弘君

2021 年 5 月 16 日

前　言

根据笔者的考据，海陆丰革命在中国共产党历史上是革命最早、牺牲最大、影响最广的一次农民革命。

革命最早。海陆丰人民在中国农民运动先驱彭湃的领导下，在全国最早开展大规模的农民运动并席卷全国；海陆丰农民运动开始于1922年7月，比湖南农民运动早了一二年；海陆丰人民在中国共产党的领导下，较早打响对国民党反动派反抗的枪声，海陆丰起义发生在1927年4月，比南昌起义早三个多月；海陆丰人民在1927年11月在全国最早创建了县级苏维埃政权……

牺牲最大。海陆丰人民具有光荣的革命传统。在整个新民主主义革命时期，他们敢为天下先，英勇奋斗，不怕牺牲。无数革命志士前仆后继，不屈不挠，一直战斗到全国解放。海陆丰作为大革命时期的红土地，几乎每一处土地都有烈士的鲜血。海陆丰人民为中华人民共和国的诞生作出了巨大牺牲，仅大革命时期牺牲的烈士就多达十万人以上（当时加入农会的占全县人口80%，这部分人除了少数逃往港澳、东南亚，基本上都牺牲了。当时两县近千个党支部到1934年就只剩下两个了）。但有姓名查考而被评为烈士的只有五千多人，绝大多数牺牲者是无名英雄。据长期从事党史研究的学者林奕生老师分析，造成这种情况的原因有三个：一是烈士牺牲年代较久远，从被杀害至中华人民共和国成立已经过去二十多年了，很多烈士没有亲属留下，或全家惨遭杀害（国民党反动派为了"斩草除根"，采取"焦土"政策，连老人、小孩都不放过，甚至屠杀全村，海陆丰有一百多个村庄被灭村），这些烈士被时间湮灭，成为无名英雄。二是一些烈士家属或后代担心国民党反动派卷土重来、反攻倒算、秋后算账，从而不敢申报。那些被评为烈士的大部分是较出名的领袖、骨干或没有后代的乡亲。三是烈士评审在当时过于严格，只有被杀害的才算烈士，那些被烧死、炸死、饿死、冻死，还有大量受伤后死亡的，以及为数不少的失踪人员和没有多人证明的，统统不纳入烈士评审范畴，这也是被评为烈士的人数少之又少的原因。

除红宫红场、彭湃故居等革命旧址外，从 2017 年 10 月至 2018 年 4 月，汕尾市普查办先后两次将普查筛选的 582 处新增革命遗址资料上报给中共广东省委党史研究室。2018 年 6 月 2 日，经两轮严格审核后，省委党史研究室最终审定新增革命遗址 509 处。加上 2012 年经省委党史研究室认定的 108 处，汕尾市（海陆丰）目前已审定的革命遗址共有 617 处，真是"青山处处埋忠骨"。

影响最广。 海陆丰农民运动的影响范围已经远远超出广东，扩散到全国。海陆丰农民武装起义后，中国共产党发动了 80 多次起义。当时，中共广东省委和中共中央多次发出号召，要求各地学习海陆丰的经验。1927 年 11 月，中共广东省委在第 25 号通告中，就要求各地对"海陆丰革命的经验广为宣传，以鼓励农民勇气"。党中央在 1927 年 12 月 31 日指示湖南省委："应该在湘赣边境或湖南创造一个深入土地革命的割据局面——海陆丰第二。"1927 年 12 月，中共中央机关刊物《布尔什维克》发表题为"中国第一个苏维埃"的长篇文章，对海陆丰苏维埃政权给予高度评价："实开中国革命史光荣记载的伟大革命前途的新纪元"，"中国破天荒第一次的苏维埃，新的革命政权正由东江扩大到全广东乃至全中国"。[①] 1928 年 1 月 3 日，中共中央在决议中指出海陆丰的胜利最大："一开始便有极大的规模，而且在土地革命的性质上，也是空前的深入，极有组织，极有活动力量，中国革命之中，这是第一次由几万几十万农民群众自己动手实行土地革命的口号，第一次组织成工农群众的无限制的政权"，"中央及地方都应在自己的报纸、杂志、传单、宣言中运用广州及海陆丰暴动的材料"。1928 年 1 月 3 日，中共中央在致广东省委的信中要求："军委对于工农革命军及工农武装的组织编制和扩大计划亦均宜根据海陆丰及广州暴动的经验有个切实而具体的讨论。这个从事实中得出的结论和方法，不仅对于广东有莫大的贡献，便对其他各省亦会发生同样的效用。"毛泽东在《中国的红色政权为什么能够存在?》等著作中，也充分肯定了海陆丰的经验和做法。随着中共广东省委编写的《海陆丰苏维埃》小册子在全党的发行，海陆丰的影响力就更大了。

但长期以来，学术界对于彭湃对中国革命的影响和巨大贡献缺乏深入研究。近些年虽然加大了对彭湃的宣传，但人们对他的印象大都停留在"彭湃是农民运

---

① 罗浮. 中国第一个苏维埃［J］. 布尔什维克，1927（8）.

动大王"，知道他很会搞农民运动，而对他对苏维埃、对革命根据地，尤其是对人民军队的缔造的巨大贡献知之甚少。

对海陆丰革命根据地历史和彭湃的研究，早在20世纪50年代就开始了。1951年，在我党诞生30周年的时候，《南方日报》编辑部发表了纪念海陆丰工农苏维埃政府的文章。1953年，中共中央宣传部编印的《党史资料》第4期刊登了题为"1927年海陆丰的革命运动"的长篇文献资料，这篇史料引起了史学界对海陆丰三次武装起义和建设苏维埃政权的重视与研究。1957年11月，在海陆丰苏维埃诞生30周年之际，经广东省委和省政府批准，海丰、陆丰分别举行了大规模的纪念活动，省委书记、副省长古大存等领导参加了此次活动。海陆丰苏维埃30周年纪念大会筹委会编写了一册《海陆丰苏维埃史料》。海丰红宫红场旧址纪念馆和海丰、陆丰老区建设委员会广泛征集革命文物，并发动老同志写了大批革命回忆录。1958年，广州大学生史料调查队来到海陆丰，深入调查研究，编印了一册《海陆丰苏维埃革命史》。同年，钟贻谋著的《海陆丰农民运动》一书由广东人民出版社出版，这本书虽有不准确之处，但它是中华人民共和国成立后第一本研究海陆丰农民运动的专著。广东人民出版社还出版了侯枫著的《彭湃》。1959年，海丰、陆丰两县委分别成立编史修志委员会，大力征集革命史料，历经5年，写出了《海丰人民革命斗争史》第三稿、《陆丰人民革命斗争史》第五稿，并编写了《大事记》。十年动乱期间，林彪反革命集团直接插手海陆丰，掀起了批判彭湃、砍倒海陆丰革命旗帜的黑浪，致使海陆丰农民革命根据地史的研究被迫停止。党的十一届三中全会以后，海陆丰农民运动和苏维埃运动的研究重新活跃起来，出现了新局面。1981年，人民出版社出版了《彭湃文集》，广东人民出版社出版了《彭湃研究史料》。同年10月，彭湃85周年诞辰之际，经广东省委批准，广东中共党史学会和广东历史学会联合举办了纪念彭湃学术讨论会，并在海丰县举行了纪念会。与会的史学工作者撰写了研究彭湃领导海陆丰农民运动、创建革命根据地的几十篇论文，后由广东省委党史研究委员会编辑出版《纪念彭湃论文集》。随后，人民出版社出版了由广东海丰县红宫纪念馆（现海丰红宫红场旧址纪念馆）和华南农学院马列主义教研室合著的《彭湃传》，着重记叙了彭湃在海陆丰的革命活动。海丰、陆丰两县县委党史办公室合作，将中华人民共和国成立以来征集的文献资料编成近百万字的《海陆丰革命史料》，并于1986年1月由广东人民出版社出版。此外，广东省委党史研究委员会还编辑出版了

《红（二）四师资料选编》。还有汕尾市政协与海丰、陆丰两市政协编辑了很多辑《汕尾文史》《海丰文史》《陆丰文史》，革命回忆录的征集也有很大进展。近几年，陆续有一些研究海陆丰革命和彭湃事迹的著作（论文集）与论文出版、发表，其中由彭湃的儿媳妇陈平亲自主编的《为理想奋斗的彭湃一家》（2017年，人民出版社出版）影响较大。值得一提的是，近些年，一些事业有成的人士加入研究海陆丰革命和彭湃事迹的队伍。例如陆丰籍深圳老板林奕生花了三年多时间跑遍了海陆丰60多个乡镇，抢救、收集了很多珍贵史料，2017年自费出版了《奔向海陆丰》等著作，并主动宣传、推广海陆丰红色文化，受到很多老一辈革命家后代的赞扬和专家的肯定。近年来，北京、广州等地不少大学生、党史工作者以及国际友人专程前来海陆丰，调查研究彭湃与海陆丰革命历史，撰写研究文章，更是促进了海陆丰革命历史和彭湃革命事迹的研究与传播。随着文献资料的大量发现和汇编出版，一些尚未有准确结论的史实被弄清楚了。例如，关于海陆丰革命根据地存在的时间问题，现应确定为1927年至1934年；关于南昌起义军二十四师进入海陆丰的整编地点，现应确定为海丰朝面山；关于称1927年先后三次建立的革命政权为"十天政权""九天政权""四月政权"，这是错误的，且不符合事实，应予纠正；关于海陆丰三次起义党的领导，过去说是东江特委，现应确定为海陆丰地委；关于1928年冬至1930年冬特委对海丰、陆丰两县委的领导，过去说是东江特委，现应确定为海陆惠紫特委，等等。在党史工作者的共同努力下，对海陆丰革命根据地历史的研究已经取得了一些进展，许多同志本着实事求是的精神，提出了新的观点、新的见解。

海陆丰和彭湃是党史研究的"红色富矿"。笔者多次提出：海陆丰是中国革命的重要策源地（彭湃是广东共产主义小组发起人，在海陆丰很早就开展社会主义、马克思主义的传播。党团组织建立得很早，1928年海陆丰党员人数占全国党员总人数的15%，一说60%）；是中国共产党领导下的第一个农民运动开展地（1922年海陆丰就开展农民运动，并很快席卷全省、全国）；是中国第一个苏维埃政权所在地（1927年11月分别成立陆丰、海丰苏维埃）；是人民军队的重要创建地（我党领导的第一支人民武装——"海丰农民自卫军"1925年3月在海陆丰诞生，海陆丰第一次武装起义1927年4—5月在海陆丰举行，我党第一支正规军——红二师在海陆丰诞生，他们与后来由广州起义部队组成的红四师在海陆丰大地浴血奋战），这些决定了海陆丰在中共的重要历史地位，而这也就是彭湃一手创建、促成的。

此外，海陆丰对中国革命的另外一个重大贡献，就是组织和掩护一批重要人士，在南昌起义失败后撤离至香港、上海，他们是周恩来（后来的党中央负责人、中共中央军委副主席、国务院总理）、李立三（后来的中共中央政治局常委、党中央的实际领导人）、张国焘（中国共产党创始人之一、后来的中共中央政治局常委、中华苏维埃共和国临时中央政府副主席、红四方面军负责人）、刘伯承（后来的开国元帅、中央军委副主席）、贺龙（后来的开国元帅、国务院副总理和中共中央军委副主席）、聂荣臻（后来的开国元帅、中共中央军委副主席）、叶挺（后来的新四军军长）、萧克（后来的开国上将、国防部副部长），谭平山（中国共产党创始人之一、共产国际中国委员会主席、中共中央政治局委员）、恽代英（后来的党中央宣传部秘书长、中国共产党著名宣传家）、林伯渠（后来的中共中央政治局委员、全国人大常务委员会副委员长）、徐特立（后来的中共中央委员、中央人民政府委员）、吴玉章（后来的中央人民政府委员、全国人大常委会委员、全国政协常委）、郭沫若（后来的中共中央委员、政务院副总理、中国科学院院长）、程子华（后来的第四野战军十三兵团司令员、中共中央委员、全国政协副主席）等，这些人除了个别外，大部分都成为以后党、国家和军队的领导人。

彭湃对中国革命作出了巨大牺牲和巨大贡献。他对现代中国农民运动、中国苏维埃政权的创建、中国革命根据地的创建、人民军队的缔造等都作出了巨大贡献，都需要系统地深入研究。

"彭湃的精神"，最早是中共中央在1929年针对彭湃等人牺牲而发表的《中国共产党反对国民党屠杀工农领袖宣言》中提出的，宣言号召工农群众"继续革命领袖的精神奋斗"。党中央领导人瞿秋白在《彭湃》一文说："党对他的无畏、坚定和顽强工作的精神给予了高度的评价。"周恩来在《彭杨颜邢四同志被敌人捕杀经过》一文中也提出"烈士的革命精神不死！"等。此外，也有一些学者提出"彭湃的精神"，如北京大学王多吉的《富有创新思想的人生是辉煌——彭湃思想论略》等。但毋庸讳言，学术界目前对"彭湃精神"的研究还是不多的。其实"彭湃精神"具备了所有中国共产党人的优良品质，可以说是中国共产党人特质的浓缩，是中国共产党人的精神标杆。"只有彭湃，既是党的组织者，同时又是农民运动的组织者。"① （瞿秋白为《红色海丰》写的序）"彭湃精神"是中国共产党优秀特质——"甘于奉献，勇于担当，善于创新，敢于牺牲"的具体体现。"彭湃精神"是中国共产党"不忘初心、牢记使命、锐意进取、顽强抗争、不畏艰险、浴血奋斗"的集中反映。

2021年2月2日，习近平总书记在党史学习教育动员大会上指出："在一百年的非凡奋斗历程中，一代又一代中国共产党人顽强拼搏、不懈奋斗，涌现了一大批视死如归的革命烈士、一大批顽强奋斗的英雄人物、一大批忘我奉献的先进模范，形成了一系列伟大精神，构筑起了中国共产党人的精神谱系，为我们立党兴党强党提供了丰厚滋养……要教育引导全党大力发扬红色传统、传承红色基因，赓续共产党人精神血脉，始终保持革命者的大无畏奋斗精神，鼓起迈进新征程、奋进新时代的精气神。"

"彭湃精神"对于当前学习党史，教育党员、干部、群众有重大的现实意义。因此，不要让伟大的"彭湃精神"自然湮灭消亡，加强对"彭湃精神"的研究和提炼，是十分必要的，这也是笔者撰写本书的目的所在。

魏伟新

2021 年 2 月于广州

---

① 刘林松，蔡洛. 回忆彭湃［M］. 北京：人民出版社，1992.

目 录

下　编　彭湃精神研究

上 编

★ 彭湃对中国革命的重大贡献研究

一、彭湃对中国革命作出了重大贡献

1. 彭湃是现代中国农民运动的组织者和推动者

海丰农民运动是中国共产党领导的早期著名农民运动。海丰农民运动在全国开展时间最早，坚持时间最长，影响最大，海丰农民运动为各地农民运动提供了理论、做法、经验、教训。大革命时期的广东乃至全国的农民运动都是以海丰为榜样。海丰农民运动沉重地打击了反动势力，在组织农会，开展武装斗争，创建工农兵苏维埃和实行土地革命等方面都作出了卓越的贡献，创造了宝贵的经验，对中国革命的历史进程产生了重要的促进作用，在我国现代革命史上写下了光辉灿烂的篇章。彭湃是现代中国农民运动的伟大先驱、革命导师和有力推动者。

2. 彭湃是人民军队的缔造者之一

大的依据有三：一是彭湃为人民军队的创建提供了理论基础：他最早明确提出了武装农民的思想，为毛泽东军事思想宝库增添了一份珍贵的财富。二是彭湃为人民军队的创建提供了丰富实践：他创建了第一支农民自卫武装；创建了中共完全领导的第一支农军——海丰农民自卫军；亲自策划、领导海陆丰三次武装起义（1927年4月30日至5月1日凌晨，海丰、陆丰两县同时举行武装起义，比我们经常说的"打响对国民党反动派第一枪"的南昌起义足足早了三个月）；亲自参与领导南昌起义，参加创建工农红军；亲自指挥红二师和红四师浴血奋战。三是彭湃是我党早期武装斗争中一位杰出的军事领导人：在我党早期的武装斗争中，彭湃先后担任过广东农民自卫军总指挥、广宁绥缉军事员、南昌起义前敌委员会委员、东江特委书记兼东江工农自卫军总指挥、中共中央军委委员兼江苏省军委书记等军事职务。

3. 彭湃是中国第一个苏维埃政府的创建者

1927年4月，蒋介石叛变革命，上海发生"四一二"事变，屠杀共产党员和革命群众。下旬，中共海陆丰地委加紧组织武装准备暴动，成立东江特别委员会、海陆丰工农救党运动大同盟；农民自卫军改为工农救党军；同时成立县临时人民政府。11月18日，海丰县第一次工农兵代表大会在红宫举行，出席会议代表311人，二师四团全体士兵参加。陆丰、紫金、惠阳、惠来的农民代表也参加庆祝。21 日，选举产生苏维埃政府委员会，宣告海丰县苏维埃政府成立，成为全国第一个苏维埃政府。海陆丰苏维埃是中共领导农民运动的一面旗帜。彭湃农民运动思想的形成和传播，为海陆丰农民运动发展和创建海陆丰苏维埃奠定了坚实的思想基础。海陆丰农民运动的蓬勃兴起和迅猛发展，为海陆丰苏维埃提供了强大的力量保障。海陆丰苏维埃领导该地广大农民进行土地革命的一些好做法，为各地土地革命提供了政策依据，为后来其他根据地实行土地革命提供了有益借鉴。海陆丰苏维埃的实践，为共产党独立领导中国革命，探索中国革命道路提供了目标指引。

4. 彭湃是中国第一个革命根据地的创建者

海陆丰革命根据地是中国共产党领导最早（1927 年 5 月创建）、坚持时间最久（共 7 年，即 1927—1934 年）、体系最完备的革命根据地。海陆丰革命根据地影响巨大，大大鼓舞了各地革命，为各地建立革命根据地提供了宝贵经验，对"中央苏区"作出了重要贡献。

第一次国内革命战争失败后，彭湃领导海陆丰革命人民首先举起了武装反抗蒋介石集团的屠杀政策的旗帜，建立了苏维埃，开创了中国苏维埃运动历史，从而具有重要的历史意义。为了实现"胜利终是贫人的"这一新民主主义的革命目标，并在此基础上沿着十月革命所开辟的社会主义道路前进，彭湃等共产党人率领海陆丰人民前仆后继地进行了艰苦卓绝的革命斗争，为中国革命建树了不可磨灭的功绩！

二、中共中央十分重视、关注海陆丰革命的发展

1. 党中央时刻关注海陆丰的情况

1928 年 1 月 8 日《中共中央关于目前政策问题致广东省委信》中专门提出"海陆丰的材料亦望省委多多寄来。"① 说明党中央对海陆丰的各种情况十分重视和关注。

① 中共海丰县委党史办公室，中共陆丰县委党史办公室. 海陆丰革命史料：第二辑 一九二七 — 一九三三［M］. 广州：广东人民出版社，1986：167.

2. 党中央多次关心、指示海陆丰的工作

从目前已经挖掘的史料中可以发现，党中央多次关心、指示海陆丰的工作，如：

1927 年 11 月 17 日《中共中央关于广东工作计划决议案》①；

1927 年 12 月 5 日《中共中央关于保留东江革命委员会和海陆丰苏维埃政策问题致广东省委信》②。

尤其是 1928 年 1 月，党中央专门就海陆丰革命的问题在一个月内三次致信指示广东省委，这在党史上是极其少见的：

1928 年 1 月 4 日《中共中央关于扩大海陆丰苏维埃问题致广东省委信》③；

1928 年 1 月 8 日《中共中央关于目前政策问题致广东省委信》④；

1928 年 1 月底《中共中央致广东省委信——海陆丰苏维埃和军事组织与策略》⑤；

1928 年 2 月 22 日《中共中央致广东省委信——保卫海陆丰苏维埃的策略，党的无产阶级化》⑥。

说明海陆丰确实是当时革命的热点、焦点地区。

3. 党中央高度评价海陆丰的工作

（1）高度评价海陆丰苏维埃。

1927 年 12 月，中共中央机关刊物《布尔什维克》曾以"中国第一个苏维埃"为题，发表长篇专文，报道了海陆丰武装起义，对海陆丰苏维埃给予高度评价："此次的伟大而普遍的农民暴动，英勇斗争，推翻了反动势力的统治……建

① 中共海丰县委党史办公室，中共陆丰县委党史办公室. 海陆丰革命史料：第二辑 一九二七——一九三三 [M]. 广州：广东人民出版社，1986：21.

② 中共海丰县委党史办公室，中共陆丰县委党史办公室. 海陆丰革命史料：第二辑 一九二七——一九三三 [M]. 广州：广东人民出版社，1986：57.

③ 中共海丰县委党史办公室，中共陆丰县委党史办公室. 海陆丰革命史料：第二辑 一九二七——一九三三 [M]. 广州：广东人民出版社，1986：165.

④ 中共海丰县委党史办公室，中共陆丰县委党史办公室. 海陆丰革命史料：第二辑 一九二七——一九三三 [M]. 广州：广东人民出版社，1986：167.

⑤ 中共海丰县委党史办公室，中共陆丰县委党史办公室. 海陆丰革命史料：第二辑 一九二七——一九三三 [M]. 广州：广东人民出版社，1986：212.

⑥ 中共海丰县委党史办公室，中共陆丰县委党史办公室. 海陆丰革命史料：第二辑 一九二七——一九三三 [M]. 广州：广东人民出版社，1986：234.

设了工农兵苏维埃的政权，实开中国革命史上光荣记载的伟大革命前途的新纪元""中国破天荒第一次的苏维埃，新的革命政权正由东江扩大到全广东乃至全中国""在中国革命史上、无产阶级革命史上，最值得纪念的光荣历史！"肯定它是"中国第一个苏维埃"①。

中共中央临时政治局决议中指出："邻近的乡村县市，都激起极大的农民群众起来暴动""以致东江许多县的县城之中，建立了苏维埃。"

当时党的领导人瞿秋白在为《红色海丰》写的序中指出："海陆丰苏维埃共和国（原文如此）极大地促进了湖南、江西和广东东北部红色游击运动的发展。"②

当时党的领导人周恩来在《关于党的"六大"的研究》一文中也谈道："我看十一月扩大会议的错误方面多于正确方面。正确方面是放弃国民党的旗帜，打出苏维埃的旗帜。"③

中共中央十分重视且进一步推广海陆丰苏维埃的经验。1928年1月3日，中共中央政治局会议总结了红色政权的经验，指出："海陆丰政权之丰富材料，它的胜利，它的经验，应当充分运用到一切农民暴动中去。"并将海陆丰政权的主要经验概括为：①暴动进行的方法和士兵群众的结合；②歼灭地主豪绅的果断；③没收土地和分配土地；④苏维埃政策的实行；⑤工农革命的组织；⑥各区各乡苏维埃的组织；⑦游击战争的经验；⑧保障地域的英勇斗争，等等，号召各地向海陆丰学习。

（2）高度评价海陆丰土地革命。

中共中央临时政治局会议赞扬海陆丰在"各县农民暴动中以海陆丰的胜利为最大"，在"中国革命之中，这是第一次由几万几十万农民群众自己动手实行土地革命的口号，第一次组织成工农群众的无限制的政权"。

1927年12月31日，中共中央给湖南省委的指示信中，把海陆丰树为榜样，指示湖南"应在湘赣边境或湖南创造一个深入土地革命的割据局面——海陆丰第

① 罗浮. 中国第一个苏维埃 ［J］. 布尔什维克，1927，1（8）.
② 刘林松，蔡洛. 回忆彭湃 ［M］. 北京：人民出版社，1992.
③ 中共中央文献编辑委员会. 周恩来选集：上卷 ［M］. 北京：人民出版社，1981：172.

二"。1928 年六七月间，中国共产党第六次全国代表大会在莫斯科召开。六大指示党在地方领导武装起义胜利后，应像海陆丰等地那样组织苏维埃。

中共中央 1928 年 3 月 10 日发出的《中央通告第 37 号——关于没收土地和建立苏维埃》指出，当时全国的苏维埃运动，除开海陆丰以外的各地农村暴动，大都只做到杀豪绅、烧地主房屋，进一步则做到烧田契债券，而于没收土地的工作，则是没有做。党中央希望各地以海陆丰为榜样，切实开展土地革命，行没收土地、分配给农民之实，并给信正在组织开展此项工作的湖南省委，希望他们在湘赣边境或湖南省内营造一个深入土地革命的割据局面，争取成为"海陆丰第二"。

彭湃领导的海陆丰苏维埃和革命根据地创造了很多做法和经验，如在地方纸币上加盖劳动银行印章后再在苏区流通的做法，被写进了中共中央 1931 年 2 月发出的《苏维埃第一次全国代表大会经济政策草案》当中，作为一种成功经验向各地推广。

第一章

彭湃对中国农民运动的重大贡献

"六人农会"雕像（摄影：魏子杰）

彭湃是"中国农民运动大王"，作为中国共产党内最早从事农民运动的革命家和领导人，在当时党内同志专注于"城市中心"的时候，其在认识农民革命的作用，并在如何组织和调动广大农民的革命积极性等方面提出了许多具有远见性的思想。尤其值得肯定的是，彭湃不仅是这样认识的，更是这样去做的。他在农民运动的实践中，系统地提出了许多关于农民思想政治教育的思想主张。在党内，可以说他是第一个提出且比较早地阐述这些思想的人。他对农民开展了内容丰富多样、形式生动灵活的思想政治教育，在动员组织农民参加共产党领导的农民运动、革命中起到不可磨灭的作用。他把自己的农民革命主张踏踏实实地付诸实践，创建了中国第一个农村革命根据地，建立了第一个农民苏维埃，以后中国革命的胜利正是沿着这条道路走下去并取得了最后胜利。因此，总结彭湃对农民问题的认识与贡献无疑具有很大的历史价值和现实意义。

一、背景分析

（一）海陆丰：农民深受官僚和地主的压迫、剥削重，矛盾重重

辛亥革命前，海陆丰地区的阶级矛盾尖锐，农民地位低下。他们"怕地主绅士和官府好像老鼠怕猫的样子，终日在地主的斗盖，绅士的扇头，和官府的锁链中呻吟过活"①。辛亥革命爆发后，出生在海丰的实力派人物陈炯明在政坛日渐活跃并成为广东军政府的领袖。这一时期广东的海丰官僚阶层得益于陈炯明的发迹而逐渐崛起，留日归国的彭湃也是在这种背景下拒绝受邀赴广州为官的。彭湃之所以放弃广州的仕途是因为他一直惦念凋敝的家乡和凄苦的民众。

地主阶级对农民的剥削极为残酷。当时海丰县城——海城的大地主有：东笏陈、下巷马、幼石街马、高田姚、兰巷吴、城内钟、和荣马、桥东彭、大古陈等，这些聚居的大姓以公尝为主，拥有租近十万石。他们对农民除地租剥削外，还有高利贷、租仔、粪尾租，收租时还要耍"三下盖"（指地主收租时连续用斗盖在斗上刮3次，以把谷子压实，达到多收谷子的陋规）的鬼把戏，甚至还要交租的农民额外交"伙头鸡""伙头鸭""伙头钱米"（指地主下乡收租时农民要送鸡鸭钱米或进行招待的陋规）。

地主阶级对农民的另一条剥削途径是通过开设当铺，对劳苦群众进行高利剥削。当时海城有永隆当（下巷马德坤与兰巷吴合开）、同丰当（和荣马与彭同盛

---

① 彭湃．彭湃文集［M］．北京：人民出版社，1981：101－102.

合开)、广丰当(归丰林与新城陈合开)、丰成当(和荣黄财利开设)、泰兴当(潮商开设)、德隆当(兰头王豪利开设),当时当物月息要三分,三年六个月没有赎回,就当作卖断处理。

当时新兴地主约占十分之四,由于新兴地主有财又有势,他们的租是"铁租",农民无论丰歉,一律要交十足租。

地主阶级掌握各种税捐的承扣权,这些人不仅从捐税中大量渔利,剥削群众,还掌握市场,设有斗租、秤租,农民卖农产品,要经过他们的"官斗""官秤",他们则从中抽取佣金。

地主阶级还掌握番薯市、猪仔市、炭市等,向生产者抽取市场捐,可谓捐税如毛。

彭湃在《海丰农民运动》这篇著名的著作中,详细描绘了农民在政治上、经济上、文化上受压迫的情况。他说在辛亥革命以前农民终日在地主的斗盖、绅士的扇头和官府的锁链中呻吟过活,辛亥革命后在陈炯明统治下不但不能摆脱这些压迫,并且增加了新兴地主的护弁及手枪之恫吓,他们对农民毫不客气地殴打、逮捕或监禁,甚至直接迫勒抵租和强派军饷。在经济上,由于帝国主义的入侵及军费负担、苛捐杂税之沉重,使自耕农入不敷出,零落变成佃户,逐渐无产阶级化;佃农要受50%～75%地租的剥削,更加亏空得厉害,日陷于悲哀和不幸。农民把妻儿卖尽之后自己或卖身过洋为猪仔,或跑到都市为苦力,或上山为匪为兵,总是向着"死"的一条路去。在文化上,由于无钱读书,80%的农民连自己的名字都不会写。在这种情况下,农民不革命是无路可走的。

地处粤东的海陆丰地区处于海洋文明和农业文明的复合文化圈内,当地普遍存在着妈祖信仰和龙王信仰交织的现象。与此同时,传统的宗法思想也与上述二者相互杂糅,因而呈现了复杂交错的民间信仰局面。而继之而来的则是广大农民浓重的天命观和杂乱的多神崇拜。据统计,除极少数的天主教和上帝教信徒外,民众所信奉的神明十分庞杂,既有佛教人物,又有道教人物,还有民间传说人物,甚至树神之类。常见的被信奉的神明主要包括观音菩萨、妈祖、关帝爷、玉皇大帝、财神、土地公、龙王、齐天大圣、雷神等十余种。

民间信仰因具有消极避世的倾向而被历代政府所重视并作为教化农民的工

具。海陆丰地区的乡绅官僚同样利用民间信仰控制农民，灌输着诸如压制欲望、等级观念等封建腐朽思想。而其表现就在于地方权贵对于新式教育的垄断以及对于落后思想的推崇。当时家庭的说教和戏曲的戏文这些都是官僚权贵可以控制与干预的思想文化传播媒介。所以，相对落后又稳定的知识文化内容及其传播体系是海陆丰既得利益集团所希望看到并且必须要加以维护的。被浓重天命观所束缚的民众普遍认为："真命天子不出世，天下是不会太平的。真命天子一出来，连枪都不会响了，便马上可做皇帝。"[①] 而对于自身所遭受的苦难，"他们大都说：'这是天命使然'，并且'没有得到好风水'"。[②] 同时，他们又以反抗为罪恶，以顺从为美德，甚至认为敢于反抗命运、风水更是大不敬，会被人们归为异端而被群起攻之。

综上所述，击碎农民的精神枷锁是彭湃开展农民运动的先决条件之一。同时，农民落后的思想文化水平及与之相适应的认知习惯和媒介对彭湃的农民宣传工作也提出了挑战与要求。这促使彭湃在农民宣传上讲求策略，对宣传的内容和形式有所侧重与取舍。因而，可以说粤东地区农民群众的思想文化状况是塑造彭湃富有乡土特色的宣传工作的有力推手。

（二）全国：党对农民问题重视不够

中国是一个农民国度，中国的历史表明，谁得到农民，谁就能得天下；谁丢掉农民，谁就要失去天下。

建党初期，党内对农民问题的重要性缺乏认识。中国的革命史表明，农民问题是中国革命的根本问题。早在建党之初，年轻的中国共产党对解决农民问题就有所提及，如1921年7月党的一大通过的《中国共产党第一个纲领》就主张："消灭资本家私有制，没收机器，土地厂房和半成品等生产资料，归社会公有。"1922年7月发表的中共二大宣言，鲜明地指出了农民问题的极端重要性："中国三万万的农民，乃是革命运动中的最大要素……如果贫苦农民要除去穷困和痛苦

---

① 彭湃. 彭湃文集［M］. 北京：人民出版社，1981：109.
② 彭湃. 彭湃文集［M］. 北京：人民出版社，1981：109.

的环境，那就非起来革命不可。"1923 年 6 月召开的三大，还作出了《农民问题决议案》，提出要保护农民工利益而促进国民革命运动。

但是，毋庸讳言，在建党之初，党的主要工作重心在城市，主要精力放在发展工人组织和发动工人运动上面，并没有将农民运动提到具体议程之上，党虽然制定了有关农民运动的方针，但也是仅仅停留在口号之上。党的部分主要领导人在思想上对农民问题不大重视，并不认可在此时大规模开展农民运动。例如中共中央执行委员会委员长陈独秀 1923 年 7 月 1 日在《中国农民问题》一文中虽然指出"各种革命都不可忽视了农民的力量"，农民群众"在目前已是国民革命之一种伟大的潜势力"，但又说在自耕农占多数而且是小农的殖民地半殖民地的中国，"农民所受地主的压迫，不像地主强大的国家（如旧俄罗斯、印度）或资本主义发达的国家（如欧美各国）那样厉害，不容易发生社会革命的运动"。认为中国农民的特性——"居处散漫，势力不易集中，文化低，生活欲望简单"。又如党的早期领导人、中共中央执行委员会委员张国焘在 1922 年 12 月发表的《知识阶级在政治上的地位及其责任》一文中认为："中国的农夫——因为都是小地主式的农民——没有政治上的兴趣，他们只要求一个真命天子，还要求太平和丰年，除此以外，简直什么都不管"，"在素来缺乏政治活动的中国人民中间，那极少数的知识阶级是最彻底最有革命精神的成分，占政治上的重要地位"[①]。他认为，工人阶级不是革命的领导力量，农民阶级不是革命的主力军，资产阶级没有力量，工农群众更是幼稚无知，只能把希望寄托在知识阶级身上；而《革命党的"否认"病》一文更是片面地认为人民群众"只有要求改良的动机，还没有真正觉悟革命之必要"[②]。

总之，在他们看来，农民是落后的且难以加入革命的，在当时条件下不应该发动农民运动。彭湃领导的海陆丰农民运动的发展对党内一些领导人的质疑作了理论和实践的精彩回答。

① 张国焘. 知识阶级在政治上的地位及其责任 [J]. 向导，1922（12）.
② 张国焘. 革命党的"否认"病 [J]. 向导，1922（13）.

二、彭湃关于农民运动问题的主要认识

彭湃对农民问题的认识在党内是最早的，这是公认的事实。据施复亮说，彭湃在 1921 年 5 月从日本回国以前，就已经开始重视农民问题了。他在《和彭湃的一次谈话》中说："彭湃在一九二一年五月回国之前（约三四月间），我代表留日中国共产党小组和他作过一次长谈。他的主张是：中国农民占多数，中国的革命要依靠农民，他强调农民运动，对工人运动似乎重视不够。据我所知，他对农民运动的重视比我们任何人都早。" 1922 年，彭湃由日本回国后，便积极投身于农民运动。当时，中共上下正在全力开展工人运动，而彭湃却把注意力集中到了农民问题上，走在了全党的前面，成为中国共产党和社会主义青年团内最早投身于农民运动的人。

通过从事农民运动的实践，他对中国农民很快有了和别人不同的认识。他在 1922 年 11 月 18 日给李春涛的信中，详尽地阐述了农民运动的重大意义和目的，分析了农民运动为什么发生于海丰的原因。他说："湃觉得农民运动比都市的劳工运动有几点的确是很好的：（一）农民中，自然是佃耕农占大多数。……因和田主距离很远，凡什么运动，田主都不知，不比工厂的工人，一经给资本家知道，马上就解雇。（二）农民虽然少有团体的训练……但他们有忠义气，能老老实实尽忠于自己的阶级。（三）他们亦可采用同盟罢耕，因为田地不是和机械一样的关在资本家的工厂里，而且是绝对不可移动的，将来占领田地，是极容易的。（四）海丰现在做官的钱很多，竞买田地，地价骤增，农民之纳田租，当然亦增加田主的争议，亦必多起来。（五）海丰物价日贵，农民生活日益困艰，他们时时都有暴动的心理，反的心理。"[①]

正确认识农民和农民运动在新民主主义革命中的重要性是组织与发展农民运动的前提。与当时党内主要领导人不同，彭湃 1921 年自日本留学回国之后，就积极投入农民运动的实践中。早在毛泽东总结分析湖南农民运动之前，彭湃已经

---

① 曾文. 彭湃年谱［M］//政协广东省海丰县委员会文史资料研究委员会. 海丰文史：第十辑. 汕尾：政协广东省海丰县委员会文史资料研究委员会，1993：50.

通过理论和实践证明了唤醒农民和农民运动在新民主主义革命中的重要意义。

（一）合理分析、定位农民

彭湃对农民生活状况进行深入的调查和具体、系统的分析，这是基于他很早就关注贫苦阶层，了解农民，熟悉农民，深知农民的苦难，所以他坚信农民的革命性，并全力以赴地投入到农民运动中去。

1. 农民有极强的革命性

彭湃认为在帝国主义和封建军阀的压迫下，农民这一群体有极强的革命性。农民的革命性源于他们所受的深重的封建剥削和压迫。他在《海丰农民运动》这部著名的著作中，进一步详细描绘了农民在政治上、经济上、文化上受压迫的情况："在经济上，由于帝国主义的入侵及军费负担、苛捐杂税之沉重，使自耕农入不敷出，零落变成佃户，逐渐无产阶级化……在文化上，由于无钱读书，80%的农民连自己的名字都不会写。在这种情况下，农民不革命是无路可走的。"此外，"地方官吏警察，往往倒（捣）乱是非，鱼肉乡民，绅士把持乡政，包揽讼词；田主恃财作胆，动辄借势敲剥；这都是目前的痛苦！可怜他哑子食黄连一样！"[①] 他在1924年5月11日关于海丰农民运动致陈独秀的信中，以海丰第三区林姓地主为例，说"他们对于佃户异常苛酷，屡屡升租，不遂则收回田地，批与别人。十年前每石种田纳租额不过五六石，至多亦不过七石。现在每石租田竟升至二十石租之高"，致使农民"收支相抵每年亏本二三十元之多。他们现在觉得是太亏本了，他们晓得团结了"。1925年10月18日他在省港罢工工人代表第三十六次大会上的报告中，对农民进行了初步划分，说80%的农民可以分为自耕农、半自耕农、佃农、雇农，其中佃农约占50%，半自耕农约占30%，自耕农、雇农约占20%。并具体地讲述了农民在政治上、经济上、文化上受压迫的情景，说农民在政治上艰苦万分，深受土豪劣绅、民团乡团、警察、县长、军阀等的压迫，毫无权利与地位可言；在经济上深受地主剥削，要将一半以至2/3的谷交于

① 李克坚. 海丰的农民运动底一个观察——和雨后君讨论《海丰的农民运动》［M］//《彭湃研究史料》编辑组. 彭湃研究史料. 广州：广东人民出版社，1981：130.

地主，致使自己年年都亏本，只好靠做工、卖东西甚至鬻妻卖子来还债；在文化上则没有书读。由此他得出结论："农民占人口80%，在此层层压迫之下，只有两条路可走，一条是革命的，一条便是死，如果不革命便只有死了。"

2. 农民在中国革命中占有重要地位

海丰农民饱受地主豪绅压迫，具有斗争传统，在辛亥革命前就曾经爆发过多次起义，其中最大一次起义由洪亚重发起。起义队伍曾围攻县城，使官府惶惶不可终日。辛亥革命后，曾发生过东成王党起义。彭湃看到了农村蕴藏着巨大的对旧制度反抗的阶级力量，农民在重压之下"时时都有暴动的心理，反的心理"，但"没有人来唤醒和挑拨（即宣传发动——引者）"。一旦有人宣传发动，唤醒他们的觉悟，这股力量将势不可挡。

彭湃一再强调，因为农民人口占了全国总人口的80%，而且具有强烈的革命性，所以农民在革命运动中是一股不可忽视的力量，具有极为重要的作用。早在1923年2月20日由他起草的《海丰总农会宣言》便明确宣告："我们农民，是世界生产的主要阶级。人类生命的存在，完全是靠着我们辛苦造出来的米粒。我们的伟大和神圣，谁敢否认！"

3. 中国革命必须依靠农民

彭湃认为，中国革命运动必须依靠农民，不能忽视农民的力量。

1925年10月18日，他在省港罢工工人代表第三十六次大会上的报告中又说："由历史的事实可以证明，欧洲实行无产阶级革命，中国实行国民革命，工人想革命成功，不能忽视农民。"

1925年底，他与阮啸仙为国民党广东省第一次代表大会起草的《关于农民运动之报告提案》进一步指出："农民就是全国最大多数的国民，中国国民革命若不得占全国人口80%的农民参加，则革命断不能成功。"

1926年5月，由他领导和主持的广东省第二次农民代表大会通过的《农民运动在国民革命中之地位决议案》也指出："半殖民地中国国民革命便是一个农民革命，换句话讲，半殖民地中国国民革命运动便是一个伟大的农民解放运动。在经济的观点上和群众的观点上，农民问题是国民革命中的一个中心问题，国民革命能否取得进展和成功，必以农民运动能否取得进展和成功为转移。占人口最大多数和占经济地位最重要的农民如果不起来，中国的国民革命绝对不能有真正成功的希望。所以农民运动在中国革命运动中，是占一个最主要的地位，农民运动问题是国民革命运动中的根本问题。"

应该说，他的这些论述在当时是比较突出的，也是富有前瞻性的。

（二）合理分析、定位农民运动

彭湃回国后，立即在广州、海丰宣传社会主义思想，并在海丰成立了社会主义研究社和劳动者同情会，向工人、农民作《农民生活与地租问题》等讲演。1921 年 10 月担任海丰县劝学所所长（教育局局长）后，他曾想从教育入手从事社会革命，但从 1922 年 5 月起，他便下决心到农村去做实际运动，开始农民运动的尝试。开始，他的行动并不为农民所信任，但他克服重重困难，终于在 7 月底成立了有 6 人参加的农会。接着，他于 1923 年 1 月成立了海丰县总农会，7 月成立了广东省农会。从此，他领导海陆丰农民甚至广东全省的农民，逐步开展了轰轰烈烈的农民运动和减租斗争，并随着斗争的开展，提出了一系列重要的关于农民运动和减租斗争的思想主张。

1. 强调必须高度重视农民运动

中国共产党在成立之初，主要致力于开展工人运动。直到 1923 年，党的一些领导人对农民运动还没有给予应有的重视，对农民没有作出正确的分析。1923 年 7 月 1 日，陈独秀在《中国农民问题》一文中，认为在自耕农占多数而且是小农的殖民地半殖民地的中国，"农民所受地主的压迫，不像地主强大的国家（如旧俄罗斯、印度）或资本主义发达的国家（如欧美各国）那样厉害，不容易发生社会革命的运动"。在他于该年底写的《中国国民革命与社会各阶级》中，进一步宣扬了这种思想："农民居处散漫势力不易集中，文化低生活欲望简单易于趋向保守，中国土地广大易于迁迁被难苟安"，从而使农民"难以加入革命运动"，甚至说"以为马上便可在农民间做共产的社会革命运动"，"这种观察实在未免太粗忽了"，"中国农民运动，必须国民革命完全成功，然后国内产业勃兴，然后普遍的农业资本化，然后农业的无产阶级发达集中起来，然后农村间才有真的共产的社会革命之需要与可能"。还有党的早期领导人、中共中央执行委员会委员张国焘等也认为当时开展农民运动的时机不成熟。

然而，彭湃早在 1922 年 11 月 18 日给李春涛的信中就指出：农民"实在不乏聪明的人。他们对于农会的组织，都具有很强烈的情感。他们现已渐有了阶级的觉悟。他们现已渐能巩固自己阶级的营垒"。并说农民虽然少有团体的训练，不比工厂的工人，"但他们有忠义气，能老老实实尽忠于自己的阶级"，"物价日贵，农民生活日益困艰，他们时时都有暴动的心理，反的心理"。在 1923 年 7 月 19 日给李春涛的信中，他还说："农村的纯无产阶级对于田主、资本家的敌视是很深的。……故农村的阶级的反目，老早就有，不过没有人挑拨罢了。"也就是说，在农民中蕴含着雄厚的革命基础，领导他们开展农民运动，完全是可能的。

2. 农民必须与工人联合起来，农民运动必须与工人运动互相支援

早在 1923 年 5 月 1 日，彭湃就在《海陆归三县农会"五一"宣言》中指出工人和农民同是受压迫剥削的，有共同的敌人，"处在今日饥寒压迫无智的地位的工人和农民，在生活上和人道上，是不得不要求自身解放和世界改造"。宣言号召说："我们要在这一天，轰轰烈烈地显示我们伟大的阶级团结，鲜明我们的阶级意识，整饬我们的先锋队伍，发挥我们的斗争精神，联合世界无产阶级协力推倒国际资本家以完成无产阶级的解放！起呀！我们亲爱的工人和农人！起！起来！打倒我们的共同敌人——资本主和军阀！争回我们的固有权利——自由和幸福！世界的无产阶级呀，团结起来！"[①] 彭湃认为，工人和农民，政治地位和经济地位都是相同的，都是被压迫被剥削者，都有共同的敌人。1925 年 4 月 14 日，他在海丰农工界追悼孙中山先生大会上的演说中，再次号召工人、农民："大家要从此觉悟，团结起来。农人组织农会，工人组织工会，同心协力，向田主宣战，向资本家宣战。农民实行减租，工人实行加薪"，"现在农民已有农会，已有自卫军，工人也应该赶快组织工会和工团军"[②]。

如果说上面这些论述和号召还只是从一般的意义上来讲的话，到 1925 年下半年，彭湃的工农团结的思想就是直接从斗争中总结出来的，而且更加明确。

①　彭湃. 彭湃文集 [M]. 北京：人民出版社，1981：28－29.
②　彭湃. 彭湃文集 [M]. 北京：人民出版社，1981：83.

1925 年 8 月 4 日，他在省港罢工工人代表第八次大会上的报告中明确提出了"工农联合"的口号。他说："现在世界上只有两种阶级：一种是压迫阶级，一种是被压迫阶级。工人与农民就是被压迫阶级，两种人的地位，是一样的，工人直接受压迫的是资本家，农民直接受压迫的是地主，资本家与地主可靠的力量，是依赖军阀、帝国主义。我们工人要求解放，农民也是一样要求解放。但是工人、农民要求解放，除了革命一条路，再没有第二条路可跑，所以我们应该一致联合起来革命——打倒一切压迫阶级。"他认为，无论是工人还是农民，单独革命都绝不可能成功。"农民运动的成功，非联合工人不可。工人、农民的地位已是没有区别，所做的工作是相同，故非联合不可。""工人革命单独可以成功吗？农民运动单独又可以成功吗？这是决不可能的。因为军阀和资本家时常利用不肖农民来捣乱农会，就是商团未被政府解散前，也利用未觉悟的农民，来破坏农会的组织，所以农民运动的成功，非联合工人不可。工人、农民的地位已是没有分别，所做的工作，又是相同，故又非联合不可。""海丰农民运动，最重要的口号，就是工农联合万岁！"① 省港罢工工人代表第八次大会听了彭湃的报告后，立即作出一个关于工农联合的决议案，把彭湃的主张写进了决议案中，并高呼："工农联合万岁！"这是第一次喊出"工农联合万岁！"的口号。

这年 10 月 18 日，彭湃又一次受邀，到省港罢工工人代表大会上报告广东农民运动问题。他在报告中再次重申工农联合的重要性，指出："现在社会中有两种人主张革命是彻底的，这两种人应该互相联合，互相团结，然后彻底革命才能成功，这两种人第一是工人，第二是农民。"并认为："历史事实可以证明"，"工人想革命成功，不能忽视农民，农民想革命成功，不能忽视工人，这已成为铁律"。接着提出："工人要革命成功，应该研究这个问题——工农联合问题，因为农民是工人的好朋友，与工人是一条路去革命的。"②

1926 年，彭湃仍然在积极宣传工农联合的思想。这年 1 月 10 日，他在广东省农民协会欢迎海员工会代表大会上的开会词中号召说："我们农工阶级，就要

① 彭湃. 彭湃文集［M］. 北京：人民出版社，1981：87 - 88.
② 彭湃. 彭湃文集［M］. 北京：人民出版社，1981：94.

在革命的根据地联合起来，在一条战线上奋斗，打倒帝国主义，打倒军阀，使全中国革命化，使全世界革命化。"2月23日，他在广东省农民协会欢迎省港罢工工友大会上的欢迎词中又说："只要帝国主义强硬一分，我们团结十分。如果帝国主义强硬十分，我们团结百分，就不能不将帝国主义打倒呵！"

在当时中国共产党的领导人中，也有不少人论述了工农联盟的思想。但像彭湃提出得这样早，强调得这样突出的，还是不多的。

3. 农民运动要注意政权的掌握

1923年2月9日，彭湃给李春涛写信，提出农会"所取的政策：（一）对付田主；（二）对付官厅。即经济斗争与政治斗争并进，使农民有经济斗争的训练及夺取政权的准备"[①]。

彭湃起草的《约农会简章》明确规定："会员与田主发生争议时，须即报告本会，由本会派遣代表，与之交涉"，"本会对于会员间争端，当本自治之精神，极力和解之"，"本会如遇无赖之徒到会员处勒索时，当向前与之理论"。除此之外，还规定农会有救济老弱疾病无依者、普及教育等责任。这些规定，实际上使农会具有了政权的一部分因素。因此，彭湃在《海丰农民运动》中说："从此以后，乡村的政治权力，已由绅士土豪之手，而移至农会。同时各区警察及司法衙门之生意，亦觉冷淡。"1926年5月，由他领导和主持的广东省第二次农民代表大会通过的《广东农民一年来奋斗经过报告决议案》明确提出："我们要联合全体农民，以多数人应享得幸福之原则，争回为劣绅土豪所垄断把持之乡村政权，参加地方政治，得派代表参加地方行政、司法、教育等机关及关于农民事件之会议，以取得实际之利益。"

政权问题是革命的根本问题。许多地方的农民运动遭受挫折，一个重要原因就是没有掌握政权。彭湃这里提出的由农会掌握政权的思想虽然还只是初步的，不如后来提出的夺取政权的思想那样明确，但他从开始搞农民运动就注意到政权问题是应该充分加以肯定的。

---

① 曾文. 彭湃年谱［M］//政协广东省海丰县委员会文史资料研究委员会. 海丰文史：第十辑. 汕尾：政协广东省海丰县委员会文史资料研究委员会，1993：51.

4. 农民运动必须讲究斗争策略和工作方法

彭湃从亲身体验中，认识到从事农民运动要讲究方式方法。因此，1926 年 6 月 2 日，他在第六届农民运动讲习所的讲演中，明确提出搞农民运动应注意 12 个方面：

要吃苦，忠诚勇敢，受党的指导；

要从下部工作做起，很谦逊，不要摆出高贵的架子；

要明白农民的生活状况及其心理；

与农民交谈应亲密，然绝不可生金钱关系；不要贪恋农民妇女（绝不要谈新思潮——自由，平等）；

不要谈迷信；

不要偷懒（要宣传每个农民，使其团结起来）；

不要出无谓的风头，夸自己能干；

自己有力量功劳，要归功于农民群众才好；

谈话不要深奥，用俗语，且要耐烦；

利用绅士一时，用后置之不论；

初次与农民谈话，可用白话告以历史；

不要显出与农民不一律的动作。

这些注意事项，可以说是对群众工作经验的较早的总结，即使现在看来，也仍然有启发意义。

彭湃十分强调对农民进行思想教育工作（具体内容参看本章第四节）。

彭湃还主张把经济斗争和政治斗争结合起来，从农民的切身利益和迫切要求出发开展斗争。在实际斗争中，他把农民组织起来，首先着手解决农民的切身利益问题。1922 年冬，他起草的《农会利益传单》就提出了防止田主升租、防止勒索、防止内部竞争、凶年呈请减租、调和争端、救济疾病、救济死亡、救济孤老、救济罹灾、防止盗贼、禁止烟赌、奖励求学、改良农业、增进农民知识、共同生产、便利金融、抵抗战乱等 17 项措施。

在实际斗争中，彭湃主张从实际出发，采取各种灵活机动的斗争策略。在农民运动讲习所和一些讲习班中，他不仅讲授"海丰农民运动""东江农民生活状况"等课程，还专门讲"开展农民运动的经验"，受到普遍的欢迎。1926 年下半年，广东农民运动进入困难时期以后，他适时地提出了许多克服困难的措施。在1926 年 8 月召开的广东省农民协会执行委员会扩大会议上，他对将要通过的《广东农民目前最低限度之总要求》的决议案作了说明，会议通过了这个决议案，为处于困难时期的农民运动指明了经济及政治斗争的目标。9 月，他通过对"花县惨案"的调查，明确提出革命斗争"已转入一个新的时期"，应该"积极地去保障民众的集会自由，尤其是农民协会的组织。在目前至少须使农民得到减少重租和高利贷剥削之痛苦，镇压农村反革命势力"。在《为五华农友哭一声》一文中，他明确指出"国民革命到了一个难关"，革命的对象已不是军阀势力，而是军阀势力之根源——农村中逆党劣绅土豪大地主民团等反革命势力，应该按照国民党第二次代表大会关于"本党无论何时，应站在农民利益方面而奋斗"的决议，坚持斗争，"打破这个难关"。1927 年 2 月 24 日，他还在《潮梅海陆丰办事处会务报告》中，提出为了战胜国民党右派和土豪劣绅的反动逆流，"应先检查我们本身的力量"，健全农会的组织，"应用自己的团结的力量，使各路的农民兄弟和民众，都互相帮助"，而"不好靠政府的力量"。这说明他这时已觉察到了国民政府的右倾，认为只有依靠农民自己的力量，才能取得斗争的胜利。这个思想在当时提出是难能可贵的，实质上就是独立自主地去开展斗争的思想。

（三）合理分析、定位农民武装

许多地方的农民运动受到摧残，就是因为没有自己的武装，或武装力量不够强大。彭湃在领导和开展农民运动的实践中，很早就提出建立农民武装的重要性，并提出农兵联合的思想，这在当时是十分宝贵的。

1. 建立农民武装是农民运动取得胜利的一个重要条件

从海丰、广宁、花县（现广州市花都区）减租运动受挫的教训和农民的强烈要求中，彭湃清楚地认识到建立农民武装的重要性。1924 年 12 月 5 日，他在关于广宁农民反抗地主的斗争写给中共广东区委的补充报告中说："农民总是向我们的宣传鼓动员指出，光有宣传鼓动而无武器是什么也干不成的。"并明确提出："广宁、花县及其他地区最近发生的事件再次证明：不建立农民的武装队伍，不把好的武器发给他们，我们的工作就得不到必要的结果。从我抵达广州的第一天起我就对此深信不疑，而现在我仍然坚持这个观点。"1925 年 4 月，他在《关于东江农民运动情况的报告》中又说："我一入海丰境，农民就向我表示要求减租，取消苛捐，发给武装。以上三项，尤以武装之要求为迫切。""当此镇压反革命之时，农民非有武装不成，而且农民协会之根本问题亦非农民有武装不成。"这年 10 月 18 日，他在省港罢工工人代表第三十六次大会上的报告中，还坚决驳斥了那种"农民不必组织农民自卫军"的论调，认为这"很容易驳倒他"。他以广宁、花县、番禺、中山、五华以及海陆丰农民被镇压、摧残的事例，说明农民运动要取得胜利，非有自己的武装，组织农民自卫军不可。

2. 农民必须与兵士联合起来

关于加强农兵团结、实行农兵联合的思想，比上述主张提出得还要早。1924 年 12 月 19 日，彭湃在广宁农兵联欢大会上的演说中，就提出兵士是"有事为兵，无事为农"，原与农民有着密切的联系，二者的利益也是一致的，因而我们要进行革命，以反抗那些不利于农民、兵士之特殊阶级。共同建设一个衣食住充足的安乐国家，这必定要农兵联合，才能够得着。最后他带头高呼："农兵联合万岁！"

因为彭湃重视农民武装的建立，所以他主办的农民运动讲习所专门设立了军事课，还对学员进行军事训练。这些措施，对于农民武装骨干的培养和各地农民武装的建立，起了重要的作用。

这方面的更多内容，请参阅第二章内容。

三、彭湃的农民运动伟大实践

彭湃虽然出身于大地主家庭，但他在树立了爱国民主思想以后，逐渐地转变了自己的立场。在日本早稻田大学学习期间，他已开始重视农民问题。1919 年 9 月，早稻田大学的部分学生发起成立"建设者同盟"，研究各种社会主义学说。其成员有很多来自农村，很重视农民问题，强调从事农民运动，彭湃便是这个组织的积极参加者。1921 年 5 月回国前，他同施存统（施复亮）的谈话已经具有"中国是农民占多数，中国的革命要依靠农民"的思想。

建党初期，彭湃即将自己的认识积极付诸革命实践。彭湃对中国革命重大问题的贡献不仅在于他较早认识到农民问题的重要性，而且在于他能够在革命运动中坚决践行自己的主张。基于对农民问题的深刻认识，彭湃回国后，立即在广州、海丰宣传社会主义思想，并在海丰成立了社会主义研究社和劳动者同情会，向工人、农民作《农民生活与地租问题》等讲演。1921 年 10 月担任海丰县劝学所所长（教育局局长）后，他曾想从教育入手从事社会革命，但从 1922 年 5 月起，他便"下决心到农村去做实际运动"，"开始农民运动的进行"。他在《赤心周刊》上发表了一首题为"我"的诗篇中指出："这是帝王乡，谁敢高唱革命歌？哦，就是我！"表示自己要誓与旧世界彻底决裂。当年 6 月，他即脱下学生装，穿上粗布衣，首先到自己的家乡——广东省海丰县农村，去从事解放农民的实际运动。开始，他的行动并不为农民所信任，但他克服重重困难，终于在 7 月底成立了有 6 人参加的农会。接着，于 1923 年 1 月成立了海丰县总农会，7 月成立了广东省农会。从此，他领导海陆丰农民甚至广东全省的农民，逐步开展了轰轰烈烈的农民运动和减租斗争，此后，他一直在广东指导和发展农民运动，直到 1928 年 11 月他被调到中共中央工作，才彻底离开广东。他在广东的农民运动伟大实践主要有下列几个方面：

（一）抓组织，让农会成为带领农民抗争的指挥部

在从事农民运动的实践中，彭湃把建立农会当成是开展农民运动的突破口，他的主张是让农会成为带领农民抗争的指挥部，把几千年来一直受屈辱和压迫的个体农民组织起来，从而形成推动社会革命的巨大历史洪流。

1. 创建"六人农会"

经过艰苦的努力，1922 年 7 月 29 日，彭湃在"得趣书室"成立了"六人农会"。成员有彭湃、李思贤、林沛、李老四、张妈安、林焕。第二天，又加入了

一个会员，故也称"七人农会"。①

这个农会组织人数虽然不多，却是海丰县总农会的初端，也是广东省最早的农会。

2. 创建"赤山约农会"

1922年10月，彭湃又把"六人农会"扩建为"赤山约农会"，并于10月25日在农山天后庙召开成立大会。"赤山约农会"有500余名会员。"赤山约农会"是运用马克思主义来团结、教育和组织农民的新型组织。"赤山约农会"比"六人农会"更加健全和成熟，它的建立，有力推动了海陆丰地区农民运动。

随后又成立"守望约农会"，农民革命组织化的火种开始点燃了。

11月间，彭湃在龙舌埔演了两台戏，到会的农民千余人，彭湃上台演说："彭家的土地不是我们的，是你们农民兄弟的。你们半夜出，半夜入，艰苦劳动还没得吃。现在我宣布：田归还农民兄弟。"然后把田契一张一张地烧掉。这在群众当中一下子传开了："彭湃是真革命。"农会从此迅速发展。而"彭的生活，通通为湃自己塞尽了"②（彭湃给李春涛信中语）。

"赤山约农会"成立后，吸取上次为李毓父亲办丧事的经验，由农会发起组织一个济丧会，由会员自由加入，无论哪个会员的父母或自己身亡，由会员各挪出2毫钱来济丧。参加者有150余人。此方法宣布后，第一日即有某会员的父亲去世了，各会员挪出2毫钱，共30余元，同时会友并往致祭，行送葬的礼节，农民更加欢喜。济丧会对增强农会的号召力、凝聚力、影响力发挥了作用。

3. 创建"海丰县总农会"

1922年11月18日前，"赤山约农会"会员共3 500多人。到1922年底，农会组织迅速地发展到平岗、银镇、河口、公平、西河、青湖、旧墟、罗山、北笏、银溪、联峰等约，共98个乡建立了农会。

在各地农民运动发展的基础上，彭湃着手筹备成立海丰县总农会，并亲自为

---

① 曾文．彭湃年谱［M］//政协广东省海丰县委员会文史资料研究委员会．海丰文史：第十辑．汕尾：政协广东省海丰县委员会文史资料研究委员会，1993：48.
② 曾文．彭湃年谱［M］//政协广东省海丰县委员会文史资料研究委员会．海丰文史：第十辑．汕尾：政协广东省海丰县委员会文史资料研究委员会，1993：49.

海丰县总农会起草了临时简章和约农会章程。

1923年1月1日，海丰县总农会在海丰县城正式成立，彭湃亲自主持大会并被推选为总会会长（杨其珊为副会长）。加入农会会员达2万户，约10万人，约占全县人口的1/4，组织力量非同寻常。

会上通过了彭湃起草的《海丰总农会临时简章》及各约农会简章。他提出了总农会的奋斗纲领："图农民生活之改造，图农业之发展，图农民之自治，图农民教育之普及。"总农会的任务是："以联合各约农会，本合群之天职，互助之精神，唤醒农民之自觉，而实行本会所定之纲领为宗旨。"

大会分发了彭湃起草的《农会利益传单》，宣布：防止田主升租；防止勒索；防止内部竞争；凶年呈请减租；调和争端；救济疾病；救济死亡；救济孤老；救济罹灾；防止盗贼，禁止烟赌；奖励求学；改良农业；增进农民知识；共同生产；便利金融；抵抗战乱等措施。①

大会通过了农会章程以及彭湃设计的农会旗。他根据海丰长期以来农民红、乌旗械斗的实际，设计了一面"乌、红两色对缀四联合"的会旗。农会制发了减租证（7.7公分×11.4公分），证上标明："非有此证，不得减租，借给他人，当作无效。"还制定了农会印等。

1923年2月20日，彭湃起草并发表了《海丰总农会成立宣言》，提出"组织农会，协力团结，反抗社会一切不合理的制度，争回我们生存的权利"等口号。

---

① 曾文. 彭湃年谱［M］//政协广东省海丰县委员会文史资料研究委员会. 海丰文史：第十辑. 汕尾：政协广东省海丰县委员会文史资料研究委员会，1993：51.

海丰总农会旧址（摄影：柯明文）

海丰县总农会下辖文牍、农业、宣传、仲裁、财政、交际、庶务、教育、卫生九个部门。

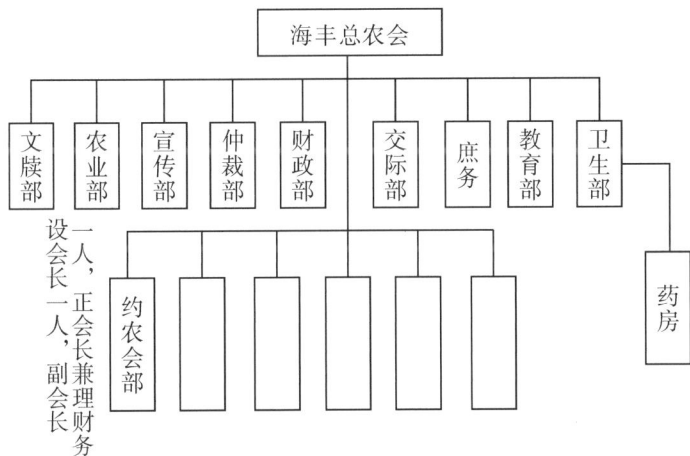

海丰县总农会架构图

海丰县总农会一建立起来，即统一量衡，制了一批标准斗（上面长 31 公分，下面长 27 公分，斗高 20 公分，内壁厚 1.2 公分）并发给各乡农会，废除地主使用的私家大斗。同年，彭湃领导农民与土劣斗争并取得胜利，收回番薯市场，特制一收货标准（秤长151公分）。

海丰县总农会是中国现代史上第一个县一级的农会组织。从此，中国农民运动进入了一个与旧式农民起义不同的，有明确的奋斗目标和斗争纲领的新时期。

4. 创建"惠州农民联合会"

海丰县农会的建立和发展，为各地农民运动提供了经验，推动了各地农民运动的开展和发展。据1923年5月统计，海丰、陆丰、归善三县已共有70余约、500余乡建立了农会，拥有20余万名会员。[①]

为了适应农民运动的发展，海丰县总农会于5月间改组为"惠州农民联合会"，彭湃任会长，农会会员达到20多万人。

5. 创建"广东省农会"

在不到两个月的时间内，农民运动以星火燎原之势迅速发展到潮安、揭阳、潮阳、普宁、惠来一带。随着农民运动的发展，成立广东省农会的时机已经成熟。1923年7月，彭湃草拟了《广东农会章程》，将惠州农民联合会改组为广东省农会，并规定：凡属本省贫苦农民，赞成本会纲领，不分男女性别，均得随时加入为会员。

省农会执行委员共有13人，彭湃任执行委员长，仿政府下设10个部，包括庶务、卫生、财政、仲裁、宣传、教育、文牍、调查、农业、交际等，会址设在海丰。

广东省农会建立后，即担负起领导全省农民同封建、军阀势力进行斗争的重任。当时，海陆丰一带连遭潮水和暴风雨的袭击，人民的生命财产遭受空前未有的损失，彭湃立即组织农会干部帮助农民抢险救灾。农会作出灾区农民"至多三成交租"的决议（全无获者免交地租）。但这一决定遭到了地主豪绅的拼命反对。反动集团还派兵袭击省农会，逮捕省农会干部。农民运动遭到挫折摧残，被迫转入地下斗争。第一次国共合作实现后，中共中央于1924年5月召开扩大会

---

① 李春涛. 海丰农民运动及其指导者彭湃［M］//《彭湃研究史料》编辑组. 彭湃研究史料. 广州：广东人民出版社，1981：301.

议。会议明确指出：在"反对国际帝国主义及国内军阀的国民运动里，大多数农民群众的加入是最有力的动力"。会议要求各级党组织积极组建农民团体，在农民中开展反帝反封建的宣传。同时，会议又决定在中共中央和各省（区）委中，设立领导农民运动的机构，选派干部去乡村领导农民斗争。

6. 参与"全国农民协会"创建和领导工作

1927 年 4 月，彭湃到武昌后，被选为中华全国农民协会临时执行委员会秘书长，参加了全国农民协会的日常领导工作，同时兼中央农民运动讲习所的教学工作。他与许玉磬住在武昌都府堤 41 号，与毛泽东的住室相邻，他们经常促膝谈心，共商全国农民协会的大事。

"全国农民运动之发展，已有一日千里之势，现在成立省农民协会者，已有五省；成立省农协筹备处者，已有十余省；全国有组织之农民，已在一千万以上，急须有一全国之中心组织，以统一全国农民之战线。三月三十日，粤、湘、赣、鄂等省农民协会代表，及河南武装农民自卫军代表，在武昌举行联席会议，推举邓演达、毛泽东、谭延闿、谭平山、徐谦、孙科、唐生智、张发奎、彭湃、易礼容、陆沉、萧人鹄、方志敏等十三人为临时执行委员，组织中华全国农民协会临时执行委员会，就职视事。并推定邓演达为宣传部长，毛泽东为组织部长，彭湃为秘书长。吾国农民之痛苦皆为国际帝国主义之侵略与国内封建阶级之压迫，而农民之解放，即国民革命之成功，故国民革命势力之进展，农民亦随之组织起来。同人深信此为不易之道，誓立于革命的地位，领导全国农民努力奋斗，以完成国民革命，与一切帝国主义者及封建阶级作最后之斗争。"[1]（1927 年 4 月 9 日《中华全国农民协会临时执行委员会临时执行委员就职通电》）

（二）抓思想，积极传播马克思主义思想

彭湃是党内较早在农村地区宣传马克思主义思想的领导人之一，他对农民进行马克思主义思想教育的活动为党实施马克思主义大众化提供了先进经验。实事求是地讲，20 世纪初，中国农民确实存在政治冷漠、阶级意识不强的问题。彭

---

[1] 《彭湃研究史料》编辑组. 彭湃研究史料 [M]. 广州：广东人民出版社，1981：244.

湃对这一问题进行了深刻的思考和分析，他认为对农民进行马克思主义思想教育不仅是必要的，而且也是有可能的。为了能真正接近群众、了解群众，他首先烧了田契，把自家的田地分给贫农、雇农。他以平民的语言宣传马克思主义思想，他说："马克思先生当时带着一个望远镜，看得加倍清楚，组织一个共产党，领导全世界的工人、农民，去和有钱人斗争，没有分什么国界的。"这种生动、朴实的群众语言使许多农民都提高了认识水平。其次，彭湃积极组织农会和农民学校扩大宣传。1921 年 7 月至 8 月间，彭湃就组织了社会主义研究社和劳动者同情会，解决农民接受教育的问题。农会组织多种形式的活动宣传马克思主义思想。1923 年 5 月 1 日，海陆归（即海丰、陆丰、惠阳，惠阳旧称归善）三县农会发起了"五一宣言"，并组织农民集会。在这次集会上，农会会员"拿起一面大红旗，写着'劳动节纪念大巡行'，并有一面乌红布对角做成的农会大旗。又有写着'反对国际资本主义''打倒军阀''赤化'等字样的白色长方旗，翻扬空中。其余，则各手执小红旗，旗里都有写着警告资本家田主和军阀的标语"①。

（三）抓政治，强调农民的政治解放诉求

彭湃在开展农民运动过程中，还突出强调了农民的政治解放诉求。海丰县总农会成立后不久，彭湃就主张："海丰农会所取的政策：（一）对付田主；（二）对付官厅，即经济斗争与政治斗争并进，使农民有经济斗争的训练及夺取政权的准备。"农会还提出了"打倒帝国主义""消灭军阀"等鲜明的政治口号，引导农民参加各项政治活动，提高农民对反帝反封建斗争的认识。

海丰县总农会成立后，彭湃提出"不给陋规与警察"的口号，把矛头直接指向了地主阶级及其工具——警察，接着开展了一系列的反抗斗争。例如 1923 年 3 月，海丰县总农会会员与地主第一次发生正面冲突，彭湃带领 6 000 名农友冒雨游行示威，抗议地主们组织的"粮业维持会"扣押了 6 个农民，最后迫使法庭当即释放了被捕者，让农民看到了农会的巨大威力。当年七八月间，海丰发生风灾水祸，彭湃和农会干部组织救灾队，慰问群众，调查灾情，领导农民疏导洪

---

① 彭湃. 彭湃文集 ［M］. 北京：人民出版社，1981.

流，修堤筑坝，并组织农民开展减租运动，提出"至多三成交租，如无租可还者只可免交"。

（四）抓经济，突出反对地主阶级的经济斗争

以农会为组织依托，彭湃带领组织起来的农民开展了一系列反对地主阶级压迫的经济斗争，还在"赤山约农会"成立前后，即彭湃开始从事农民运动大约两三个月后，就领导农民进行了一些反对地主阶级的经济斗争，如，领导农会开展了"同盟非耕"，以反抗地主对农民任意实行"加租""易佃"；领导农会打击城市恶霸土豪的敲诈勒索，取消了无理的"粪船捐""码头捐"。海丰县总农会成立后，农会对内（农民）提出了"减租，取消三下盖，取消'伙头鸡''伙头鸭'，取消'伙头钱米'"等主张。

（五）抓宣传，更好地让农民理解和接受

彭湃在领导农民运动时，能够从中国的国情和农民的实际情况出发，重视革命艺术宣传，身体力行。

为了通俗易懂，使农民能够接受革命道理，彭湃用通俗易懂、深入浅出的语言和农民交谈。

在对农民进行革命宣传时，为了更好地让农民理解和接受，彭湃运用了戏曲、歌谣、魔术、宣传画等多种宣传艺术手段。有时唱歌谣、戏曲，有时开留声机，有时又变魔术、讲故事，节目不断翻新，宣传日益生动，很受群众欢迎。

为了能够毫无障碍地与农民沟通，彭湃可谓煞费苦心，编写了一批通俗易懂的歌谣，教给农民传唱，既朗朗上口又贴近现实。

彭湃之所以"宣传煽动的能力是很大的"，宣传效果是很好的，还因为他热爱艺术，多才多艺。彭湃在日本所学的专业是经济，似乎艺术的才能和趣味之类跟他不会有什么缘分。但他对艺术有天生的热情，兴趣广泛。有些尽管不是很专业，但他依然乐此不疲。

（六）抓土地，切实解决农民土地问题

"彭湃第一个坚持没收地主的土地。"①（瞿秋白为《红色海丰》写的序）随着农民运动的发展，土地问题日益提上日程。一方面，这是激发广大农民革命热情，保证革命继续向前发展的重要动力；另一方面，这也是新民主主义革命的题中之义。彭湃对于农民土地问题的认识经历了减租减息、没收地主土地、重新分配地主土地三个阶段。在海陆丰农民运动发展初期，农民这一群体还没有被组织起来，力量相对较为弱小，结合农民自身力量，彭湃这时只是反对地主阶级对农民的不公正待遇，这一时期口号的只是"反对升租吊田"之类。随着农民运动的发展，彭湃先后建立了不同等级的农会，以农会为组织依托展开了反对地主的斗争。

大革命失败之后，海陆丰地区展开工农武装割据运动，此时，减租减息显然不能满足农民对于土地的要求，而且减租减息也不是解决农民土地问题的根本对策。于是，彭湃在1927年10月发表《土地革命》一文，阐明自己关于土地革命的思想，认为"要救大多数的穷人，就要实行土地革命"，并提出"一切土地归农民"的主张。在建立海陆丰苏维埃之后，根据地就开始了没收、重新分配地主土地的土地革命。彭湃在海陆丰分地过程中规定了分田标准、原则、办法及细则，丰富了土地革命的内容，为共产党领导的土地革命斗争提供了极为丰富的经验。

（七）抓军事，高度重视农民的武装斗争

海丰县的拳头馆，俗称"虎狮馆"，遍布各乡村，是民间传统体育活动场所。参加者多是贫苦农民、市镇手工业者。"六人农会"成立后，彭湃利用拳头馆是穷人集中活动的场所这一特点，与杨其珊、万维新、林甦等人商量后，决定搞农民运动先从拳头馆打开缺口。他们按计划先到公平区最穷的青湖村、旧墟村、平岗村，又到梅陇区的南山村、雷峰寮村、岭下村、蝉蜍埔村等地，采用慕

---

① 刘林松，蔡洛. 回忆彭湃［M］. 北京：人民出版社，1992.

名拜拳师的方法进行联络，通过交朋友、谈拳经、访贫问苦、宣传参加农会的好处等，令拳师们都慕彭湃、杨其珊、万维新等人的大名。他们看到一身农民打扮的彭湃这位留洋学生、教育局局长竟如此礼贤下士，瞧得起穷百姓，因而都乐意接近他。拳师黄作忠、黄燕、钟陈凤、张品、张木秀、黄凤珍、叶木等人最先成为农会会长。因拳头馆历来师徒礼节严格，拳师带头，徒弟也跟着加入，拳师当农会会长，徒弟便成为农会的得力骨干，这是顺理成章的事，这给农民运动工作的开展带来了事半功倍的效果，也说明了彭湃的思维能力、策划能力是超人的。老红军钟娘永与我们谈到这段历史时对彭湃这种看问题的高度和角度大加赞扬（钟娘永是大革命的亲历者，笔者父亲等为他平反、落实政策后，他经常到笔者家中聊天，笔者春节回家时乘机向他了解了很多历史）。

自从彭湃等人从拳头馆入手扩大农会组织之后，发展迅速，从而培养出一批坚强、忠诚的干部力量。如公平区白水湖村的黄华、黄万牛、黄娘汉等都成为大革命时期的红军骨干。他们都是通过拳头馆参加农会的。鉴于当时农会抗税、对付地主豪绅的需要，首先必须加强拳头馆舞刀弄棒的传统技法练习，作为权宜之计，刀棒成了农会的斗争武器，显示了农运体育的特点。这在当时的实际情况下是非常必要的。钟一致在回忆录中曾写道："农会练武，并以舞狮为宣传工具，回乡表演，并请杨其珊教拳，万维新教棍棒，以增强农会的战斗力。"这段话真实地绘述了农会的发展和练武盛况。有一次，彭湃与万维新到公平区指导工作，来到旧墟村拳头馆时，适逢拳师张瑞正在指导徒弟习拳。张瑞知道万维新是海陆丰著名拳师，恳请其加以指点。

彭湃强调对原来有基础的拳头馆要加强领导，为逐步过渡到军训打下基础。健全各乡原有的拳头馆，选择擅长武术而又热心的会员主持该馆，发动青年农民练习诸般武艺。于是拳头馆便成为以后农团军的基础雏形（《海丰党史通信》第3期，林务农著文）。彭湃对拳头馆的巩固和扩大，可看成是组织农民自卫军的第一步。他认为要与现代装备的敌人战斗，如果仍停留在原始武器（拳棒刀矛）的阶段，即使革命群众的觉悟再高，再勇敢，也是难以取胜的。所以在提高农会对武装斗争重要性认识的同时，必须刻不容缓地进行现代的军事训练，提高农会会员的军事技能、军事素养，培养军事人才，充实现代武器，以适应斗争形势发展的需要（马世畅《彭湃的"革命体育"思想和实践》）。

彭湃对农民武装斗争的高度重视是在领导农民运动过程中逐渐发展起来的。首先，彭湃在对马克思主义思想进行传播时是以封建地主和军阀为斗争目标的，这必然要触动封建地主和军阀的根本利益。同时，组织农会、发展农民运动、维护农民利益也必然要和土豪劣绅、地主阶级等反动政权发生冲突。在这种情况下，只有武装广大农民才有可能推翻反动政权，从根本上维护农民的利益。因此，发展农民运动必然要展开武装斗争，必须重视武装斗争。1924年7月，彭湃在担任第一届广州农民运动讲习所主任时，除对学员进行关于农民运动等革命理论教育外，还特别注意对学员进行严格的军事训练。农民运动讲习所的军事科目占全部课程的五分之一。1924年底，他在《中共广东区委农民运动委员会的补充报告》中指出："不建立农民的武装队伍，不把好的武器发给他们，我们的工作就得不到必要的结果。"彭湃领导的海陆丰地区的农民武装斗争也取得了一定成果。在大革命失败后，从1927年4月到10月，在彭湃等人领导下，海陆丰农民先后举行了三次武装起义，不但开始了共产党领导的革命武装反抗最早的尝试（1927年11月，海陆丰人民第三次武装起义取得胜利，海丰、陆丰两县苏维埃政府相继成立），而且建立了大革命失败后共产党领导的第一块农村革命根据地——海陆丰革命根据地，开始进行工农武装割据的尝试。至此，随着中国第一个苏维埃的创建，彭湃也真正实现了"一切政权统归农工兵代表会"的伟大构想。

（八）抓人才，高度重视农会、农军人才的培养

彭湃十分重视农会、农军人才的培养工作。当时，海丰县有40多万人，其中农民有30多万人。单靠个别的力量去宣传发动如此多的农民，显然是不可能的。因此，必须培养大批农民运动骨干，由他们去宣传发动农民。

在赤山约的几个乡村做农民的思想工作时，彭湃发现了张妈安、林沛、李老四、李思贤等几个性格开朗、活泼、热情，又很聪明，并有一定阶级觉悟的年轻人，就培养他们成为骨干，帮他"到各村去演说宣传"。后来他在农民中发现和培养了杨其珊、蓝镜清、黄正当、万维新等骨干，在知识分子中发现和培养了李

劳工、林甦、吕楚雄等骨干。彭湃通过这些骨干发动了越来越多的农民加入农会，从事农民运动。

1924年，彭湃为培养农军干部，派李劳工就读黄埔军校第二期，又派林道文、陈文、林蔚深、陈醒光等四人参加阮啸仙主持的第三期农民运动讲习所，其目的都是培养武装斗争的领导人才。

彭湃在农民部工作时，指导李劳工、林甦等在广州举办人力车工人俱乐部，并指导杨其珊、郑志云、彭汉垣、陈修、万维新等在海丰县组织农会秘密组织"十人团"，总机关设在"得趣书室"，以杨其珊为团长、陈修为书记。"十人团"以原农会骨干为对象，后来发展至一百多个团共千余人，成员遍布全县。[①]

海陆丰农民运动的成功实践，成为中国革命最后胜利的探索榜样。彭湃领导的海陆丰农民运动在当时掀起了巨大的社会反响，海陆丰农民运动开展的时间长，规模大，参与人员多，又通过武装斗争取得过海丰、陆丰两县的政权，建立了中国第一个苏维埃，为中国走上农村包围城市、武装夺取政权的新民主主义革命道路提供了最初的经验借鉴，对中国革命的发展影响深远，意义重大。

四、彭湃成功的农民思想政治教育

彭湃毕生从事农民教育，并系统地提出了许多关于农民思想政治教育的思想主张。彭湃的农民思想政治教育内容、方法等，以及为农民思想政治教育所作出的贡献，很值得总结。他除了用马克思主义的阶级斗争学说启发农民的觉悟，还用农民受压迫、受剥削的实际事例激发农民的斗争精神，编写了许多生动活泼、通俗易懂的歌谣教农民传唱。

（一）彭湃的农民思想政治教育的主要内容

彭湃虽然出身于大地主家庭，但他十分重视农民问题，认为中国的革命必须要依靠农民，要实现革命的理想，必须"从教育入手"。因此他在农民运动的具

---

① 曾文.彭湃年谱［M］//政协广东省海丰县委员会文史资料研究委员会.海丰文史：第十辑.汕尾：政协广东省海丰县委员会文史资料研究委员会，1993：58.

体实践中，十分重视对农民进行思想教育工作。

1. 开展马克思主义理论教育

彭湃始终坚持以马克思主义的立场、观点和方法来分析农村的现实情况，以确保在对农民进行思想政治教育时，农民的政治信念和价值取向与党领导的新民主主义革命的目标保持一致，从而推动革命事业的发展。因此，他创办了《赤心周刊》，并在上面发表了《谁应当出来提倡社会主义》《告农民的话》等多篇文章，以此来宣传马克思主义，进而坚定农民的政治信念，为发动和组织农民参加革命奠定了思想基础。

2. 加强爱国主义教育，唤起农民的阶级意识

彭湃本人是一个爱国主义者。早在 1919 年 5 月 7 日，为反对"廿一条"不平等条约，彭湃等领导 3 000 名中国留日学生在东京举行声势浩大的示威，遭到日本帝国主义者的残酷镇压。当示威学生突遭军警追打时，彭湃手脚利索地救出几位受伤的同学并推开来救他的陆精治同学。为了保护同学，彭湃被日本军警击伤。是日被捕学生 23 人，受伤数十人。他回到住处，悲愤万分，啮指蘸血，写下了"毋忘国耻"四个字，并寄回家乡海丰县学生联合会，一时在全县引起震动。

彭湃依据帝国主义列强一贯联合侵略中国的事实，认为反对帝国主义，并不是反对某一帝国主义，而是反对一切帝国主义。同时彭湃对于反对帝国主义的方式也提出了自己的看法，他认为应通过大示威运动、散发传单和捐钱援助罢工工人等方式，来抗击帝国主义的侵略。他通过对农民进行反帝反封建反军阀和爱国主义教育，唤醒农民的民族意识和阶级意识，增强农民的国家责任感，使农民认识到自身遭受压迫和苦难的根源，从而将反帝反封建反军阀与自身解放联系起来。

3. 重视科学文化等实用知识的教育

由于封建统治阶级的残酷剥削，广大农民在旧中国没有受教育的权利，导致农民文化素质极低。而农民是中国社会的主体力量，要提高中华民族的文化素质以及改善农民的生活状况，就必须提高农民的文化素质。因此，彭湃十分重视农民的科学文化教育，他开办了为农民服务的学校，教他们认字、写信、记账、珠

算以及写农作物和农具的名称。这既让农民学到了实用的知识和技能，又使其受到了扎实的革命教育。

4. 主张通过实际斗争来教育农民

1923 年 7 月，海丰县狂风大作，又发大水，使农民损失严重。彭湃一方面积极发动农民要求减租，另一方面又认为"农民的解放运动，减租运动，如是因着年凶，是无甚价值的。因为恐他们或竟忘了减租的意义和我们的目的，故有价值，还是要在丰年来减租"。这就是说，并不是为减租而减租，更重要的是通过减租来教育农民、组织农民，而为达此目的，在丰年减租自然要比在灾年减租更有意义。

（二）彭湃对农民进行思想政治教育的方法

瞿秋白盛赞彭湃"是出色的鼓动家、宣传家和组织者"。彭湃在农民思想政治教育实践中，遵循思想政治教育的基本原则，制定出科学的教育方法，切实增强了农民思想政治教育的实效性。

1. 阶级分析法

尽管彭湃并没有对农村阶级作出系统的马克思主义分析，但是在他一系列文章中都运用了阶级分析的方法，不但明确了谁是我们的朋友、敌人，而且深刻地阐释了特权阶级与无产阶级，尤其是其与农民阶级之间的矛盾，揭示了他们对农民阶级剥削、压迫的事实，以此激化阶级矛盾，号召广大农民赶快进行革命。他跟农民说："全世界约十五万万人，其中分为两种。一种是发财人——资本家、地主，一种是穷苦人——工人、农民。这两种究竟哪一种多？……无钱的十居九人，有钱的只有一人。现在是一个有钱的人欺负九个无钱的人，但是无钱的人，不愿受他的欺负，起来反抗他，这就叫做阶级斗争。"事实证明，这一方法是很有效的。他用马克思主义的阶级斗争学说极大地启发了农民的觉悟，使得农会会员迅速扩大到数以万计。

2. 感染熏陶法

彭湃针对海陆丰当地农民文化素质不高等方面的特点，把革命道理包含在娱乐活动中，使农民潜移默化地接受教育。为了向更多的农民宣传，他还特地到农民来往最多的海城龙山天后庙前做演讲，并利用农民来此歇脚乘凉的机会，打开留声机播放农民喜欢听的地方戏、小调、歌曲等吸引农民，制造欢快、轻松的现场气氛，吸引更多的农民前来听他演讲。这招很是奏效，农民纷纷围了过来。彭湃乘此机会一遍遍地向农民宣传。此外他还用画笔向大众传播马克思主义，并特地学会玩魔术，借表演吸引农民，以此向农民做了生动的政治宣传，使广大农民提高觉悟。"久而久之，四乡无知之农民，趋之若鹜。"

他在田间地头和农民谈心，向他们宣传革命道理。为了使农民能听懂自己的宣传，他把书上的术语翻译成当地的土话，并用方言编写了许多生动活泼、通俗易懂的歌谣教农民传唱。

3. 生动表演法

彭湃善于通过生动表演来表达马克思主义的深刻道理。

一次，彭湃装着惊慌失措的样子，在天后庙前的大榕树下，大嚷大喊："老虎来了！""老虎来啦！"来往的农民信以为真，纷纷逃避。过了一会儿，没见什么动静，只看见彭湃微笑着来到大榕树下。等大家不约而同地围拢过来后，彭湃就抓住这个机会，先说明这既不是骗人，更不是有病，而是看见"收租佬"和"批捐佬"来了。他说这些家伙就是吃人的"老虎"。接着，就鼓励农民团结起来，反抗压迫，同反动派斗争。

彭湃还用文明戏、话剧等表演形式进行革命宣传。

4. 深入浅出法

彭湃对农民进行马克思主义教育时，十分注重大众化的问题。在农民普遍受教育程度不高和生活条件极差的情况下，彭湃成功地将马克思主义大众化这一过程融入农民的生活中，他实施马克思主义的宣传始终是以农民为出发点和落脚点的。在宣传教育过程中，他深入浅出，向农民分析了农民本身所处的政治、经济地位，组织农会，设身处地地维护农民切身利益。同时，彭湃也很注意宣传和教育方式，拉近和农民的距离，以平实的语言、生动的方式来宣传马克思主义思想，而不是照抄照搬经典理论，教条地灌输学习，这取得较好效果。

海陆丰农民运动之所以能够成为农民运动的先驱和典型，其中与农民教育办得好、发挥了成效是密不可分的。正是因为海陆丰农民运动的领导者彭湃高度重视对农民的教育，通过改革，创办农民教育，为广泛发动农民运动提供了智力支持和思想保证，使农民由内打破了自身观念的局限，内化于心，外化于行，自觉主动加入农民运动的队伍中来，才成就了海陆丰农民运动的蓬勃发展。

今天，虽然时代变迁，具体国情发生了变化，但我们依然面对着马克思主义大众化的问题。针对现今一些宣传、教育方式流于形式化、不接地气的情况，彭湃关于农村地区马克思主义大众化的方法值得我们学习借鉴，彭湃关于农民教育的实践和影响仍然对我们具有很大的启示作用。

五、彭湃领导的海陆丰农民运动的历史功绩

彭湃领导的海陆丰农民运动是中国共产党领导的著名农民运动。海陆丰农民运动在全国开展时间最早，坚持时间最长，影响最大，为各地农民运动提供了理论，以及丰富的做法、经验、教训。大革命时期的广东乃至全国的农民运动都以海陆丰为榜样。海陆丰农民运动沉重地打击了反动势力，它在组织农会，开展武装斗争，创建工农兵苏维埃和实行土地革命等方面都作出了卓越的贡献，积累了宝贵的经验，对中国革命的历史进程起了重要的促进作用，在我国现代革命史上写下了光辉灿烂的篇章。

（一）在全国开展时间最早，坚持时间最长，影响最大

早在中国共产党成立后的 1922 年 6 月下旬，彭湃便开始在海丰县从事农民运动。经其艰苦深入细致的宣传发动，于同年 7 月 29 日成立了"六人农会"，其像茫茫黑夜里的一把火炬，照亮了海丰县广大贫苦农民的心，于是入会者日众。到 1926 年，海丰、陆丰两县农会会员人数就已占全省总人数的 41%。据 1926 年 5 月广东省第二次农代会公布：海丰县有区农会 11 个，乡农会 660 个，会员总数 19 万人，将达全县人口的一半。与此同时，海丰县总工会及其下属 30 多个行业工会组织相继成立，并建立了工农联盟，其他群众团体也如雨后春笋般出现。在 1927—1928 年，中共海陆丰地委领导下的海丰农民运动已成为一个强大的运动。全县有 860 个乡村建立农会组织，会员总数达 5 839 户，拥有农会会员 25 万余

众，占全县人口 65%。①

彭湃领导的海丰农民运动是广东农民运动的先导，它的建立和发展推动了周围各县农会的成立。至 1923 年 5 月，惠州农民联合会建立，不久后，惠潮梅农会诞生，形成了以海丰为中心的东江农民运动。后来，广东省农会成立，总部设在海丰县，海丰县成为全省农民运动的中心。

（二）为各地农民运动提供了理论指导

彭湃十分注意从理论上总结农民运动的经验，以指导农民运动深入发展。他的《海丰农民运动》（《海丰农民运动报告》）是一部总结早期海丰农民运动经验与教训的名著，它充满着马克思主义基本原理与中国农民运动相结合的精神，是中国共产党第一部关于领导农民运动的理论与方法的重要专著。

《海丰农民运动》是在国民党中央农民部机关刊物《中国农民》第一、二、四、五期上连载的。其详尽叙述了海丰农民运动的全过程，真实记载了彭湃本人自 1922 年到 1924 年的革命活动及思想状况。这是中国共产党较早发表的专门总结农民运动、阐明农民问题的重要著作。1926 年，毛泽东在《农民问题丛刊》序言中指出，《海丰农民运动》及有关广东农民运动的材料"乃本书最精粹部分"。

当时党的领导人瞿秋白在为毛泽东《湖南农民运动考察报告》写序时强调指出："中国革命家都要代表三万万农民说话做事，到战线去奋斗，毛泽东不过开始罢了。中国的革命者个个都应当读一读毛泽东这本书，和读彭湃的《海丰农民运动》一样。"

《海丰农民运动》的发表和多次再版，以及彭湃对农民运动的思考、理论总结对当时全国农民运动有着重要的指导作用，大大推动了各地学习海丰农民运动的热潮。

---

① 东江特委. 举行东江农民代表大会经过情形［M］//《彭湃研究史料》编辑组. 彭湃研究史料. 广州：广东人民出版社，1981：29.

（三）为各地农民运动提供了鲜活的做法、经验、教训

彭湃在各届农民运动讲习所中都亲自主讲农民运动课程，向学员传授海丰农民运动的经验。

1926 年 8 月，由毛泽东主办的第六届农民运动讲习所，组织全体学员 300 多人在广州团委书记杨善集和农民运动讲习所教员萧楚女带领下，到海丰县实习、考察。学员们参加了海丰县第二次农民代表大会，听取各区农民代表的报告，并到各区农协进行为期两周的参观考察。回广州后，杨善集以"杨白"为笔名在报纸上发表文章，美誉海丰县为"小莫斯科"。由此可见当时海丰农民运动的巨大声势和深远影响［陈文《忆东征和海陆丰农运》，载《海陆怒潮——海陆丰革命斗争回忆录（二）》］。毛泽东在听取了萧楚女的汇报后，对彭湃领导的海丰农民运动的成就深表钦佩。同年 9 月 1 日，他在《农民运动》第 8 期发表的《国民革命与农民运动》一文中高度评价了彭湃领导的海丰农民运动的成绩，他说："陈炯明的故乡，历来土豪劣绅、贪官污吏猬集的海丰县，自从有了五万户二十五万人之县农民协会，便比广东任何县都要清明——县知事不敢为恶，征收官吏不敢额外括钱，全县没有土匪，土豪劣绅鱼肉人民的事几乎绝迹。"他还指出："中国的革命，只有这一种形式，没有第二种形式。全中国各地都必须办到海丰这个样子，才可以算得革命的胜利，不然任便怎样都算不得；全中国各地必须都办到海丰这个样子，才可以算得帝国主义、军阀的基础确实起了动摇，不然也算不得。"1926 年在主办第六届农民运动讲习所时，毛泽东特地请彭湃去介绍海陆丰农民运动的情况，提出要把海陆丰农民运动的经验向全国推广。1927 年 3 月，他在《湖南农民运动考察报告》中再次赞扬说："县政治必须农民起来才能澄清，广东的海丰已经有了证明。"1942 年，毛泽东在延安谈到共产党人应该如何联系群众做群众工作时，再一次肯定彭湃开展海丰农民运动的经验，高度赞扬彭湃是"农民运动的大王"。

《对于广东农民运动议决案》［中国共产党中央扩大执行委员会会议文件（1926 年 7 月）］总结的很多做法、经验和教训大都是海陆丰农民运动的实践。

（四）与武装斗争相结合为全党提供了示范作用

彭湃领导的海陆丰农民运动，是中国共产党领导的早期农民运动之一。海陆丰农民运动与武装斗争相结合，为全党提供了示范作用。1925年，从广州出发的两次东征对海陆丰农民运动起了巨大的推动作用。海陆丰农民运动的蓬勃兴起，又极大地支援了两次东征的胜利。可见，农民运动与武装斗争的密切结合，首先是海陆丰革命运动创造出来的重要经验，也是大革命时期的一个重要经验。

在土地革命的实践中，彭湃领导的海陆丰苏维埃根据斗争的需要，县设土地委员会，区设土地科，督促指导农民分配土地，并由县苏维埃政府发给土地使用证。在海陆丰关于土地问题的决议案中，许多很有创见的具体政策及其实施中的一些原则，后来都成为其他根据地实行土地革命的借鉴。

彭湃领导的海陆丰根据地在全国最先树起了苏维埃旗帜。1927年11月中旬，陆丰、海丰分别召开县工农兵代表大会，正式成立了海丰、陆丰两县苏维埃政府。工农兵代表大会在《通电》中指出："这种举动，是中国前所未有的，即使在世界上，除苏俄外，亦是第一次。""这种壮举，实开中国无产阶级革命的先声。"

（五）成功实行土地革命，成为各地农民运动之榜样

彭湃领导的海陆丰农民运动，从有组织的农会开始，到县苏维埃政府的成立，无论是政策决议，还是实际行动，都十分重视农民的土地问题，把土地革命作为重中之重。彭湃在多次讲话中告诉我们的同志：在当前的情况下，"我们要能够忍受一切痛苦，更要起来拥护共产党""土地革命，是共产党目前的第一件要做的工作"[①]。至于土地革命的目的，彭湃指出：那就是要达到"三个一切"，即一切土地归农民，一切武装归农民，一切政权归工农兵代表会。

彭湃领导的海陆丰苏维埃政府制定的行动政纲，第一条就是没收土地和分田。为了落实这一政纲，工农兵代表大会制定通过了《没收土地案》，且制定了切实可行的六条办法。其中第五条是由苏维埃政府发出土地使用证分给农民，第

---

① 彭湃. 彭湃文集［M］. 北京：人民出版社，1981：281.

六条是分配田地。苏维埃政府成立之后，立即调查明白并分配土地。农民拿到土地使用证，从苏维埃政府那里得到田地，这极大地调动了农民从事苏维埃运动的积极性。在短短的半个多月时间里，共计烧毁契约 471 188 张，租簿 58 027 本，海丰县已实行分配的土地占全县土地的 80%，陆丰县已实行分配的土地占全县土地的 40%。1928 年 2 月 16 日罗琦园在《反动派与海陆丰苏维埃》一文中，曾评价说："土地革命的工作做得还不坏，焚烧田簿四十七万一千零八十八张，租簿五万八千零二十七本。……土地也按照全乡苏维埃大会的决定原则，重新分配了。"①

有组织、有计划、有标准的分田运动，在中国的大地上是史无前例的。虽说由于没经验，在政策上、方法上不可避免地存在偏差，在组织和进程中出现不平衡，但其在苏维埃运动史上，特别是对各地农民运动的示范作用上，影响还是巨大的。中共中央 1928 年 3 月 10 日发出的《中央通告第 37 号——关于没收土地和建立苏维埃》指出，当时全国的苏维埃运动，除海陆丰以外的各地农村暴动，大都只做到杀豪绅、烧地主房屋，进一步则做到烧田契债券，而于没收土地的工作，则是没有做。党中央希望各地以海陆丰为榜样，切实开展土地革命，行没收土地、分配土地给农民之实，并给信正在组织开展此项工作的湖南省委，希望他们在湘赣边界或湖南省内营造一个深入土地革命的割据局面，争取成为"海陆丰第二"。广东省委发文要求，各地认真学习海陆丰土地革命的经验，形成更多的海陆丰市县区。

（六）现代中国农民运动的伟大先驱、革命导师和有力推动者

1. 现代中国农民运动的伟大先驱

1922 年 6 月，彭湃就开始进行农民运动的实践，是现代中国农民运动的伟大先驱。毛泽东称赞彭湃为"农民运动大王"，瞿秋白称彭湃是"中国农民运动的第一个战士"（瞿秋白《纪念彭湃同志》，载于苏联《真理报》），这足见海陆丰农民运动在中国现代史上开展的时间之早、影响之大和彭湃农民运动理论、农民

---

① 中共广东省委党史办公室. 纪念彭湃论文集［M］. 广州：广东人民出版社，1981：249.

运动实践对各地的重要指导作用。

2. 现代中国农民运动的革命导师

彭湃不仅很早就重视农民问题和从事农民运动的实践，而且把马克思主义和当时中国农村的实际相结合，创立了一套新型的农民运动模式。这种模式的主要内容和特点是：第一，一切为了农民，一切从农民的利益出发。1923 年 1 月 1日，彭湃在《海丰总农会临时简章》和《约农会简章》中明确提出四个"图"，即"图农民生活之改造""图农业之发展""图农民之自治""图农民教育之普及"（同年 7 月，在《广东农会章程》中把"图"改为"谋"）。这四个"图"，纵观农民运动全局，是彭湃提出的农民运动的总纲，基本包含了农民运动的全部目的、要求和农民的全部利益。第二，经济斗争和政治斗争并进，从农民最直接的经济利益入手，但最终目的是夺取政权。他在 1923 年 2 月 9 日的一封信中就提出："所取的政策：（一）对付田主；（二）对付官厅。即经济斗争与政治斗争并进，使农民有经济斗争的训练及夺取政权的准备。"第三，重视工农联盟，争取工人阶级的支持。从 1922 年开始，他就主张工农结合，并大力宣传。1923 年5 月 1 日，他在《海陆归三县农会"五一"宣言》中明确指出，工人和农民处于同样被压迫、受剥削的地位，因此应该团结起来，打倒共同的敌人。第四，重视建立农民武装，并号召农兵团结。1924 年 8 月 27 日，他领导成立广东农民自卫军，并担任总指挥。他明确指出："不建立农民的武装队伍，不把好的武器发给他们，我们的工作就得不到必要的结果。"到 1926 年 4 月，广东全省有农民自卫军 3 万余人，成为一股重要的革命力量。第五，注重培养骨干力量。他不仅在海丰很注意这一点，而且在 1924 年 6 月向国民党中央提议开办农民运动讲习所，并担任第一届农民运动讲习所主任。1925 年，他又主办第五届农民运动讲习所，为全国的农民运动培养出了大批骨干。第六，注意斗争的策略和工作方法。1926年 6 月 2 日，他在第六届农民运动讲习所的演讲中，根据自己的切身体会和经验，提出了从事农民运动应注意的 12 个方面，从而使从事农民运动的同志更容易接近和发动农民。彭湃创立的这个农民运动模式是前所未有的，立即成为全国农民运动的光辉榜样，被迅速推广至广东全省以至全国，为以后全国各地的农民运动所仿效，有力地推动了全国农民运动以及国民革命的发展。1926 年 9 月，毛泽东高度赞扬说："全中国各地都必须办到海丰这个样子，才可以算得革命的胜利，不然任便怎样都算不得；全中国各地必须都办到海丰这个样子，才可以算得帝国主义、军阀的基础确实起了动摇，不然也算不得。"

3. 现代中国农民运动的有力推动者

彭湃不但是中国共产党最早开展农民运动实践的领导人，而且是中国农民运动坚定的推动者。1923 年 6 月召开的中共三大和 1924 年 1 月召开的中国国民党第一次全国代表大会迎来了第一次国共合作的统一战线新时期，这也为彭湃农民运动思想的发展和实践提供了更加广阔的空间。1924 年初，彭湃调任中共广东区委农委，并担任国民党农民部秘书。他充分运用海丰农民运动的经验和影响，在全省范围内组织和发展农会，推动农民运动的发展，使广东省成为当时全国农民运动规模最大的省份。

1924 年 6 月，由彭湃等人精心起草和修改的国民政府首次发布的《政府对农民运动宣言》指出："农民要解除种种压迫，应即组织农民协会。尤在于督促占全国国民大多数之农民，使之加入国民革命运动。"1925 年 5 月，以彭湃为首起草的《广东省第一次农民代表大会决议案》指出："凡有农会组织之地方应由政府命令取消民团，由农会依据章程组织农民自卫军。"[①] 1926 年 5 月，广东省第二次农民代表大会召开，彭湃在其决议案中指出："农民运动在中国国民革命中是占一个最主要地位，农民运动问题是国民革命运动中的根本问题。"为推动全国农民运动的发展，培养农民运动干部，适应农民运动发展的需要，在彭湃的积极倡议下，并在孙中山的支持下，按照共产党组织农民运动的决议案，从 1924年 7 月开始到 1926 年 9 月止，彭湃亲自参与和创办了广州农民运动讲习所，并担任主要教员。农民运动讲习所以彭湃的农民理论为教学主要内容，以其所著《海丰农民运动》《海丰及东江农运状况》等为主要教材，讲授农民运动，开设农民运动的现状实践、开展农民运动的斗争策略和方法等课程，传授给学员从事农民运动的本领。农民运动讲习所一共举办了六届，彭湃担任第一届和第五届主任，其他各届分别由共产党人罗绮园（第二届主任）、阮啸仙（第三届主任）、

---

① 人民出版社 . 第一次国内革命战争时期的农民运动资料 [M]. 北京：人民出版社，1983：287.

谭植棠（第四届主任）、毛泽东（第六届所长）等担任。彭湃农民运动思想通过农民运动讲习所的主办和宣传迅速传播到广东各地和全国各地，极大推动了全国农民运动发展。彭湃农民运动思想，为中国共产党组织、开展农民运动作出了开拓性的贡献，他为培养全国农民运动干部、推动全国农民运动，以及对中国革命作出了卓越的贡献，对当时中国革命的历史进程产生了重大的影响。

第二章

彭湃对缔造人民军队的重大贡献

彭湃烈士像（红宫红场旧址纪念馆提供）

彭湃是人民军队的缔造者之一，大的依据有三：

一是彭湃为人民军队的创建提供了理论基础：他最早明确提出了武装农民的思想，为毛泽东军事思想宝库增添了一份珍贵的财富。

二是彭湃为人民军队的创建提供了丰富实践：他创建了第一支农民自卫武装；创建了中国共产党完全领导的第一支人民武装——海丰农民自卫军；亲自策划、领导海陆丰三次武装起义（1927年4月30日至5月1日凌晨，海丰、陆丰两县同时举行武装起义，比南昌起义足足早了三个月）；亲自参与领导南昌起义，参加创建工农红军；亲自指挥红二师和红四师浴血奋战。

三是彭湃是中国共产党早期武装斗争中一位杰出的军事领导人：在中国共产党早期的武装斗争中，彭湃先后担任过广东农民自卫军总指挥、广宁绥缉军事员、南昌起义前敌委员会委员、东江特委书记兼东江工农自卫军总指挥、中共中央军委委员兼江苏省军委书记等军事职务。

大革命时的中国农民自卫军，随后在土地革命时改称赤卫队，在抗日战争、解放战争时改称民兵，这个与革命战争有相当大关系的武装力量，何人主张创建？何人最早亲自指挥农军参加反帝反封建斗争？是彭湃！

中国共产党领导的第一支正规军（中央批准成立的第一支正规部队）——红二师（比朱德、陈毅在1928年1月12日湖南宜章暴动胜利后成立的中国工农革命军第一师早了两个月时间）[1]和稍后成立的红四师（由广州起义部队组成）都是在彭湃领导下浴血奋战在海陆丰大地上。

一、彭湃为人民军队的创建提供了理论基础

（一）强调建立武装力量的重要性

彭湃在开始搞农民运动时就对农民武装斗争问题进行了明确阐述："农民非有武装不成。"1923年8月16日（农历七月初五），海丰农民运动遭到地方封建势力的武装镇压，农会被捣毁，职员及会员20余人被捕。这就是著名的"七五农潮"。彭湃、林甦、彭汉垣、李劳工等农会骨干脱险之后，聚集在大嶂山边之小庵寺，讨论应对的计划。彭湃就曾在《海丰农民运动》中愤慨地指出："地主

---

① 郭豫康. 特稿：走访中国共产党第一支正规部队红二师诞生地——激石溪革命根据地［EB/OL］. 中国红色旅游网，2017－11－14.

倚仗民团武力进攻农会，焚村杀人。"主张"招集大队农民起来反攻，痛快淋漓的混杀一场之后再作道理！"虽然这一主张是"激于一时之气"，不宜实施，但这说明彭湃已经提出了农民武装斗争的问题。"七五农潮"发生后，彭湃总结道："不建立农民武装队伍，不把好的武器发给他们，我们的工作就得不到必要的结果。""农民实行武装自卫，理所当然。"①

1924 年 1 月 20 日，彭湃给刘仁静写信："此间农民异常困苦……惨不忍言。我们对他们讲话，他们好像不大愿意听的。问他是为什么？他便答道：'问你有枪无枪耳！别的可不用说！'他们认为不用枪即刻开放，总是不能救他们的（指救出被捕的同志）……"

1924 年 12 月 5 日，他在关于广宁农民反抗地主的斗争写给中共广东区委的补充报告中说："农民总是向我们的宣传鼓动员指出，光有宣传鼓动而无武器什么也干不成的。"并明确提出："广宁、花县及其他地区最近发生的事件再次证明：不建立农民的武装队伍，不把好的武器发给他们，我们的工作就得不到必要的结果。从我抵达广州的第一天起我就对此深信不疑，而现在我仍然坚持这个观点。"彭湃的"这个观点"反映了中国农民运动发展的规律，因为农民运动起来之后，必然触动土豪劣绅和地主阶级赖以压榨农民的反动政权，如果不推翻这个政权，就不可能有农民运动的发展和农民的地位；而推翻它的根本途径，就是武装广大农民。因此，武装农民的思想是领导农民运动的基本思想之一。而这个问题，列宁在领导俄国革命过程中，没有提出过；中国共产党在建立初期，各位领导人对这个问题的认识也不明确。但彭湃早在 1924 年就不仅作了明确的表达，而且"深信不疑"，这是对马克思主义、毛泽东思想关于农民革命的一个突出理论贡献。

在彭湃第一次到广宁指导农民运动成功后，就接连发生农民协会遭地主民团进攻的事件，使彭湃更加明确认识到建立农民武装的重要性。彭湃在第二次去广宁指导农民运动时，直接参与指挥农民武装。

---

① 华南农学院马列主义教研室与广东海丰县红宫纪念馆《彭湃传》编写组. 彭湃传［M］. 北京：人民出版社，1984：161.

从海丰、广宁、花县减租运动受挫的教训和农民的强烈要求中，彭湃清楚地认识到建立农民武装的重要性。1923 年底，彭湃返回海丰，农民们前来看他，"要求武装自卫甚迫切"。彭湃清醒地认识到，许多地方的农民运动受到摧残，就是因为没有自己的武装或武装力量不够强大。1925 年 4 月，他在《关于东江农民运动情况的报告》中又说："我一入海丰境，农民就向我表示要求减租，取消苛捐，发给武装。以上三项，尤以武装之要求为迫切。""当此镇压反革命之时，农民非有武装不成，而且农民协会之根本问题亦非农民有武装不成。"同年10 月 18 日，他在省港罢工工人代表第三十六次大会上的报告中，还坚决驳斥了那种"农民不必组织农民自卫军"的论调，认为这"很容易驳倒他"。他以广宁、花县、番禺、中山、五华以及海陆丰农民被镇压、摧残的事例，说明建立武装力量是农民运动取得胜利的一个重要条件。到了这时，武装农民已成为彭湃坚定不移的思想。

1926 年 2 月，彭湃代表省农民协会慰问反抗地主取得胜利的普宁农民，要求他们："加紧努力，购买枪弹，不要忘记了团结和武装的自卫。"

他还号召农军，"我们此后还须更加努力，更加奋斗！务祈打倒帝国主义，打倒军阀，打倒土豪劣绅，打倒地主，以达到最后目的"。在这个思想指导下，海陆丰的革命武装才能以农村进攻城市建立苏维埃。

1927 年 8 月 17 日晚，彭湃代表省农民协会慰问海丰农民自卫军，他在《慰劳词》中强调："我们要革命，一定要武装起来！农民必须有了武装，然后革命才能成功。因为我们的敌人，也是有武装的。我们要打倒敌人，就要先武装自己。"同时提出："要使各省各县都有农军的组织，使全国的农民都武装起来，以求得真正的解放。"因此，海陆丰革命根据地"武装一切群众，除了老年及小孩之外，通通武装起来加入赤卫队，乡由乡队部指挥，区由区队部（有正副队长及党代表）指挥，每区又分为东西南北若干路，亦设正副队（长）及党代表指挥之。各区赤卫队受全县县队部指挥，一切军事负责人亦由县苏维埃委任，并颁布战时军律（如退却者枪决，不听命令者枪决……）及作战方法，这些赤卫队除驻扎在各区乡防守外，择主力协同工农革命军在各地严密防守，遍地树插红

旗，到处布满红军赤卫队。"① (1928 年 2 月 26 日《东江特委给省委的报告》)

（二）强调实行农兵联合的重要性

彭湃关于加强农兵团结、实行农兵联合的思想，比上述主张的提出还要早。1924 年 12 月 19 日，彭湃在广宁农兵联欢大会上的演说中，就提出兵士是"有事为兵，无事为农"，兵士与农民有着密切的联系，二者的利益也是一致的，因而我们要进行革命，以反抗那不利于农民、兵士之特殊阶级。"农兵团结，共同建设一个衣食住充足的安乐国家。这必定要农兵联合，才能够得着最后之胜利。"最后他带头高呼："农兵联合万岁！"

彭湃认为，共同建设一个衣食住充足的安乐国家，这必定要农兵联合。因为在农民自卫军武装力量比较弱的情况下，只有依靠国民革命武装力量，才能打败地主反动武装，取得农民运动的胜利。大革命失败后，中国共产党走上了独立领导武装斗争的道路，此时的农民运动与之联合的是共产党领导的工农红军。彭湃说，全世界最大力量就是我们的工人、农民、兵士，最后的胜利也是我们的！我们的口号是：工农兵团结起来！党的军队和老百姓是鱼与水的关系，谁也离不开谁。

（三）强调武装斗争的重要性

1924 年彭湃就创建了广东省农民自卫军，这是中国现代第一支以农民自卫军的名义建立的武装队伍。在彭湃第二次去广宁指导农民运动时，就直接参与指挥农民武装的斗争，亲自指挥农军战斗，因此，彭湃是中国共产党在探索阶段最早认识到必须掌握武装力量、必须起来武装斗争的领导人之一。

彭湃认为，农民运动要取得胜利，非有自己的武装，组织农民自卫军不可。彭湃在一封信中写道："当此镇压反革命之时，农民非有武装不成，而且农民协会之根本问题亦非农民有武装不成，所以农会现已决定扩充农民自卫军一百名，训练三个月，养成下级干部人才，同时并组织农民运动讲习所约四五十人。"在

---

① 《彭湃研究史料》编辑组. 彭湃研究史料 ［M］. 广州：广东人民出版社，1981：39－40.

海陆丰组建农民自卫军是形势发展的必然结果。在彭湃的主导下，东征军对于海丰农民自卫军给予了大力支持。海丰农民自卫军成为国民革命军有力的助手和后备力量，而彭湃则成为中国农民自卫军的首创者。

1927 年 10 月 30 日（几乎是在第三次武装起义的同时），彭湃在广东省委机关刊物《红旗日刊》上发表《土地革命》一文，宣传建立工农武装、举行武装起义和实行土地革命的重要性。彭湃意识到：和敌人斗争，才能保卫、巩固和发展苏维埃。从《土地革命》一文更可以看出，彭湃这时已经明确论述了武装斗争和土地革命、夺取政权的相互关系。在文章中他提出了"一切土地归农民！一切武装归工农！一切政权归工农兵代表会！"的响亮口号，这是彭湃对武装斗争认识的深化和新发展。他强调"工农阶级武装起来，扩大有训练的军队，才能保障土地革命的胜利"。

彭湃身体力行，经历过一番失败和挫折，海陆丰第三次武装起义终于胜利了，随后就诞生了海陆丰苏维埃。它是海陆丰人民在中国共产党领导下，实行武装斗争，通过土地革命创建的第一个苏维埃。这些敢为人先的宝贵经验，与后来毛泽东提出的"开辟以农村包围城市，武装夺取政权"的著名理论如出一辙。

（四）强调全民武装的重要性

彭湃对全民武装十分重视，关于这个问题，彭湃在海陆丰两县工农兵代表大会上做了深刻的阐述。他把"怎样去扩大自己的武装力量，怎样巩固自己的政权"提到了作为党和工农群众的重要使命这一原则的高度，指出豪绅地主时时有乘机反攻的可能，尤其在整个反动势力没有被完全推倒之前，他们无时不有报复的机会和可能。他还指出："工农阶级武装起来，扩大有训练的军队，才能保障土地革命的胜利。"[①] 因为党和彭湃的明确指示，所以，工农兵代表大会对"组织各乡赤卫队，编练工农革命军"作出决议，"并由本代表大会发出通令，令县及各区各乡严密组织赤卫军，以巩固苏维埃"[②]。

---

① 彭湃. 彭湃文集［M］. 北京：人民出版社，1981：278.

② 中共海丰县委党史办公室，中共陆丰县委党史办公室. 海陆丰革命史料：第二辑 一九二七——一九三三［M］. 广州：广东人民出版社，1986：145.

海陆丰苏维埃政府为贯彻彭湃制定的全民武装方针，采取了积极措施。如，在全县工农兵代表会上通过《改良士兵生活案》，在《没收土地案》里明文规定应分配土地给没有土地的士兵，无人耕种的准其家属雇工。[①] 1928 年 2 月县苏维埃第二次代表会又通过《征兵条例》，以法规形式规定"工人农民在 18 岁以上35 岁以下身体强壮者应当兵一年"，改过去的志愿兵役制为义务兵役制，以及农民应征后享有多项优抚条款，如其家属无力雇工者，政府应分赠工耕种以及享受其他优待；对于不幸阵亡的烈士，除享有军属待遇外，还有特别的抚恤，等等。[②]

很快，海陆丰苏维埃政府建立了三级多种武装并存的全民武装，包括：①正规军；②各县工农革命军，即赤卫队，包括县、区赤卫队，以及乡村赤卫队和工人赤卫队；③其他武装组织，包括妇女粉枪团、少年先锋队和儿童团等（一些地方还有海上别动队等特别武装）。

（五）强调军事训练的重要性

彭湃对军事训练十分重视。他认为，农民自卫军的当务之急，是进行正规的军事训练，迅速提高战斗力；进行极严格的军事训练，准备与反革命作战。执行委员会特委任命李劳工为总队长，组织农民自卫军教练所。彭湃还邀请陆军军官学校教官和多名西江讲武堂毕业生任教官，加强训练。上级还派吴振民同志留海丰为本部代表，并协助农会训练自卫军；又调宛旦平、卢德铭、陈烈等人去海丰农会训练自卫军。

彭湃注重农民运动讲习所学员的军训工作。他说："要使学员成为……既有军事知识，又有组织农民武装和指挥战斗本领的人才。"[③] 因为彭湃重视农民武装的建立，所以在他主办的农民运动讲习所中，专门设立了军事课，还对学员进行军事训练。这些措施，对于农民武装骨干的培养和各地农民武装的建立，起了

[①] 中共海丰县委党史办公室，中共陆丰县委党史办公室 . 海陆丰革命史料：第二辑 一九二七——一九三三［M］. 广州：广东人民出版社，1986：162.

[②] 中共海丰县委党史办公室，中共陆丰县委党史办公室 . 海陆丰革命史料：第二辑 一九二七——一九三三［M］. 广州：广东人民出版社，1986：230.

[③] 东江日记［M］//《彭湃研究史料》编辑组 . 彭湃研究史料 . 广州：广东人民出版社，1981：117.

重要的作用。

彭湃在海丰还办过军事干部教导营（又称赤卫队养成所），通过这些经过培训的骨干去训练区乡赤卫队等武装队伍。应该说海陆丰的农民武装在大革命时期就经过了较好的训练，因而出现了许多令人感奋的军事训练场面。

（六）强调军事斗争要注意策略和工作方法

在实际斗争中，彭湃主张从实际出发，采取各种灵活机动的斗争策略。彭湃在《为五华农友哭一声》一文中，明确指出"国民革命到了一个难关"，革命的对象已不是军阀的势力，而是军阀势力之根源——农村中逆党劣绅土豪大地主民团等反革命势力，应该按照国民党第二次代表大会关于"本党无论何时，应站在农民利益方面而奋斗"的决议，坚持斗争，"打破这个难关"。1927年2月24日，他还在《潮梅海陆丰办事处会务报告》中提出，为了战胜国民党右派和土豪劣绅的反动逆流，"应先检查我们本身的力量"，健全农会的组织，"应用自己的团结的力量，使各路的农民兄弟和民众，都互相帮助"，而"不好靠政府的力量"。这说明他这时已觉察到了国民政府的右倾，认为只有依靠农民自己的力量，才能取得斗争的胜利。这个思想在当时提出是难能可贵的，实质上就是独立自主地去开展斗争的思想。

彭湃十分注意一些细节的技巧，比如在各种大会（集会）上，让群众感受到自己的强大，这对提振大家的信心很有作用。每次重要的大会开始时，彭湃都要讲话。他首先以极其洪亮的声调问："各区农民兄弟队伍来齐了吗？带武器的队伍来齐了吗？"台下农民齐声答道："来齐了！"为了让农民看看自己团结起来的力量，他再喊道："请大家兄弟把手中武装高高地举起来！"台下的武装队伍立即把枪支和尖串高高举起，一时武器如林。叫大家把武器放下后，他才带着既严肃又喜悦的表情用通俗的语言，讲述召开大会的意义和今后的任务。

1928年夏秋间，彭湃在大南山战斗的艰苦岁月中，反思了盲目冲动的危害，他说："我们不能让自己的水平仍停留在猛打猛冲的阶段上，我们要学会适应环境，保存革命力量。"①

彭湃在领导和开展农民运动的实践中，很早就提出建立农民武装的重要性，这在当时是十分宝贵的。彭湃的军事思想与军事理论，来源于残酷的阶级斗争，来源于惨痛的历史教训，来源于不断地摸索、探讨、总结和提高。他认识到：在阶级斗争面前，只有掌握武装，才能夺取政权，确保千百万劳苦大众的根本利益。他说："我们要革命，一定要武装起来！农民必须有了武装，然后革命才能成功，因为我们的敌人，也是有武装的。我们要打倒敌人，就要先武装自己。""故我敢称海丰农军也是很好的……使全国的农民武装起来，以求得真正的解放。"②

彭湃的军事思想与军事理论，包含着枪杆子里面出政权的真理。这种军事思想对后来的军事指挥者很有借鉴意义，是人民军队建军理论的重要组成部分。

二、彭湃为人民军队的创建提供了丰富实践

（一）创建了第一支农民自卫武装

彭湃在广州农民运动讲习所工作期间，他不但要求学员理论联系实践，而且组织学员进行严格的军事训练。他亲自带领学员到黄埔军校进行军事训练。军训的项目有队列操练、持枪、刺杀、实弹射击，并利用地形地物进行森林山地战、村落战等训练。

1924 年 8 月下旬，为支持广东各地农民运动，对付反动的商团武装，保卫广东革命政府，根据中共广东区委的指示和广东革命政府的命令，彭湃与阮啸仙、罗绮园等人将第二届农民运动讲习所的 225 名学生，组编为广东农民自卫军，亦称"广东农团军"，由彭湃任团长，徐成章任教练。这是广东最早建立的农民自卫军。"广东农民自卫军自组织成立后，即假省长公署广东警卫军司令部宿营，并即日从事军事训练，现经操演多日，各部队已整齐有条。关于内外一切事务，

---

① 朱着南．巧遇彭湃同志［N］．解放日报，1961 - 03 - 17.

② 中共海丰县委党史办公室，中共陆丰县委党史办公室．海陆丰革命史料：第一辑 一九○一——一九二七［M］．广州：广东人民出版社，1986.

则由国民党中央党部农民部秘书彭湃兼任团长，计划办理，极为周善。而关于教练方面，则由黄埔陆军军官学校教官徐成章担任指挥。闻近日更聘西江讲武堂毕业生多名，充任教练官，将着手切实训练。昨该自卫军已改穿规定制服，形式焕然一新。各部队亦极乐于操演，成绩甚为可观云。"①

广宁农民运动兴起后，积极开展减租斗争。地主劣绅极端仇视，千方百计予以破坏。1924 年 11 月 20 日，潭布、江屯、扶溪等地的地主劣绅，相继召开会议，成立"保产大会"，并鼓动团匪对农民大打出手。11 月 25 日，潭布大地主江淮英、江汉英等当地地主武装突袭古楼营区农会，农军被迫反击。11 月 26 日，彭湃抵达广宁，立即向周其鉴等县农会领导人了解情况，研究对策。

在减租口号开初提出来的时候，万不料有这样大的争战，所以组织的范围很小，并且十分松懈。彭湃到广宁后看见形势日益严峻，非有严密的组织不可，所以当即由县农民协会决定成立军事委员会负此任。当时军委的组织结构如下图：

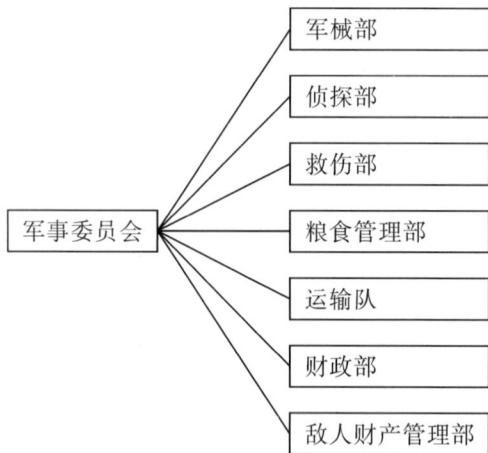

图片来源：广东农民运动报告［M］//《彭湃研究史料》编辑组. 彭湃研究史料. 广州：广东人民出版社，1981：215.

---

① 农民自卫队最近状况［M］//《彭湃研究史料》编辑组. 彭湃研究史料. 广州：广东人民出版社，1981：116.

除了实施这一对策外，彭湃马上把复杂的情况向广东区委报告，并提出增派军事力量的请求。

中共广东区委接到报告后，即争取到国民党"左"派领袖廖仲恺的支持，派出共产党掌握的大元帅府铁甲车队开赴广宁，以保卫农民的减租运动。铁甲车队到达广宁后，彭湃等即部署向潭布地主武装据点发动攻击。由于敌炮楼坚固，土炮无法攻破，在中共广东区委的推动下，廖仲恺又先后派粤军第三师一个营和大元帅府卫士队赴广宁协助。但第三师的官佐和卫士队队长开始时却站在地主一方，对地主武装不予打击。彭湃等通过召开"农兵联欢大会"等方法，使他们加深对农民的感情，逐步转变态度，团结起来共同打击地主反动武装。彭湃深晓"各个击破、远交近攻、兵不厌诈"的军事精髓，制订了"先远交近攻，后三路全击"的作战计划，利用地主武装各自的特点，对外公开宣布只打潭布的江淮英，稳住邻乡地主民团勿援潭布，待潭布攻下后再打他们。1925 年 2 月 1 日，农军、铁甲车队和卫士队向潭布的敌人及江姓炮楼、黄姓炮楼等据点发起总攻。彭湃、周其鉴等亲临前线指挥。经过十多天的激烈战斗，到 13 日，江姓炮楼的地主武装举起白旗投降。接着，彭湃等指挥农军、铁甲车队和卫士队乘胜扩大战果，摧毁敌螺岗据点，扫清潭布及其附近企山、黄岗坳等地之敌，并勒令地主劣绅解散反动民团。至此，历经三个月的广宁农民减租斗争终于取得了胜利。这场斗争的胜利，大涨了农民的志气，沉重打击了地主阶级的嚣张气焰。彭湃在这场斗争中发挥了重要作用，首次以农民武装保卫减租行动，在海陆丰斗争经验的基础上赋予农民运动以新的发展内容，并为广东农民运动的深入发展作出了重要贡献。"我们可以觉察到彭湃同志军事思想发展成熟的脉搏。"[①] 彭湃的确是位善于总结、勇于创造和富有探索精神的思想家与革命家。

同一时期，1924 年 10 月上旬，广州发生商团之乱，彭湃亲任农民自卫军团长，指挥平叛战斗。

---

① 马世畅. 彭湃的革命体育思想与实践［M］//汕尾市政协文史资料委员会. 汕尾文史：第十辑. 汕尾：汕尾市政协文史资料委员会，2000.

（二）创建了中国共产党完全领导的第一支农军——"海丰农民自卫军"

由彭湃一手创建的共产党完全领导的第一支农军——海丰农民自卫军始建于 1925 年 3 月 16 日。李劳工任农军大队长，军队人数 200 余人，驻地城东祖祠。从事训练后，一排驻汕尾，一排驻海城。自此，他们统一服饰，统一装备，统一军政训练，按正式驻防军的编制逐月发放军饷，这是中国共产党领导下正规的、很有战斗力的早期武装力量。另成立海丰农民自卫军训练所，任命吴振民、陈烈、宛旦平、刘楚杰、曾绍文等为教官。初期训练所共有官兵 76 人。[①]

在海丰农民自卫军成立初期，周恩来领导的东征军给予大力支持，先后送枪送子弹等。1925 年 6 月第一次东征时，周恩来指令政治部的李公侠把缴获的 400 多支枪送给了海丰农民自卫军。"自革命军克复海丰，把贼军剿灭之后，海丰人民得脱离火坑，重见天日，遂有恢复农会及组织农民自卫军之盛举。革命政府甚为欣慰，因而特派农民运动讲习所武装考察团十余人，并命林甦君携带六五子弹三千颗，发给海丰农民自卫军，借资鼓励。"[②]

第二次东征时，本来海丰驻有叛军洪兆麟部 5 000 人，谢文炳部 3 000 人，战斗力比较强。但战斗还没有开始，由吴振民和卢德铭领导的农民自卫军 4 个支队，就埋伏在城里，准备里应外合，配合东征军作战。当得知东征军已经来到海丰附近，农民自卫军立即向县公署进攻。枪声一响，洪兆麟以为东征军进城了，就领着部队从东门逃走。谢文炳见势不好，也随之逃走。因此革命军顺利收复了海丰。

1927 年在彭湃指导下，海丰第二次农民代表大会作出了扩充 200 名农民自卫军义勇队的决定，海丰农军的力量得到了进一步的扩大；1927 年 4 月，东江特委把 4 000 多名农民自卫军改编为工农救党军，吴振民为总指挥。9 月改称为工农讨逆军。11 月下旬，各区乡农会接管政权，成立区苏维埃政府，农军改称赤卫

---

① 曾文.彭湃年谱［M］//政协广东省海丰县委员会文史资料研究委员会.海丰文史：第十辑.汕尾：政协广东省海丰县委员会文史资料研究委员会，1993：63.

② 林甦君及考察团来县经过详情［M］//《彭湃研究史料》编辑组.彭湃研究史料.广州：广东人民出版社，1981：124.

队。工农革命军和群众组织重新改造。改造后，林道文任海丰县工农革命军团队长（12 月林道文调往惠阳，由彭桂接任），黄强任海丰县赤卫队长。这支完全由共产党领导的革命武装英勇善战，除了直接选调海陆丰农军组建红二师（粤）第五团外，农军其他人员积极配合红二师（粤）和红四师参加了很多战斗，为保卫海陆丰革命根据地作出了重大贡献。这支农军还成为参加 1927 年 7 月汝城暴动的另外一支红二师（湘）[①]（根据中央军事部指示，将东江农军与汝城等地农军合编成一个师，番号为"中国工农革命军第二师"）和 1929 年 10 月初在海丰朝面山成立的中国工农红军第六军十七师四十九团等我军正规军的重要骨干。

（三）亲自策划、领导海陆丰三次武装起义

1927 年，蒋介石发动"四一二"反革命政变，背叛革命。蓬勃高涨的工农群众运动遭到残酷的镇压，成千上万的共产党员和革命群众倒在血泊之中。在革命的危急关头，中国共产党于 4 月 24 日在汉口召开了第五次全国代表大会。彭湃参加了大会，并当选为中央委员。在彭湃的亲自策划和指导下，在中共海陆丰地委领导下，海陆丰人民为了反抗国民党的屠杀政策，先后三次举行武装起义。

1. 策划和指导第一次武装起义

1927 年 4 月，海陆丰第一次武装起义前夕，彭湃在武汉派彭汉垣回到海丰，并与中共海陆丰地委取得联系，策划举行武装起义。

2. 亲自参加第二次武装起义

党的八七会议后，中共海陆丰地委改称中共海陆丰县委，由中共东江特委领导，工农救党军改称工农讨逆军。成立海陆丰武装暴动委员会，响应八七会议号召，准备举行秋收暴动。

8 月 11 日，黄悦成、彭桂率领洛坑、鲘门、梅陇农军 300 多人攻打梅陇圩保安队、民团，毙俘团丁多人，缴获一批物资、战利品之后，又主动撤出梅陇圩。9 月 6 日，黄、彭又率领 2 000 余名农民武装再次围攻梅陇圩，后因滂沱大雨，不便作战，暂时撤退。9 月 8 日凌晨，驻公平敌军万炳臣营三连一排，在其排长

---

① 刘汉升，陈夏阳，林奕生等. 铁流千里的海陆丰农军［N］. 汕尾日报，2018 - 12 - 02.

郭其宽率领下，击毙司书，扣押连长罗毅先，释放监狱的工农群众，率部奔向东北山区麻竹村向农军投诚；同日，青坑农军攻入青坑圩，活捉保安队长赖廷中，缴获枪支20多支。9月9日，梅陇农军再次攻入梅陇圩，乘胜进军海城郊区。9月11日，林道文率领农军克复公平圩。同日，青坑农军在汕尾工人纠察队配合下占领汕尾镇。各区捷报频传，全县人民振奋万分。

敌军万炳臣营一千多人龟缩在县城，固守待援，而恐慌不可言喻。9月13日晚，城郊农军在山上放燃火堆，城内冷枪时闻，敌军彻夜不敢入眠。公平、附城农军已包围县城，后因梅陇农军未能按时抵达，攻城未成。9月16日凌晨，工农讨逆军在总指挥林道文指挥下，总攻开始后，分四路向县城进攻。北路是由郭其宽率领的第四中队农军，在武装农民配合下，直捣桥东社龙津桥；彭湃身先士卒，亲自率领西路的第二中队农军进攻西门；南路由吴礼式率领的第三中队农军进攻南门；东路由林道文率领的第一中队农军进攻东山埔。总攻开始后，守敌顽强抵抗，经几小时的激战屡次冲锋不克，总指挥部下令撤退。当晚午夜，万炳臣营向西路突围，朝惠阳方向逃遁。9月17日，工农讨逆军光复县城。海丰农民在党的领导下，第二次夺取了政权，并成立了属于工农独裁性质的海丰县临时革命政府。各区乡由农会接管政权。县临时革命政府宣布没收地主土地并分配给农民，镇压反革命分子，扩充武装力量，并没收反动派的财产。

3. 亲自领导第三次武装起义

南昌起义军失败后，随同周恩来撤往香港并在中共南方局工作的彭湃遵照中共广东省委书记张太雷的意见，返回海丰兼任东江特委书记，直接领导海陆丰人民举行了第三次武装起义，以策应党在广州举行的武装暴动。

彭湃抵达海丰后，马上与东江特委和海丰临时革命政府委员们开会研究，一致同意立即举行第三次武装起义，并拟订了暴动计划，作战部署先区乡后县城。以梅陇、赤石农军占领鲘门、梅陇圩，迫进海城；公平农军占领公平圩迫进海城；东南五区农军联合大队占据青坑圩，迫进汕尾镇。

10月下旬，广东两派军阀李济深与张发奎公开混战。在海丰的陈学顺团前途难卜，妄图先发制人，进攻黄羌圩为据点，封锁消灭工农革命军第二师第四团。其便于10月21日倾巢进占黄羌圩，农军主动撤出，当夜驻扎在朝面山，连夜举行党政军联席会议，分析形势，决定予敌以打击，组织四团一部和农军，分三路下山包围黄羌圩，次日凌晨发起进攻，把陈学顺打得抱头鼠窜，一直追至公平圩附近才收兵。是役取得重大战果。敌军自黄羌圩一战受挫后，把驻公平、汕尾、陆城的部队集中海丰县城固守。

10月25日，彭湃发布11月7日俄国十月革命十周年纪念日举行武装起义的命令①，整个部署是两县农军一起行动，四团配合农军作战。先占区后攻县城，具体命令梅陇、赤石农军攻占梅陇圩，公平农军克公平圩，东南各区农军克青坑圩后取汕尾。陆丰方面命令西北农军据河口大安，东南各区农军夺金厢围碣石。

两县农军纷纷出动，率领农民不断袭击各乡镇的保安团和民团，战斗捷报频传。

10月29日，公平农军在第四团一个营配合下，进攻庵前乡，毙俘保安队及反动地主数十人，乘时占领公平圩；梅陇农军进攻梅陇，歼敌四十多名；南东五区农军联合大队于30日占领汕尾镇；各区农军先后占领区的所在地。县城守敌陈学顺团眼见大势已去，无法挽回，恐怕自己全军覆灭，不敢恋战，于11月1日凌晨抱头鼠窜朝吉隆方向逃遁。剩下戴可雄保安队200余名退避捷胜城固守，部分保安队往陆丰碣石逃遁。

11月1日，海丰农军和工农革命军第二师第四团光复海丰县城。5日，两县农军在四团配合下攻打陆丰县城，保安队弃城退碣石。同月19日，由林道文率领的农军在第二师第四团一个营配合下，围攻捷胜城。经过两个小时的激战，破城而入，全歼了保安队。随后接省委要求，部队向惠州移动配合广州起义后，立即攻占高潭圩，拔除进军障碍。广州起义失败后，省委要求向惠来发展，于是部队先后攻克碣石和昂塘。至此，海陆丰除上砂一隅外，全部为县苏维埃政府辖区。

海陆丰第三次武装起义终于赶走了国民党反动派，夺得了政权。

---

① 林泽民. 海陆丰根据地史话［M］//政协广东省海丰县委员会文史资料研究委员会. 海丰文史：第十六辑. 汕尾：政协广东省海丰县委员会文史资料研究委员会，1998.

（四）亲自参与领导南昌起义，参加创建工农红军

党中央决定发动南昌起义，武装反抗国民党反动派的血腥屠杀。为领导南昌起义，成立了以周恩来为书记的前敌委员会，彭湃任前敌委员会委员（四位委员之一）。南昌起义后，成立了革命委员会，彭湃任委员并兼任农工委员会委员，负责组织工农运动，建立地方政权。8 月 5 日，起义部队按原计划退出南昌，向广东进发。彭湃随军前进，途中不顾劳累，经常给战士们唱歌、画宣传图画、讲故事，鼓舞斗志。他还向群众演讲，宣传南昌起义的意义，在艰苦时刻充满了革命乐观主义精神。起义军攻占潮汕后，彭湃担任了东江工农自卫军总指挥，统一指挥东江地区的工农武装。他领导和组织工农群众安定社会秩序，建立地方政权，并负责后勤、联络等工作。在山湖战斗中，他参与前线指挥，部队撤离战场后，又组织参战的农军和农会会员收容伤兵，转移武器，处理善后工作。

1927 年 8 月 24 日，攻克会昌，会昌战斗后，由彭湃率领编入第二十军三师六团的广东农军作为先导，彭湃任总指挥。①

1927 年 12 月 11 日，共产党人发动了广州起义，彭湃虽未参加起义，但被选为人民土地委员。

（五）亲自创建中国第一个苏维埃和第一个革命根据地

海陆丰第三次武装起义胜利后，彭湃担负起筹建工农兵苏维埃的重任。11 月 13 日和 18 日，陆丰和海丰先后召开了工农兵代表大会，宣告了中国第一个县级红色政权——海陆丰工农兵苏维埃的建立。这次大会的意义，正如开幕通电所指出的："这种举动是中国前古所未有，即在世界上除苏联以外亦是第一次，这种壮举实开中国无产阶级革命的先声。"海陆丰第三次武装起义和苏维埃的建立，是在中央八七会议精神指导下进行的，海陆丰苏维埃政府是中国共产党人以武装斗争反抗国民党反动派的屠杀，深入进行土地革命，建立红色政权的首次尝试。

---

① 曾文. 彭湃年谱［M］//政协广东省海丰县委员会文史资料研究委员会. 海丰文史：第十辑. 汕尾：政协广东省海丰县委员会文史资料研究委员会，1993：77.

它为其后红色政权的建设在理论和实践上都积累了宝贵的经验。海陆丰工农兵苏维埃作为中国革命史上的第一个红色政权永垂史册，而彭湃创建苏维埃的功绩也应该永远为后人所铭记。

海陆丰是全国第一个苏维埃和第一个革命根据地，在彭湃直接领导下所建立的制度和施政措施，都是带有创造性的，而且大部分与军事有关。这些创举足见彭湃在军事上的才智，以下仅举较突出的：

1. 实行土地革命

海丰县第一次工农兵代表大会通过的《没收土地案》，被一些党史工作者称为中国第一个土改法。陆丰和海丰两县在全国最先实行土地革命，据文献记载，海丰县分田80%，陆丰县分田40%。

2. 创建了三级军事体系

海陆丰革命根据地拥有类似后来野战军的工农革命军第二师和第四师，类似地方部队的各县工农革命军团队，相当于后来民兵的赤卫队。

（1）正规军。即工农革命军第二师和第四师，还有后面的正规军。

（2）赤卫队。

①县、区赤卫队。

1927年9月，为实行抗租及发动第三次起义，海丰、陆丰分别把原来常备的农民自卫军改编为工农革命军团队部。海丰团队长林道文，陆丰团队长谭国非。县苏维埃政府成立后，按工农兵代表大会的决议，县、区、乡的工农武装一律改称赤卫队。海丰县赤卫队队长黄强，陆丰县赤卫队队长许国良。县常备赤卫队（习惯称县团队）人员包括海丰500人左右，陆丰300人左右（两县常备赤卫队的人员数有变动，供给有困难时则减少），大都使用五响钢枪。县赤卫队有统率训练各区赤卫队之责。区常备赤卫队人数不等，由该区的人口、经济而定。海丰各区多组建一个中队，全县共有区常备赤卫队队员451人。陆丰有的区建一个中队，有的区建一个小队，新田区中队最多时有队员64人。中队设正副队长，小队设小队长1人，各区常备赤卫队设党代表1人。枪支主要是土造单响枪及火药枪，亦有五响钢枪。区常备赤卫队的供给标准视该区经济收入而定，有困难的区平时只有数人值勤，集中训练与出差打仗时才全部供给。

②乡村赤卫队和工人赤卫队。

乡村赤卫队。这是一支一手拿锄头，一手拿武器的不脱产队伍，苏维埃下改称赤卫队，并有很大发展。当时是"全乡农民年在18岁以上，45岁以下者，均为赤卫队员"①，"乡由乡队部指挥"。因此，乡村赤卫队是支庞大的队伍。根据海丰县委1928年1月统计，全县乡村赤卫队队员达37 800人；武器有枪1 297支，子弹33 619发，粉枪（火药枪）12 489支，火药13 502斤，尖串（梭镖）73 690支。② 陆丰的赤卫队队员数，据后来调查有1万多人。有的乡农民协会还为赤卫队置备了伙食担子，以及队员随身携带的口盅等日用品。

工人赤卫队。在海丰城、陆丰城及汕尾等城镇的工人赤卫队是以手工业工人、店员为主组织起来的，由两县总工会和区工会办事处指挥。他们也参加战斗，譬如，1928年3月初进攻海陆丰之敌"一入公平，县城工人竟能在一、二点钟内集合四百人到公平""其他各地工人在每战时，都有参加。"③

（3）其他武装组织。

①妇女粉枪团。

海丰赤坑成立了一个妇女粉枪团。该区的负责人在组织各种武装的同时，对16岁以上26岁以下的妇女加以训练，成为一个"草鞋竹笠，荷装束带""装束与男子同""遐迩周知"的武装组织［《海陆丰报告》（1928年4月）及敌方档案《海陆丰赤祸记》（1930年出版，中共陆丰县委党史办公室1987年9月将其作为反面教材翻印）］。"各区中年以上的农妇，均已加入农协，在海丰有万人左右，陆丰亦有三千余人的组织，至每次攻击反动派亦均有农妇参加，非常勇敢。"（1928年4月《海陆丰报告》）不过各个地方的妇女粉枪团发展不平衡，在陆丰，新田、附城、金厢发展较好。

②少年先锋队。

---

① 中共海丰县委党史办公室，中共陆丰县委党史办公室. 海陆丰革命史料：第二辑 一九二七——一九三三［M］. 广州：广东人民出版社，1986：339.

② 中共海丰县委党史办公室，中共陆丰县委党史办公室. 海陆丰革命史料：第二辑 一九二七——一九三三［M］. 广州：广东人民出版社，1986：219.

③ 中共海丰县委党史办公室，中共陆丰县委党史办公室. 海陆丰革命史料：第二辑 一九二七——一九三三［M］. 广州：广东人民出版社，1986：318.

少年先锋队由共产主义青年团负责组织，"凡16岁以上25岁以下之少年"，都加入少年先锋队，"训练为侦探、响应及有作战之任务"。两县都有少年先锋队总部，"各有数千组织""内部编制与普通军队相同。每与反动派作斗争，少年先锋队也很勇敢的参加。"［《海陆丰报告》（1928年4月）及敌方档案《海陆丰赤祸记》（1930年出版，中共陆丰县委党史办公室1987年9月将其作为反面教材翻印）］海丰青年团在团中央巡视员陆定一的指导下，还把部分团员和青年组成"马克思队""列宁队""李卜克内西队"和"卢森堡队"，其中"卢森堡队"全是女青年。每队相当于1个营，4个营约1 000人，都是16岁或17岁的青少年。（陆定一：《回忆海陆丰的斗争》）

③儿童团。

儿童团是由共青团负责组织和领导的。海陆丰两县都设有总队部。儿童团也学习军事，进行训练，"以红棍代替之童子团，亦精神奕奕，颇为可观"。儿童团在监视地主和反革命分子活动方面起到很好作用。

为提高各个武装团体的军事素质，彭湃和苏维埃政府组织对各种武装队伍开展了多种形式、多种层次的军事训练。比如，从红二师中抽调一些骨干为地方武装举办训练班，培训赤卫队骨干。海丰县还举办过"军事干部教导营"（又称"赤卫队养成所"），通过这些经过培训的骨干去训练区乡赤卫队等武装队伍，出现了许多令人感奋的军事训练场面。这些说明海陆丰的农民武装在大革命时期就经过很好的训练，是一支特别能战斗的武装力量。

3. 创建造枪厂和制弹厂

彭湃领导的海陆丰革命根据地还拥有造枪厂和制弹厂，这在同时期的革命根据地是极少见的，这是说明海陆丰革命根据地的体系最为完善的依据之一。当时的造枪厂设在梅陇金岗围，日造步枪或单针枪一二支，有"金围造"的印记；制弹厂在龙山准提阁制子弹，在龙山妈庙制硝药，工人多招请原汕尾粤军制弹厂失业工人，许多材料工具也拆自该厂。"二八"事件后，两厂设备大部分被搬迁至中峒石。

4. 创建了根据地中的根据地

彭湃在军事斗争中意识到，革命根据地不仅要占领广大农村，而且要占领城镇以扩大影响，还要建立根据地中的根据地——更加隐蔽的大后方。于是他主导创建了中峒石等根据地。为了长期斗争，除了朝面山的红二师大本营外，第三次起义后，又把征收到的粮食、布匹和各种设备、物资储于中峒石等地，建立后方医院，以备敌军进攻，退守山区坚持。[①]

（六）亲自指挥红二师和红四师浴血奋战

南昌起义和广州起义后，两支起义部队先后来到海陆丰地区，并分别整编为红二师和红四师两支正规部队，这是经中央批准建立的共产党最早的正规部队，也是人民军队的种子和初生的摇篮。红二师和红四师按照中央和广东省委的指示，进行了艰苦卓绝的转战，写下了一段段英勇悲壮、可歌可泣的军史。

1927 年 8 月 1 日，南昌起义打响了正义的枪声。当时党中央提出："叶挺军队打进广东去，与农民军汇合，同时改造成工农革命军，从东江海陆丰直接打进广州夺取广东的政权，由各地从事革命斗争的工农团体选出中国临时革命政府，在广东恢复革命的根据地。"由此可见，广东是南昌起义的战略目标，其中，海陆丰革命根据地群众基础好，作为南昌起义的战略基地举足轻重。9 月 18 日南昌起义军队经闽西进入广东大埔县，留下朱德率领的第二十五师 2 500 余人驻守三河坝，迎击尾追敌军；周恩来、叶挺、贺龙等人率兵进军潮汕，但揭阳汾水一役，起义军遭到较大挫折。在敌强我弱的严峻形势下，起义军撤离汕头，仅在潮汕建立七天政权。10 月 3 日，周恩来在普宁流沙主持召开起义军领导人紧急军事会议并作出相关决策。10 月 7 日，叶挺部二十四师 1 300 余人在董朗率领下进入陆丰（今陆河）激石溪。海陆丰县委根据中共广东省委 8 月间发出的《关于暴动后县市工作大纲（决议案）》，决定取消部队原来名称，改称工农革命军，改青天白日旗为中国共产党党旗，表明它是中国共产党独立领导的部队，命名为"工农革命军第一大队"。10 月 15 日，中央南方局和广东省委召开联席会议决定：南昌起义余部以及全省的工农武装一律改称工农革命军。南方局还决定：由

① 林泽民. 海陆丰根据地史话［M］//政协广东省海丰县委员会文史资料研究委员会. 海丰文史:
第十六辑. 汕尾: 政协广东省海丰县委员会文史资料研究委员会, 1998.

朱德、陈毅率领的部队为工农革命军第一师，在海陆丰的部队为工农革命军第二师。10月下旬，中共广东省委派颜昌颐来到海陆丰研究正式改编问题。经过朝面山改编，中国共产党所领导的第一支拥有自己番号的正规军——中国工农革命军第二师，在海陆丰这片红色大地上正式成立了。当时考虑到其人数不足一个师编制的问题，决定先组建一个团即工农革命军第二师四团，董朗任团长、颜昌颐任党代表，下辖第一营、第二营，张宝光任第一营长，刘立道任第二营长。11月，正式建立红二师师部，这比朱德、陈毅在1928年1月12日湖南宜章暴动胜利后成立的中国工农革命军第一师早了两个月。

红二师在海陆丰配合农民武装发起了第三次起义，建立了闻名全国的第一个县级苏维埃。从1928年夏开始，敌人多次调集强大兵力，对所在的激石溪根据地实施围剿，使根据地军民遭受严重挫折（至1928年秋，红二师幸存者仅140多人；1928年冬至1929年5月，红二师官兵奉命先后撤离海陆丰根据地）。

另一支"奔向海陆丰"的队伍是广州起义队伍。1927年12月广州起义后，国民党进行了残酷镇压，革命武装力量分几路撤退。其中主力部分1 200余人到了广东花县，统一改编为一支由中国共产党领导的中国工农红军，确定番号为"中国工农革命军第四师"（史称红四师），并决定奔向海陆丰。

1928年1月15日，红四师、红二师以及海丰的农军在红场胜利会师。两师在彭湃领导下与海陆丰农军（当时农军有3万多人）并肩战斗，在海陆丰地区与反动派展开了艰苦卓绝的游击战争。徐向前在《奔向海陆丰》中说："两支年青的部队在彭湃同志的领导下，打了许多胜仗。"他们在陆丰镇压了"白旗会"匪乱，打击了反革命势力。他们"先后攻下陆丰城、甲子巷，拔除了隔绝陆、普苏区联系的地方武装的最大据点——果陇，使陆丰与普宁的苏区联成一片。"

这些军事上的胜利，使海陆丰革命根据地得以巩固和扩大。实践证明，红军是苏维埃的坚强支柱，而苏维埃的建立又使在斗争中诞生的红军有了依靠，有了人力、物力的强大后方。红二师和红四师得以保存和发展，主要是由于有彭湃创造的海陆丰革命根据地作为他们的重要依托。彭湃在创建和保存工农红军方面有着不可抹灭的历史功绩。

当时党中央领导人瞿秋白多次盛赞海陆丰的武装斗争，他认为，"湖南、湖北、江苏各省以前的农民暴动，正因为不能从游击战争更进一步，而未得着胜利。最近（11月初），广东海陆丰的农民暴动，便从游击战争进一步而创立革命的地域。海陆丰的农民，在叶、贺入粤以前便暴动起来，随后叶、贺虽然失败，但是农民暴动却从军事行动（游击战争）进而至于群众的斗争（尤其是海丰），由群众的斗争而创造更大的武力，并且有叶、贺残部改编加入农军，增多武装的力量，于是他们努力发动陆丰、碣石、紫金等许多县农民的斗争，而且他们的作战，已经不须采取纯粹游击式的策略。"希望和要求各地的农民暴动、武装斗争，应该向海陆丰学习，以海陆丰为典范，而"海陆丰农民暴动的发展，便是超过游击战争的斗争方式之范围，而进于建立革命地域的实例""现在各地的农民暴动的斗争方式，必须确切地了解游击战争的意义，和明显地树立创造革命地域的目标。"[①]（瞿秋白为《红色海丰》写的序）

海陆丰三次武装起义，创建苏维埃，进行土地革命，取得民众的拥护与支持，是当时共产党领导农民运动最成功的区域和最辉煌的业绩。

2015年7月30日，习近平总书记指出："要坚持用唯物史观来认识和记述历史，把历史结论建立在翔实准确的史料支撑和深入细致的研究分析的基础之上。"2021年2月20日，他在党史学习教育动员大会上又指出："回望过往的奋斗路，眺望前方的奋进路，必须把党的历史学习好、总结好。"基于这些理论，笔者与党史研究专家林奕生认为，我们应该根据史实，实事求是，按照"大胆提出，小心论证"的学术研究原则，提出以下建议：

（1）中国共产党建军的历史应该前移。由彭湃一手创建的共产党完全领导的第一支人民军队——海丰农民自卫军始建于1925年3月16日。比南昌起义早两年多。

（2）人民海军的历史应该前移。1927年12月，陆丰金厢区苏维埃成立一支工农海上别动队。它原是由这一带海边的渔民、游民组成，从事海上抢劫等活动。中共金厢区区委书记章旭东等亲自把它改造过来，黄妈元担任党代表、李禄担任队长，建成有50多人的队伍，他们持枪驾船，在金厢至碣石港湾游弋，负

---

① 刘林松，蔡洛. 回忆彭湃［M］. 北京：人民出版社，1992.

责沿海的警卫与巡逻，捕捉逃亡地主、反革命分子等，还执行运送红四师剩余部队和徐向前等人到惠来等任务。笔者与党史研究专家林奕生等认为，这支海上别动队是中国人民解放军海军的雏形，如果这个观点成立的话，中国人民解放军海军成立的日子就不是 1949 年 4 月 23 日了，而是往前推了 20 多年。

这两个建军方面的史实，希望能引起党史权威专家的关注和研究。

三、彭湃是中国共产党早期武装斗争中一位杰出的军事领导人

在共产党早期的武装斗争中，彭湃先后担任过广东农民自卫军总指挥、广宁绥缉军事员、南昌起义前敌委员会委员、东江特委书记兼东江工农自卫军总指挥、中共中央军委委员兼江苏省委军委书记等军事职务。

（一）担任广东农民自卫军总指挥、广宁绥缉军事员

参看上文内容。

（二）担任南昌起义前敌委员会委员

参看上文内容。

（三）担任东江特委书记兼东江工农自卫军总指挥

海陆丰苏维埃和革命根据地的存在对国民党反动派是一个严重的威胁，正如徐向前在《奔向海陆丰》中指出的那样："国民党军阀是不会让海陆丰的苏维埃和平存在下去的，不久他们就开始了对海陆丰苏区的'围剿'。黄旭初部从西面和北面向苏区围攻，占去了海、陆丰。陈铭枢部的新编十一师，也从福建开来，以惠城作据点，进攻惠、潮苏区。红四师开始虽打垮了该师的向卓然团，攻下了惠来，但终因敌人力量过大，不得不退入普宁的三坑山区与敌人周旋。"1928 年2 月下旬开始，国民党军阀以两个军的兵力，配以中山、民生、广庚、飞鹰等军舰分三路向海陆丰苏区进攻。形势十分严重，彭湃又投入了新的军事斗争。面对严重的局面，以彭湃为书记的东江特委，在政治方面发出了对东江时局的宣言，号召全东江工农群众及革命士兵，反抗一切军阀的进攻，保卫海陆丰苏维埃；在

军事方面，彭湃提出武装群众，实行坚壁清野，坚决捕杀随敌军回海陆丰进行反攻倒算的豪绅地主，打击敌人的反动气焰。他指挥红二师在海丰布防，红四师在陆丰、普宁和农民武装配合，迎击敌人。红军战士和人民群众给来犯之敌以沉重的打击。

在保卫海陆丰苏维埃和革命根据地的"反围剿"斗争中，彭湃曾经亲自指挥过多次十分成功的战斗。试举几例：

围攻碣石城。1927年11月1日，彭湃与董朗师长率工农革命军第二师攻打盘踞在陆丰碣石城的敌人。由于城墙坚固，我方又没有大炮，如果硬攻，恐我方伤亡太大，一时难以破城。在这种情况下，彭湃决定一方面出布告安抚受骗的群众："胁从被迫，乃穷苦人民，绝不株连，凡在城外居住者，宜各回家居，毋自惊扰。"另一方面派玄武山寺僧信德和尚为代表携书入城，说服敌军投降。书中提出条件：一是全部缴械，改编为工农革命军，各长官准保安全出境，士兵不愿当工农革命军者，分别给资遣散；二是如不愿接受改编，仍执迷不悟，则以武力解决之。敌人接书后，虽然没有接受投降条件，但在我方的宣传攻势和武力围困下，终于弃城逃走，沿途大部分为我方歼灭。这次战斗，我方没有付出什么代价就攻下了碣石城，为苏维埃的建立扫除了障碍。孙子云："不战而屈人之兵，善之善者也。"这也说明了彭湃杰出的军事才能与军事智慧。

昂塘之战。1927年12月16日，彭湃亲自指挥了昂塘之战。在这之前，省委指示海丰要向西发展，策应广州起义，但那时尚有地主武装杨作梅保安队盘踞在陆丰县河口昂塘乡，成为我军向西发展的障碍。彭湃根据敌我双方的实际情况，亲自领导制订作战计划：一方面派遣红二师集中河口，并动员2 000多名乡村赤卫队队员配合；另一方面准备把传单散发入昂塘敌营中，还组织阵地喊话，用政治攻势配合军事攻势的战略制服敌军。战斗开始后，我军以凌厉的攻势扫除了敌军外围攻势，把敌军困在昂塘洋楼里。敌军士兵在我方传单及阵地喊话的宣传攻势下，派代表来谈判，并拒不执行杨作梅的命令。杨作梅见大势已去，只得带了几个随从乘黑夜从后门逃窜。次日，敌军全部士兵投降。我军对这些士兵愿留者编入红军，不愿留者给资遣散。

惠来城之战。1928年初，为了实施"年关暴动"计划，时为中共东江特委书记的彭湃率红四师（广州起义余部）三个团来潮汕。1月24日攻下惠来重镇葵潭；2月1日攻破普宁反动据点果陇乡。再转战惠来，并在兵营村召开惠来农代会，部署攻打惠来城。在彭湃与徐向前指挥下，集中红四师、红二师与潮普惠三县武装力量，于3月15日和22日两次攻打惠来城，击溃敌军近1 800人，击毙敌团长向卓然。后红四师又攻打潮阳的成田和沙陇。

1928年3月12日，彭湃亲自指挥红四师和惠来县的农民武装围攻惠来城。在战斗中，彭湃带领红军、农军战士英勇杀敌，解放了惠来城。敌人调来七十六团、七十七团进行反攻。面对敌情，彭湃决定让我军暂时撤出惠来城，巧设空城计，诱敌"入瓮"。敌军果然中计，扑入空城，被我军团团围住，如笼中困兽，想及早突围，彭湃准确判断他们要从北门突围，便在北门设伏，果然敌军从北门窜逃，被我军伏击，损失惨重，龟缩回城。为了分化敌军，彭湃展开政治攻势，一方面组织战士向惊魂未定的敌军喊话，提出"穷人不打穷人"的口号，另一方面用风筝把宣传单撒入城内（缚传单的绳索被点燃的香烧断就撒开了），传单写着："红军增兵已到，我们将用沙包填城沟、用云梯越城，你们要从长计议，及时投降，不然走投无路。"敌军团长见军心浮动，欲爬上城头探虚实，刚一露头，被我军神枪手一枪毙命，敌军顿时大乱，狼狈突围。彭湃命令我军发起冲锋，于3月22日再次光复惠来城。

彭湃指挥红军、农军战士杀敌，不是一味靠勇，大多是以智胜人。上述例子无不闪烁其智谋的光辉。再举一例：

1927年春，蒋介石于上海制造了"四一二"反革命政变；4月15日，广东的国民党新军阀也在广州、汕头进行反革命大屠杀。当时，彭湃领导的海陆丰农民运动如火如荼，海陆两县已发展了中共党员4 000人，占全省党员总数的44%，入会农民25万人，组建了3个中队的常备武装，拥有1 000多名可以调动参战的武装力量，还有400多名可以充任冲锋、打硬仗的敢死队员。武装反击国民党的血腥镇压是摆在海陆丰地委的首要任务。但苦于没有武器，赤手空拳如何上阵？彭湃正被此事困惑着。

广东的国民党新军阀又将黑手伸向海陆丰。一天，广州的国民党特别委员会向负责维持海丰治安的农军大队长吴振民发来电报，要他率领农军在当地实行

"清党"屠杀，逮捕革命群众。接此电报，彭湃暗喜：机会来了！他临危不乱，运筹帷幄，把握战机，上演了一出现代版的"草船借箭"。吴振民是地下党，他收到国民党的电报，第一时间就拿来与彭湃等海陆丰地委领导研究。彭湃审时度势，如此这般地布置下一条智斗的妙计。吴振民依计行事，给广州国民党党部回电：彭湃这帮赤匪是不成气候的，现已逃到山区去了，海陆丰还是党国的天下。接此回电，国民党放心了，过了几天，便派了一个国民党党棍苏民望来到海丰县，名为"检查党务"，实为搞"清党"调查，并企图收买、拉拢农军，以达到其镇压革命的目的。吴振民及时将情况报告给当地中共组织。为了以假象迷惑敌人，中共海陆丰地委决定将各农户、各群众团体农会旗收起，将街上的农运标语抹去，全部改挂国民党招牌，同时将计就计，让吴振民虚与委蛇。吴振民领导国民党海丰县党部在红宫举行了一次全县国民党代表会议，并请苏民望到会讲话；会后又请他"检阅"了枪支装备不全的农军。苏民望果然上当，对吴振民说："百闻不如一见，别人说，海丰已经赤化了，其实还是国民党的天下。"随后，吴振民又"陪同"苏民望到汕尾"视察"，两人同住中兴旅社。谈话间，苏民望知道吴振民是浙江人，还是黄埔军校的学生后，便向吴振民吐露了这次来搞"清党"的真实意图，又用花言巧语企图收买他，要他率领农军在海陆丰进行"清党"。吴振民顺水推舟，一口答应，称自己现在苦于没有枪械，若有枪械即日进山就把那几个赤匪抓来。苏民望毫不怀疑，回到广州后，立即用军舰运来了300余支枪和大批弹药到汕尾港交给吴振民。

有了这批枪支弹药，海陆丰革命力量如虎添翼。5月1日凌晨，彭湃指导海陆丰人民举行了第一次武装起义。一举夺取了海丰县、陆丰县两个县城。5月1日，海丰、陆丰临时人民政权分别成立，拉开了海陆丰革命的新篇章（吴智跃《彭湃智斗蒋匪帮》）。

1927年，广东省委组织各路工农讨逆军，彭湃任东路总指挥。

（四）担任中共中央军委委员兼中共江苏省委军委书记

1928年11月，彭湃抵上海任中央政治局委员兼中共中央农委书记。1929年1月，彭湃当选为中共中央军事委员会委员。接着又兼任中共江苏省委常委兼任中共江苏省委军委书记，亲自领导江苏省的军事斗争。

彭湃在建立农民革命武装、促进革命军队与农民运动的结合、创建工农红军和武装保卫我国第一个苏维埃红色政权的斗争中，做出了不可磨灭的贡献，为人民军队的缔造、为共产党的武装斗争创建了光辉的业绩、积累了丰富的经验。

此外，从海陆丰革命根据地的红二师与红四师将士中走出了一批人民军队骨干和中国人民解放军将帅，据林奕生老师考证，有徐向前、郭天民、袁国平、贺诚、聂鹤亭等。[①]

当时的党中央对海陆丰和彭湃在建立人民军队方面的巨大贡献给予高度评价。比如中共中央政治局会议决议指出："海丰有十万农民的暴动，是广州起义的根据之一。""而广州苏维埃的主要任务之一，便是根据海陆丰的经验，建立正式的革命军队。"[②] 1928 年 1 月 3 日中共中央在致广东省委的信中又指出："军委对工农革命军及工农武装的组织编制和扩大作战计划亦宜根据海陆丰及广州暴动的经验有个切实而具体的讨论。这个从事实中得出的结论和方法，不仅对广东有莫大的贡献，便对其他各省亦会发生同样的效用。"[③] 显然，海丰农民武装和彭湃的军事理论与实践为共产党建立三结合的革命武装、各地革命根据地，以及夺取全国胜利提供了十分宝贵的经验，并产生了重大的影响。

为纪念彭湃和杨殷（曾任中共中央军事部部长、中共中央军委委员、中共中央军委主任兼中共江苏省委军事部长）在缔造人民军队和指导共产党军事斗争方面的重大贡献，土地革命战争时期一些根据地以他俩的名字命名了军校。用人名命名学校，这在中共历史上较为少见，而多地用同一人名命名军校，这在中共历史上是绝无仅有的，说明当时中央和各地军民对彭湃、杨殷的军事才能和军事贡献的高度认可。试举几例（按时间先后）：

1929 年底，中共东江特委将设在丰顺县八乡山的军事政治学校易名为"彭

---

① 徐向前. 奔向海陆丰［M］. 香港：中国国际出版社，2017.

② 中共中央党史资料征集委员会，等. 广州起义［M］. 北京：中央党史资料出版社，1988：254 – 286.

③ 中共海丰县委党史办公室，中共陆丰县委党史办公室. 海陆丰革命史料：第二辑　一九二七——九三三［M］. 广州：广东人民出版社，1986：168.

杨军政学校第四分校"（又称"彭杨军事纪念学校"），由红十一军第四十六团代管。从莫斯科中山大学毕业的王涛（时任共青团东江特委书记）兼任教育长，并代理校长职务。1930年，在敌人重兵进攻下，学校随中共东江特委转移到大南山，将潮（阳）普（宁）惠（来）县苏维埃政府创办的红六军第十六师军事政治学校第四分校并入。曾到苏联学过军事的朱炎、陈荣先后任校长，邓宝珍、韩汉阳、董良史等任教官。学校下设培养连、排、班干部的学生连，培养各区、乡村赤卫队领导的特别队，培养各区、乡、村儿童团领导的少年先锋队，培养各部队号兵的吹号班。学校培养的两期学员达140多人（其中女生10多名），为东江地区革命的发展作出了重要的贡献。后根据形势的变化，学校先后驻在红场镇的水头村、叠石村、潘岱村以及雷岭镇麻竹埔村等地。1932年春，广东军阀大举"围剿"大南山根据地，中共东江特委军事委员会将彭杨军政学校第四分校改为特委随营学校。

1930年9月，鄂豫皖红一军在河南省正阳县成立随营学校，李开达、张琴秋负责该校工作。1931年2月，随营学校扩建为"中国工农红军军官学校第四分校"，曾中生任校长，刘杞任政治委员。5月，蔡申熙任校长，刘杞任政治委员。1932年夏，该校又改称为"红四方面军彭杨学校"。10月，红四方面军主力撤离鄂豫皖苏区，该校停办。1933年7月，红四方面军扩编时又恢复"彭杨学校"，倪志亮任校长，傅钟任政治委员。1934年11月，彭杨学校改编为红四方面军红军大学，倪志亮任校长，李特任副校长。下设高级、初级、政治、特科4个班和教导队。1935年6月，该校与红一方面军干部团合并组成红一、红四方面军红军大学。9月，张国焘公开分裂党和红军，不执行中央北上方针，擅自率红四方面军南下。红一、红四方面军及红军大学分开后，红四方面军在卓木碉（今四川省马尔康县脚木足）又组建了新的红军大学，刘伯承兼任校长，何畏任政治委员。该校后并入"中国工农红军大学"。

1930年冬，中共鄂东南特委根据红五军军长彭德怀的提议，在阳新县龙港创办了培养红军军事政治干部的"彭杨红军学校"，直属鄂东南地区红三师领导，从广州农民运动讲习所毕业的余贲民、张涛、罗冠国先后任校长，方步舟任政委，从黄埔军校长沙分校毕业的陈金刚任主任教员。学员主要来自红军队伍和地方武装中的基层指挥员与优秀士兵。实行军事编制，分步兵大队、机炮大队、政治大队等队伍。学习科目包括政治课和军事课。每期学制 3 个月到 6 个月。为红军培养了一大批排级干部和优秀战士，以及赤卫队、游击队的班长、小队长。1932 年 3 月，湘鄂赣军区将彭杨红军学校改建为工农红军学校第五分校。

1931 年 5 月，闽粤赣军区将闽西红军学校第一分校改称"彭杨军事政治学校第三分校"，直属闽西革命军事委员会领导，时任闽粤赣军区参谋长的萧劲光兼任校长，时任闽粤赣苏区革命委员会主席的张鼎丞兼任政治委员，李林任副校长兼教育长，温含珍及方维夏先后任政治部主任，伍修权、危拱之、李伯钊、肖向荣等任政治教员。部分被俘的原国民党军官担任军事教员。学员来自红军队伍中的基层指战员，编为两个大队和一个司号队。学校的教学结合实战进行，要求学员要有政治头脑，纠正单纯军事观点；要有牺牲精神；要养成吃苦耐劳的精神；要有自觉学习和遵守纪律的精神；要克服一切不正确的思想，从斗争中提高自己的政治思想觉悟。学校共招收了两期学员，每期学习 5 个月，培养了 1 000多名连、排级红军干部。后根据形势的变化，学校相继迁往上杭县白沙、长汀县城和瑞金。同年 11 月 25 日，学校与红一方面军教导总队、红三军团随营学校合并组成中华苏维埃中央军事政治学校，不久改名为"中国工农红军学校"。

1931 年秋，中共信江特委把"信江红军军事政治学校"改名为"彭杨军事政治学校"，学制 6 个月，办了 3 期。在此之前，1929 年 10 月 25 日，方志敏、邵式平、黄道等领导人在弋阳九区吴家墩创建信江军事政治学校。在中国工农红军历史上，这是一所创办得比较早，也比较正规的军事政治学校。1930 年 7 月，随着苏区的发展，信江特区更名为赣东北特区，信江军事政治学校也因此易名为"彭杨军政学校"。校址由吴家墩迁至同为弋阳九区的黄家源，1931 年 2 月又迁至横峰县葛源镇。1932 年底，赣东北苏区易名为闽浙（皖）赣苏区，彭杨军政学校也改建为"红军学校第五分校"，直至 1934 年底结束。

1933 年，因革命战争发展的需要，苏区开展了大规模的扩红运动，组建了新的兵团和兵种，红军部队中指挥员、特种人才和训练人员非常缺乏。为了加紧培养红军的各级干部和专门人才，同年 9 月底红军学校办完了第五期后，10 月，中华苏维埃共和国中央革命军事委员会决定将红军学校分开为 5 所学校，以原中央军事政治学校第六期学员为基础，在瑞金县九堡村成立了"红军彭杨步兵学校"（又称"红军第一步兵学校"），直属中央革命军事委员会领导。陈赓任校长，黄火青、刘希平、宋任穷先后任政治委员。学校下设两个军事营、一个政治营、一个参谋营，另有机枪连、测绘队、青年队。学校共举办了3期，每期4个月，主要任务是培训红军中的连、排级干部。1934年10月，随着第五次反"围剿"斗争的失利，学校与中央苏区红军大学、公略步兵学校、特科学校等合编为中国工农红军学校（不久改编为干部团），准备进行长征。

鉴于彭湃、杨殷卓越的军事才能和军事贡献，建议中央将彭湃、杨殷增补为"中国人民解放军军事家"。历史有传承，历史不能过于厚近薄远。

第三章

彭湃对建立中国苏维埃的重大贡献

彭湃烈士造像（作者：陈孝能）

1927 年 4 月，蒋介石叛变革命，上海发生"四一二"事变，屠杀共产党员和革命群众。4 月下旬，中共海陆丰地委加紧组织武装准备暴动，成立东江特别委员会、海陆丰工农救党运动大同盟；农民自卫军改为工农救党军。4 月 30 日至 5 月 1 日凌晨，海丰、陆丰两县同时举行武装起义，比南昌起义足足早了三个月。同时成立县临时人民政府。

　　11 月 18 日，海丰县第一次工农兵代表大会在红宫举行，出席会议代表 311 人，二师四团全体士兵参加，陆丰、紫金、惠阳、惠来的农民代表也参加庆祝。21 日，选举产生苏维埃政府委员会，宣告海丰县苏维埃政府成立，建立全国第一个苏维埃政府。

海丰县工农兵代表大会旧址（摄影：魏子杰）

一、彭湃创建了中国第一个苏维埃

（一）中国第一个苏维埃成立

海丰县工农兵代表大会于 1927 年 11 月 18 日至 21 日在海城召开。全县工农兵代表 311 人，其中农民代表占 60%，工人代表占 30%，兵士代表占 10%。中共中央执行委员会委员彭湃出席了这次代表大会，并在大会上作了政治报告。代表大会通过充分酝酿讨论，投票选举了杨望、陈舜仪、杨其珊、黄悦成、古逢江、吴礼式、曾添、黄娘汉、钟妈宁、何怜芳、江中直、吴群、王怀栋等 13 人为县苏维埃政府委员，同时选举林彬、宋耀南、许择修、林覃吉、陈桂招、叶潭安、赵徒、吴齐、邱棍、林务立、卓爱华、叶禄、王素、黄添等 14 人为县苏维埃政府裁判委员会委员。

《海丰全县工农兵代表大会开会情形》一文介绍了第一天开会情形："十八日为大会开会第一天，早饭后各区代表即陆续进会场，至十时遂鸣锣开会，依序一、唱国际歌；二、请革命军军乐队奏乐；三、向国际旗马克思列宁遗像行三鞠躬礼；四、主席团及秘书就席；五、奏乐；六、主席陈舜仪致开幕词；七、各团体机关致祝词；八、奏乐；九、代表团推古逢江答词；十、奏乐；十一、演说：首由中国共产党中央执委会代表彭湃演说，听者异常凝神；次工农革命军第二师第四团团长董朗，东江革命委员会代表刘琴西，中国共产党海丰县委员会代表杨望，中国共产主义青年团广东海陆丰地方委员会代表觉悟，相继演说，全场鼓掌雷鸣，听到奋发处，口号便随口高呼，情形极为热烈。演说毕，随有第七区代表临时动议，略谓逆党民团尚为（有）一部分死守捷胜城，为我驻第五区及第七区工农革命军围困，惟城尚未攻破，现在要求大会即日派大队前往助战，务求早日将该区反革命派肃清，同时并由大会派代表前往慰劳在围攻捷城工农革命军。全场对此提案，均热烈通过，敌（敌）忾同仇……"①

彭湃对出席大会的 311 名代表作了《政治报告》，报告 5 600 余字，分作四

---

① 《彭湃研究史料》编辑组. 彭湃研究史料［M］. 广州：广东人民出版社，1981：248.

部分"一、外国，二、中国，三、广东，四、海陆丰"。

在"一、外国"部分，彭湃以极通俗的语言宣传马列主义关于劳动阶级解放的学说，并介绍俄国十月革命前后的情况。他讲道："八十年前有一位老先生——马克思，他看见这种情形，知道无钱的要得到胜利，是要大家大联合起来，所以他叫一句口号：全世界的劳动者联合起来。今天，大家代表，来这里开会就是要团结我们工农兵力量。"他还说："俄国是一个大国，他的耕田人非常的多，十年前，也是和我们中国一样，受着有钱人欺负，过那奴隶牛马的生活……但十年前有一位列宁先生，他是马克思高足弟子，看见这种情形，就在俄国中组织一个共产党。……列宁从此他就领导俄国工人、农民，从资本家阶级手里夺回政权，把土地分给农民，把工厂分给工人，组织一个苏维埃政府，政府的委员，都是工人和农民做的。"彭湃还介绍了俄国的"赤军"，认为它"和我们的工农革命军一样，大家都武装起来，和敌人冲击"。彭湃还针对"各国的有钱佬和资产阶级的政府"对新生的苏俄、苏联的非难，特别介绍了列宁领导的共产国际的情况。他鼓励与会者"胜利终是贫人的，只看贫人团结的力量怎样"。最后彭湃激昂地说："全世界最大力量就是我们工人农民士兵，最后的胜利是我们的！我们的口号是：工农兵团结起来！打倒大地主土豪劣绅！实行土地革命！解除反动武装！一切政权交还工农兵！土地革命成功万岁！世界革命成功万岁！"

代表大会通过政治报告决议案，同时还讨论通过了八个决议案：《没收土地案》《杀尽土豪劣绅案》《改良工人生活案》《改良兵士生活案》《抚恤遭难烈士及被祸工人农民家属案》《取消苛捐杂税案》《妇女、青年问题案》《禁止米谷出口案（临时）》。

11月21日，正式宣告成立海丰县苏维埃政府。彭湃在闭幕式上的讲话中指出：我们建立的政权是在敌人的跑逃情况下取得的，不是实行土地革命、广泛开展群众斗争的结果，因而这个政权还是不巩固的；只有深入土地革命，广泛发动群众，坚决镇压反革命，苏维埃才能巩固。

12月1日，在红场举行隆重庆祝海丰县工农兵苏维埃政府成立大会，参加大会的群众有五万多人。

海丰红场（摄影：魏子杰）

（二）海陆丰苏维埃的崭新特点与惊人创举

1. 浓厚的民主性

海陆丰苏维埃的执政宗旨是为工农兵利益工作。工农兵代表大会是最高的权力机关，它的各级代表、苏维埃政府领导成员、裁判委员均由代表大会选举产生。具体做法是"采用介绍选举法，由大会逐名举手表决，以最多者当选"。

尤其需要着重指出的是，海陆丰苏维埃的选举办法是目前我国最早引入差额选举来选举出政府领导的办法，而且当时的差额非常大（海丰县苏维埃政府委员13人，裁判委员14人，候选人却有20人，充分体现了选举的民主性）。在90多年前就用这么先进、民主的办法，不得不令人叹为观止。

政府机关是执政机关，要向代表大会作报告述职。领导成员是人民的公仆，若不称职或犯严重错误，即可进行改组或罢免。

2. 机构完整性

经过民主选举产生的海陆丰苏维埃政府，机构健全，办事效率高。县级、区级政权由政府、裁判委员各若干人员组成，然后由两会选举产生主席团，实行主席团制的集体领导。人民代表主席团制度一直沿用至今。

3. 第一次有女性参与政府工作

海陆丰苏维埃十分重视妇女的地位，当选的政府委员和裁判委员中都有女性，她们分别是何怜芳、卓爱华。

4. 最早引入宣誓制

当选的政府委员和裁判委员，接过代表大会授予的"海丰苏维埃政府"的大印后宣誓就职。

训词是："执行大会决议，努力为工农兵利益而奋斗。"誓词是："我们决心要为工农兵的利益而奋斗。不怕死，不要钱，不偏私，要杀尽土豪、劣绅、地主，要烧尽红契印，坚决的执行土地革命，打倒一切新旧军阀及帝国主义，实行世界革命。如有偷懒退缩，愿受代表大会之枪毙。"

这是中国一个崭新的红色政权，是彭湃领导海陆丰工农兵群众英勇奋斗的结果。它的光荣诞生，开创了中国革命不断前进的新纪元。

二、彭湃领导的海陆丰苏维埃的主要做法

在《海陆丰革命根据地》一书收入的"历史文献"中，海陆丰党政组织向人民群众着力说明的重要情理是："苏维埃政府完全是中国共产党组织的，完全受中国共产党指挥的，没有中国共产党，当然没有苏维埃政府。中国共产党完全是为工农兵谋利益的，苏维埃政府也当然是为工农兵谋利益的。"[①] 这是 1927 年 11 月 18 日，东江革命委员会代表演说词的重要内容之一。在此之前，同年 10 月，《中共广东省委致海陆丰县委函》一文号召："我们的党组织与宣传必要更加扩大。……能公开的地方，可以召集大会公开宣传党的政策与主义，使'拥护共产党'的口号在每一个农民群众中喊出来。并公开征收同志，审查其可以加入者尽量介绍加入。"[②]

---

① 彭湃. 彭湃文集 [M]. 北京：人民出版社，2013：31.
② 彭湃. 彭湃文集 [M]. 北京：人民出版社，2013：9 - 10.

海陆丰苏维埃是以自己与人民群众同呼吸、共命运、心连心的实际行动，赢得人民群众对共产党的信任与拥护，使得人民群众接受共产党领导的。

为了巩固新生的政权，苏维埃政府高效运作起来。

（一）轰轰烈烈开展土地革命

这是海陆丰苏维埃领导革命斗争的最核心的内容。1927 年 11 月 6 日，《海丰县临时政府布告（第九号）》写道："本政府解放农民痛苦，执行土地革命，一切土地皆归农民。"[①] 为此，苏维埃成立后，马上如火如荼开展土地革命。与此同时，焚毁一切封建的契约债务关系。政府对继续向农民收租的田主、对私藏土地契约或窝藏地主土地契约者，实行严厉的惩处措施。这对豪绅地主阶级以从未有过的打击。

为保证土地革命的进行，海陆丰苏维埃根据斗争之需，县设土地委员会，区设土地科，督促指导农民分配土地，并由县苏维埃政府发给土地使用证。

在苏维埃政府的领导下，按照彭湃提出的"四条分配土地标准"，全县广大贫苦农民立即掀起了分田分地，收缴地主的田契、租约、债券的热潮。据统计，共收缴印契十多担，全县焚烧田契 471 880 张，租簿 58 027 本。至 1928 年 2 月，全县没收并分配土地已达八成。仅两个多月的时间，全县就把土地分给了农民，并由苏维埃政府发给土地使用证。据海陆丰两县委报告，截至 1928 年 1 月 14 日，海丰县没收和分配土地占全县土地总数的 80%，陆丰县没收和分配土地占全县土地总数的 40%。[②]

（二）雷厉风行镇压反革命，扫除残敌，消除隐患

各级苏维埃政府，对隐藏的反革命分子，开展清查工作，把罪大恶极的首要分子送县裁判委员会定罪。

① 彭湃. 彭湃文集 ［M］. 北京：人民出版社，2013：15.
② 叶佐能. 彭湃研究论集（下）［M］. 北京：中共中央党校出版社，2007：551.

（三）焚毁一切契约债务关系

封建社会的契约关系，是豪绅地主阶级借此以强迫农民自己出卖自己，同时重利盘剥的债务关系，同样也是豪绅地主加紧剥削一切劳苦贫民群众血汗的保障和工具。要彻底地推翻豪绅地主，就是要从根本上毁灭一切契约债务关系的遗毒。在这次暴动中，海陆丰农民勒令地主彻底交出一切田地契约、债务文契，并限令他们于三日内送至县苏维埃政府，汇齐登记，当众焚毁，否则一经发觉，杀无赦。于是所有地主除已逃跑者外，莫不战战兢兢地将数百年的契约送到苏维埃政府，以求免罪。对于一切债务关系亦均消灭无遗，尤其是所有当铺，更尽量没收，一切金器财物都令民众持票认回，免于赎取，贫苦民众闻之狂喜。凡当铺中所有当入的衣服器具，均于数日内认回。数千年封建社会之剥削阶级所借作剥削的唯一利器，此次海陆丰可谓摧毁无遗，这是大快人心的事情。

（四）抓紧区级政权建设

由各区乡农会接管政权，成立区乡苏维埃政府。

陆丰县由工农作主选举成立了第一个县级苏维埃政府后，也抓紧成立了区乡苏维埃政府。12月以后，全县设有11个区乡苏维埃政府，30余万人口，除上砂一隅外，均为苏维埃政府管辖。

（五）迅速发展党员

苏维埃成立后，海陆丰党的组织建设迅速发展，党员队伍不断壮大。1927年3月，在暴动前，原有党员4 000名，至1928年3月止，一年之内已发展到18 000名党员。党支部由原来的340多个增加到460多个。中共东江特委于1928年1月在海城观音堂举办东江党校，加强对党员的教育，培训党的基层干部，以适应形势发展的需要。

（六）加紧组织各乡赤卫军，编练工农革命军

苏维埃抓紧扩大充实武装力量，重点是扩充工农革命军。原来苏维埃政府准备

招志愿兵 1 000 名，布告贴出后，青年人员报名人数大大超过预期，除 1 000 名编入工农革命军外，其余的则编入各区、乡赤卫队。正式建立中国工农革命军第二师师部，董朗任师长，颜昌颐任党代表。由海丰、陆丰两县苏维埃政府招兵 1 000 多名编为第二师第五团；成立海丰县工农革命军团队部，计有地方武装部队人员 650 名；成立赤卫队总部，各区成立赤卫队部，计有区乡赤卫队队员 38 250 多名，其中区的常备赤卫队队员 4 500 余名。1928 年 1 月 5 日，广州起义部分武装整编为中国工农革命军的第四师抵达海丰，与第二师和海丰农民武装相结合。

"以做镇压一切反动势力及巩固政权之武力。"① 以海丰为例，在苏维埃存在期间，"如无正式军队驻防，任何反动派不能在海丰安身。……乡村中几无一反动派胆敢隐藏"。不仅如此，"在反动势力高压时，如有同志逃赴或经过农村间，每个农民同志均亲密异常，殷勤款待"。② 由此可见海丰工农革命武装力量在当时发挥的重要作用。

（七）着手进行税收和金融改革

根据工农兵代表大会通过的《取消苛捐杂税案》，苏维埃政府采取了一系列果断的措施对地方财政进行整改。废除反动政权原有的草税、厘金税、河甲捐、油灯捐等 20 多种苛捐杂税，对减轻红色政权区域人民的负担，促进城乡市场贸易起到很大的作用，也产生了良好的社会效应。在海陆丰第三次武装起义胜利初期，农民尚未分得土地，无力承担财政负担，且当时红色政权刚刚建立，刚诞生的苏维埃政府的经济工作处于起步阶段，有可靠的经济收入，但支出之处也不少。仅以每个工农革命军和地方部队每天需要一角钱菜金计算，每天就需要开支现金 200 余元。仅此一项，一个月就要开销 6 000 余元。如果再加上被服、药品以及其他必需品，就是一笔很大的开支。故此，在起义军第三次武装起义之时即开始通过打土豪筹款。1927 年 11 月份，筹款万元以上的收入有 3 笔，没收反动

---

① 汕尾市革命老根据地建设委员会办公室，中共海丰县委党史研究室，中共陆丰县委党史研究室．海陆丰革命根据地［M］．北京：中共党史出版社，1991：43.

② 汕尾市革命老根据地建设委员会办公室，中共海丰县委党史研究室，中共陆丰县委党史研究室．海陆丰革命根据地［M］．北京：中共党史出版社，1991：276.

派财产一二万元；没收 2 家当铺的金银首饰折合现金 1 万余元；向豪绅地主和反动商人等罚款 5 万余元，共计收入 8 万元左右。

到了 1927 年 12 月，苏维埃政府工作相对步入正轨，且海陆丰地区的地主豪绅大都在起义之前闻风卷款潜逃，靠打土豪筹款、罚没等手段筹集的资金逐渐减少，苏维埃政府慢慢将税收作为经济收入的主要来源之一。海陆丰苏维埃政府在废除国民党政府名目繁多的税收同时，仅保留烟税、酒税、屠捐税与对外贸易（指与白区和香港之间的贸易）商品出入口税等几项。并对商品实行单一税率，其收税标准为：烟 30 斤收税 1 元 4 角；大猪每头收税 6 角，小猪每头收税 4 角；对外贸易的入口税是照货值征收 5%，出口税是生猪每头收税 7 角 3 分 6 厘。每月烟、酒、屠捐税与商品出入口税 1 万余元。

旧的金融机构是官僚买办和地主豪绅剥削广大工农劳动群众的工具。彭湃及时提出要摧毁旧的金融机构，建立为贫苦农民谋利益的金融机构的主张，明确将"开办农民银行，以低利借给农民"。

大革命前，海陆丰境内民间利息率高达 50%～100%，很多农民成为高利贷的债务者。在地主阶级的盘剥下，农村经济极为贫困。当时海丰县市面上当铺林立，这些以收取物品作为抵押的当铺，也是迫使农村经济贫困的债权者。苏维埃政府成立以后，宣布取消一切债务，勒令高利贷剥削者将债约送到苏维埃政府予以焚毁。全县共没收当铺 20 多家。所有抵押物品，均于数日内由农民持票认回，使农村恢复了经济活力。

（八）想尽一切办法发展经济

当起义军第三次起义攻占海陆丰县城之时，不少商家特别是与帝国主义有关联的大商家闻风而逃，抽走资金，关闭商店。这样一方面给苏区的商品流通带来困难，另一方面造成大量商户和工厂的工人失业。为加强商品流通，改善苏区物质生活，解决失业工人的就业问题，苏维埃政府决定创办工农贩卖合作社。合作社包括苏维埃投资的公有合作社，这种主要是将原反动政府所有的资产收归政府管理，再组织合作社经营。还有一种是由苏维埃区域的工农群众自己集资开办的，一般是每位集资者出资一角，合作开办。合作社主要从事海陆丰地区出产的土特产和日常必需品的经营。

　　苏维埃政府除了在内部通过经营盘活经济之外，还充分利用海陆丰地区地处沿海、毗邻港澳的优势大力开展对外贸易。当时海丰县的汕尾、马宫，陆丰县的甲子、碣石等港口均有通往省港及潮汕的轮船。虽然国民党政府和港英当局对苏维埃政府实施了严密的封锁，但在海陆丰军民的努力下，他们与白区的进出口贸易并没有完全中断。当时苏维埃区域的进出口贸易主要是由政府负责实施的，但由于海陆丰的私商一直与港澳地区有着密切的商业联系，政府也允许他们经营一部分。其贸易有两种形式：一种是组织苏维埃区域内的民船（包括轮船和木船）以及商人到香港、汕头、广州、澳门等地进行贸易；另一种是派人到上述地区招来商船和商人到苏维埃区域内进行交易。为使对外贸易顺利进行，苏维埃经济委员会主任陈子歧、彭汉垣亲自到香港开展对外贸易，在港购置电船组织货运。当时进口的物资有棉纱、面粉、煤油、布匹、火柴和西药等，出口的货物有盐、猪、牛、鸡蛋和鱼虾等。因海陆丰地区一直是优质盐的盛产地，故在出口的货物中以盐为大宗。1928年春季，仅广州德盛隆、广祥隆、广隆茂、致昌隆、新瑞利、振海利、兴顺隆等13艘船只到海陆丰的坎白、石桥、小靖、海甲四个盐场一次进货，成交额就达2万余元。国民党人哀叹说："共产党得此巨款，遂足以支持危局矣。"（1930年出版的敌方档案《海陆丰赤祸记》，中共陆丰县委党史办公室1987年9月将其作为反面教材翻印）。通过开展对外贸易，不仅有效地增加苏维埃政府的财政收入而成为当时政府财政来源的重要组成部分，还及时地利用苏区产品从白区换回自己急需的日用工业消费品，使它在保证苏区军民的物资供应，活跃苏区经济方面起到了很大的作用。由于市场商品流通渠道的畅通，以及农民在分得土地之后经济情况好转，购买力增强，在海陆丰苏维埃政府存在的几个月时间里，市面上的经济状况是良好的。一位参加过海陆丰第三次武装起义的老战士回忆道，当时"海陆丰地区经济很繁荣，东西很便宜，群众生活有着显著的改善"①。

---

　　① 王克欧．红二、四师进入海陆丰后的斗争［M］//中国人民政治协商会议广东省委员会文史资料研究委员会．广东文史资料：第三十辑．广州：广东人民出版社，1981：99.

（九）未雨绸缪建立根据地中的根据地

为了作好长期斗争的准备，海陆丰红色政权建立起来之后，彭湃便着手在大安峒、埔仔峒、朝面山、中峒一带山区建立海陆丰革命根据地的大后方，并指示苏维埃政府厉行节俭，把粮食、布匹、毡、棉被、油料、印刷机、纸、墨油、药品等物资和器械运到大后方去。县苏维埃政府成立后，彭湃郑重其事地派专员筹集粮款建设后方基地，计有粮食几千担，大量布匹、医药和各种副食品，以及没收反动派的财产和几万元银币被运往朝面山、中峒储存起来，并在那里建立兵工厂、被服厂、印刷厂、红军医院和粮食仓库等基建，准备与敌人作长期的斗争。

（十）从多方面发扬人民民主和推进海陆丰的社会建设，激扬清正的社会风气

"喊出苏维埃这个口号者是共（产）党东江特委。民众经过短期的宣传，然后才深刻知道苏维埃而赞同与希望其成立。"① 就海陆丰苏维埃成立的方式看，县苏维埃由全县工农兵代表组织全县工农兵代表大会选举代表而成立。其代表大会的代表，均由工农兵自己选出。代表人数目以各县人数为比例。就选出的代表看，海丰县约 180 人，陆丰县 150 人。其中农民成分最多，工人次之，兵士最少。② 在这种社会氛围中，该红色区域的农妇组织及少先队组织纷纷成立。妇女和少年儿童在革命运动中的作用也得到前所未有的发挥。

海陆丰苏维埃政府所做的这些工作，使民众和代表更加明白："只有共产党才是彻头彻尾为工农贫苦民众而奋斗，只有共产党才是真正领导工农民众作英勇的斗争，只有共产党才是真正代表工农贫苦民众的利益，一切工农贫苦民众只有团结在共产党旗帜下，才能得到永久的胜利和解除一切的锁链。"③

---

① 汕尾市革命老根据地建设委员会办公室，中共海丰县委党史研究室，中共陆丰县委党史研究室．海陆丰革命根据地［M］．北京：中共党史出版社，1991：269．

② 汕尾市革命老根据地建设委员会办公室，中共海丰县委党史研究室，中共陆丰县委党史研究室．海陆丰革命根据地［M］．北京：中共党史出版社，1991：269．

③ 汕尾市革命老根据地建设委员会办公室，中共海丰县委党史研究室，中共陆丰县委党史研究室．海陆丰革命根据地［M］．北京：中共党史出版社，1991：269，45．

在土地革命初期，苏维埃政府的经济工作和其他建设一样，处于初创时期，一切皆没有现成的章程可循，一切皆在摸索之中。海陆丰苏维埃政府开展经济工作的经验，产生于共产党开创工农武装割据的道路的初期，很多的经验为后来兴起的革命根据地所效仿和借鉴。如在地方纸币上加盖劳动银行印章后再在苏区流通的做法，被写进了中共中央 1931 年 2 月发出的《苏维埃第一次全国代表大会经济政策草案》中，被作为一种成功经验向各地推广。这一切说明，与工农民主专政的政权建立相适应，新民主主义经济已经在根据地出现了。尽管这时的新民主主义经济形态还只是处于襁褓之中的一个婴儿，可是它却代表着中国经济发展的光明灿烂的未来。

为了实现"胜利终是贫人的"这一新民主主义的革命目标，并在此基础上沿着十月革命所开辟的社会主义道路前进，彭湃等共产党人率领海陆丰人民前仆后继地进行了艰苦卓绝的革命斗争，为中国革命建树了不可磨灭的功绩！

三、彭湃的土地革命思想

在中国几千年的历史中，真正关注农民问题的人委实不多，在此之前，中国也出现了辛亥革命这一具有深远历史意义的革命变革，革命中也提出了"平均地权"的土地主张。但是不触动封建土地制度的旧民主主义革命，革命主体不是依靠农民群众，没有广泛的农民运动支撑，因此"平均地权"的政纲只是一个口号。而彭湃领导的海陆丰苏维埃土地革命则是有别于旧民主主义革命，海陆丰苏维埃是依靠农民和发动农民而建立起来的红色革命政权。没有土地革命就没法真正动员农民大众，也得不到农民的支持。因此海陆丰苏维埃以土地革命为重要抓手，在政权建立前就已经着手开展了一系列减租、抗租运动。政权建立后又立刻开展分田、废债行动。这是革命深入开展的具体体现，同时也是对农民权益的保障。彭湃鼓励农民要态度坚决地以自身力量无条件地向地主要回土地，这是一种彻底废除封建土地剥削制度的革命精神。苏维埃政府迅速没收了地主的一切土地和财产，废除旧的法令和契约，并限定了要在 3 天之内将土地和债务契约交到政府处登记，汇总后当众烧毁。土地被没收后由苏维埃政府再具体分配给农民，并发给了土地使用证，真正实现了"耕者有其田"。这极大地调动了农民的积极性，是共产党让广大农民群众真正实现当家作主的一次重要实践，更为未来领导土地革命积累了丰富的探索经验。

（一）强调进行土地革命、分配田地的重要性

1927年3月，彭湃前往武汉参加中共五大。在他到达的前一天，即3月30日，中华全国农民协会临时执行委员会在武汉成立，他被推为临时执行委员。当时，湖南等地的农民在减租减息的基础上，已提出解决土地问题的要求。4月上旬，毛泽东在粤、湘、鄂、赣农协负责人和河南农民自卫军负责人的联席会议上，提出了重新分配土地以满足农民要求的主张，彭湃表示积极支持。4月19日，彭湃在国民党中央土地委员会第一次扩大会议上，引用他1925年5月7日在海丰全县第一次农民代表大会上与李春涛向126位代表作的调查，在发言中强调了解决土地问题以及建立农民武装的重要性。他说："减租虽有利于农民，但不能解决农民痛苦。要解决农民痛苦。必须解决土地问题。""政权在农民手里的地方，土劣势力不大，土地问题还容易讨论，至土劣势力甚大的地方，则农民必先要求武装。"他的这些主张，特别是他关于解决土地问题必须先有武装的见解，是极其宝贵的，可惜在当时未能引起中共中央的重视。

大革命失败以后，彭湃经九江到达南昌，参加了著名的"八一起义"，并被推为中共前敌委员会委员。在准备起义的过程中，起义的领导人曾几次讨论土地革命问题，并制定了一个土地政纲。到南昌后，又制定了《农民解放条例》，因谭平山不同意开展土地革命，所以条例提出了"没收二百亩以上大地主土地"的主张。起义失败后，部队分路南下，1927年8月27日到达瑞金，前敌委员会在这里又召开会议讨论土地政策问题，根据广东战士的意见，将"没收二百亩以上大地主土地"改为"没收土地"，取消了亩数限制。9月12日，部队到达上杭以后，张国焘认为没收土地会侵犯小资产阶级利益，对小地主应该予以保护，提出把"没收土地"改为"没收五十亩以上大地主的土地"。这个意见虽遭反对，但终获通过。对于这样的土地革命纲领，彭湃一直不同意，在几次会议上反对谭平山、张国焘的意见。他在上杭与福建省委派来联系的罗明交谈时，曾讲述过在土地问题上与张国焘争论的情况，说起义军一路上没有实行土地革命，没有分配

土地，当然是因行军急骤的限制，但主要的还不是时间问题，而是张国焘、谭平山不主张实行土地革命的缘故。在 10 月 3 日于汕头召开的会议上，彭湃在发言中又强调了进行土地革命、分配田地的重要性，还提出今后不要再用国民党的旗帜来作号召，应改用红旗，而且从现在起就应马上实行。

（二）强调"一切土地归农民"

1927 年 10 月 30 日，彭湃根据八七会议的精神，在《红旗》周刊第 1 期上发表《土地革命》一文。他借用工人、农民和兵士代表在会上发言的形式，强调了土地革命的重要性，描绘了实行土地革命之后的美好情景。他通过工人代表的发言说："无产阶级要推翻帝国主义军阀和资产阶级的掠夺与压迫，解除全中国大多数人的痛苦，只有实行土地革命，一切土地集中少数人手上，供他们的享乐，这是最不平的事。现在应该帮助农友把土地夺回来，杀尽乡村一切的反动势力。"后面，他又通过农民代表的发言说："……我们从今日起永远不用交租了，我们所负的重债也一律不用还了，我们从此不用做地主的牛马。我们目前的任务：第一，须把土豪劣绅大地主贪官污吏军阀寸草不留的杀个净尽；第二，工农阶级武装起来，扩大有训练的军队，才能保障土地革命的胜利；第三，一切土地分配给农民和革命军士的家庭去耕种；第四，毁灭一切土地的契约和债券；第五，一切政权统归农工兵代表会。"最后，他又通过兵士代表的发言高呼："一切土地归农民""一切武装归工农""一切政权归工农兵代表会""土地革命万岁"！这篇文章，可以看作是彭湃土地革命思想的系统反映。它宣传而且发展了八七会议关于工农武装暴动和土地革命的思想，提出了许多很有价值的主张，但也提出了一些"左"的口号，这都在后来海陆丰的土地革命中得到了体现。

蒋介石发动"四一二"反革命政变和广东军阀发动"四一五"政变后，海陆丰人民在 1927 年 5 月和 9 月发动了两次武装起义。10 月 25 日，彭湃又发出海陆丰第三次武装起义的命令，并一举取得成功，建立了临时革命政府。接着，陆丰县和海丰县分别召开工农兵代表大会，选举产生了苏维埃，中国历史上第一个县级苏维埃就此诞生。11 月 18 日，彭湃在海丰县工农兵代表大会开幕式上的演说中，又重点讲述了土地革命的意义，他说："我们要能够免受一切痛苦，更要起来拥护中国共产党，实行土地革命。因为土地革命，是共产党目前的第一件要紧的工作。要明白土地是天然的，因被地主资本家霸占，所以我们连一点田也没有。他要永久地保护这土地，就组织一个政府——反动政府；他还怕政府不能尽量保护他，他又组织一种军队——军阀；而且他要保护自己的土地，还恐没有证据，又造出一种契约，于是就把土地各人瓜分起来，并划定界限、田堂。""工农群众要能够解放，除非把这私有制度打破是不行的，所以领导大家起来打倒反革命政府！打倒反动军队！杀尽土豪劣绅大地主！把一切契约烧掉！把田堂可以铲去者铲去！这样农民才得着真正的利益。"他还号召说："我们要解除痛苦，唯有团结起来，夺回一切政权，实行土地革命！"在这里，他把土地革命、夺取政权和武装斗争的关系说得十分透彻。

（三）强调分配田地的具体标准

海丰县工农兵代表大会在讨论《没收土地案》时，缺乏具体、详尽的办法。彭湃在讨论中提出了分田的五条标准："一、照人数多少分；二、照人的力量（老幼强弱）分；三、照家庭经济（有无别种收入）状况分；四、照土地肥瘠分；五、（分）田地的时期则不必限定，照俄国办法，经乡苏维埃认为要分时则分之。"结果全部被采纳。另外，他还提出了两个口号："一、不劳动不得田地。二、不革命不得田地。"这些标准和口号，都被写进了大会通过的《没收土地案》中。因此说，彭湃主持制定的《没收土地案》具有革命的彻底性和首创性，这对中国革命的进程有巨大影响。《没收土地案》明确指出："田地是属于自然的……只有我们农民才能开垦创造……所以没收田地归还农民，理由是非常正当"，这也是最能真正体现革命性质的地方，是将马克思主义精神与中国革命具体实践相结合的重要典范，更是为日后积累了宝贵的革命实践经验，给全国各地农民运动开展土地革命提供了借鉴。《没收土地案》是一个具有时代特色的土地革命的实践方案，成为旧式土地革命运动的终结，开启了新的土地革命运动。

在党和彭湃的领导下，海陆丰革命根据地人民依据《没收土地案》进行土地革命。通过这个法案，苏维埃政府确定了分田的标准、原则、办法和细则，形成了一系列分田运动实践，是保证土地革命运动顺利开展的有力武器。彭湃提出的分田标准和原则，除"照人的力量分""不革命不得田地"两条有些偏激外，其余的都是正确的，特别是"照人数多少分""照土地肥瘠分"等原则，正确地解决了分配土地中的数量和质量两个基本问题，因而对以后各根据地的土地革命起了重要的指导作用。正是根据这个标准和原则，海陆丰迅速地分配了土地，并发给了农民土地使用证，使千百年来农民梦寐以求的土地回到了农民自己的手中。海陆丰在土地革命的实践中，采用县设土地委员会，区设土地科的方法，通过广泛发动农民群众，实行烧田契、没收土地，并插标分配，颁发土地使用证。当时正值秋收季节，农民得到了实惠。据海陆丰两县委报告，截至1928年2月，海丰县没收和分配的土地占全县土地总数的80%，陆丰县没收和分配的土地占全县土地总数的40%。中共中央在1928年1月3日决议上评价海陆丰的土地革命："一开始便有极大的规模，而且在土地革命性质上，也是空前深入，极有组织，极有活动力量，中国革命之中，这是第一次由几万几十万农民群众自己动手实行土地革命的口号。"

（四）强调如何正确对待富农和雇农

从1928年11月起，彭湃离开海陆丰，到上海参加中央的领导工作，担任了中央农委书记等职。在1929年1月26日中共中央政治局第十八次会议上，他在讨论农民运动通告问题时，就如何对待富农等问题做了发言。他说："在联合富农中原包含着反富农的斗争，这是很重要的，专谈联合或打倒都是不对的。这点通告中是说到但还有一点毛病，这点是比较难使下级同志了解的。我们要解释明白，并要特别连贯的说出来。通告中还要具体的说明才好。"他还说"武装领导非常重要，应如何将武装领导转到贫农手中"。如何对待富农，是土地革命中一个非常困难且长期没有解决好的问题。在这里彭湃坚持了中共六大提出的正确原则，并作了简要而透彻的说明，其精神是完全正确的。可惜在1929年下半年以后，由于共产国际的指示，在土地革命中长期实行了过分打击富农的"左"的政策。

1929年，彭湃还撰写了一篇《雇农工作大纲》，对雇农的生活状况、特点、在革命中的地位及对雇农应采取的政策作了详尽的分析。彭湃认为，雇农是农村中的无产阶级，在一般农民运动中，在革命的需要上，居于领导的地位，阶级觉悟要比一般的农民敏锐。他们大体分为3种：第一种是在新式的农业资本家剥削之下的纯粹之雇农；第二种是采用旧式耕作方法的富农地主家里所雇佣的，受着封建残余的压迫之雇农；第三种是短期的雇农，游离于贫农与雇农之间，但受的封建剥削特别多。从年龄上可分为成年雇农和青年雇农。青年雇农受压迫剥削之残酷要比成年雇农厉害，尤其是牧童。从劳动关系上又可分为集中的或比较集中的、散漫的、季节的集中的3种。他们是无产阶级的后备军，在农民中最接近于产业无产阶级，因而有与一般农民不同的特点：对革命特别坚决，比较有阶级意识，私有观念比较薄弱，对于社会主义的革命有特别要求，比较没有地方主义和封建思想。他们的诉求与工人很相似，有增加工资、减少工作时间、改良待遇等诉求。他们的斗争，第一是不能离开工人阶级的提携，要受产业无产阶级的领导；第二是不能脱离农村中一般农民的斗争。因此，"我们不但要极力帮助他们的组织，以团结他们，而且要极力帮助他们的宣传和教育训练工作，以提高他们的无产阶级意识，使他在一般农民运动中，团结一般的贫农去起农民运动中的领导作用"，并且"应该使雇农的无产阶级意识，去战胜农民中的小资产阶级意识，和富农的动摇的保守主义或反动宣传，肃清农民中的封建思想和地方主义与家族主义，或地方派别的械斗观念等，使他们能够站在无产阶级解放运动的正确路线上来"。在当时，像这样全面而系统地对雇农作出分析的著述，是不多见的。彭湃之所以能作出这样的分析和论述，与他长期从事农民运动，非常熟悉农民的每个阶层是分不开的。

四、彭湃领导的海陆丰苏维埃的历史功绩

对彭湃领导的海陆丰苏维埃的评价，史学工作者都认为它的历史功绩应得到充分肯定，虽然有缺点和错误，但这是在土地革命初期阶段进行前所未有的探索时难以避免的。它的功绩主要是：

（一）在全国最先打起苏维埃旗帜

海陆丰是中国第一个苏维埃工农兵政权诞生之地，被誉为"东方小莫斯科"。

1927年11月中旬海陆丰苏维埃建立后，12月，罗浮在中共中央机关刊物《布尔什维克》发表题为"中国第一个苏维埃"的长篇文章，对海陆丰苏维埃给予高度评价："实开中国革命史光荣记载的伟大革命前途的新纪元""中国破天荒第一次的苏维埃，新的革命政权正由东江扩大到全广东乃至全中国。"

当时党的领导人瞿秋白在为《红色海丰》写的序中指出："海陆丰苏维埃共和国（原文如此）极大地促进了湖南、江西和广东东北部红色游击运动的发展。"

当时党的领导人周恩来在《关于党的"六大"的研究》一文中也谈道："我看十一月扩大会议错误方面多于正确方面。正确方面是放弃国民党的旗帜，打出苏维埃的旗帜。"

（二）比较完备的政权建设起到示范作用

这表现在以下几个方面：

第一，实行工农兵代表选举制度，组成工农兵民主政府。通过分配名额，由基层选举产生工农兵代表，再由代表大会民主选举政府主席团，实行主席团负责制。县苏维埃政府下设军事、人民、财政、土地4个委员会及各区苏维埃政府。1928年，第二届工农兵代表会议改主席团制为委员会制，称为县苏维埃人民委员会，从而使代表会议制度不断完善。

第二，实行民主制定纲领。代表会议组成提案审查委员会，由代表提出议案，交代表大会讨论，然后表决通过没收、分配土地，镇压革命，改善工农生活，抚恤被难烈士及被祸工人农民家属，取消苛捐杂税等决议案，作为苏维埃政府的具体行政纲领。后来又作了许多具体补充，如发展经济方面，采取统一财政，实行单一税率，创办工农贩卖合作社与海陆丰劳动银行，保护商业、商船，与商人订立从香港运进物资条约，缩小工农产品剪刀差，等等。这些政纲和措施反映了广大人民的根本利益。

第三，强化统治机器，对敌人实行专政。一方面，除红二、四师外，两县苏维埃政府设立团队部，辖有工农革命军海丰县600余人枪，陆丰县三个大队共三四百人枪，各区有脱产赤卫队，还有数以万计不脱产的乡村农军，形成了正规军、地方部队和赤卫队三个层次的军事系统。另一方面，县、区苏维埃政府设立了裁判委员会，负责审判反革命分子（虽常有群众不经审判便对反革命分子处以刑罚的现象，但政府一再强调必须经过审判程序）。工农武装在红军帮助下，横扫两县反革命据点，歼灭反动武装，使海陆丰在四个月的时间内比较稳定。

（三）在全国及国际上政治影响大

1927 年在全国少数根据地初创阶段，海陆丰是颇有影响的一面红旗。党中央 1927 年 12 月 31 日指示湖南省委："应在湘赣边境或湖南创造一个深入土地革命的割据局面——海陆丰第二。"1928 年 1 月 3 日中央政治局决议案指出："海陆丰政权之丰富材料，它的胜利，它的经验，应当充分动用到一切农民暴动中去。""中央及地方都应当在自己的报纸、杂志、传单、宣言中运用广州及海陆丰暴动的材料。"

1927 年 11 月 26 日，海陆丰苏维埃创立伊始，中共广东省委就发出了第二十五号通告，指示各地党组织对"海陆丰土地革命的经验应广为宣传，以鼓励农民勇气。省委已着手编一小册子，寄到各地"。接着，广东省委编写和出版的 5 万多字的小册子《海陆丰苏维埃》在全党发行，根据海陆丰的经验指导全党的武装斗争。[①] 1928 年 1 月 21 日，中共广东省委发出第六号通告，明确指出："海陆丰之在广东有苏俄在世界上同样的意义，海陆丰苏维埃的存在不单是可以不断的刺激全省工农群众斗争的勇气并且可以实力帮助各地的斗争。"对于海陆丰土地革命的经验，中共广东省委向琼崖特委发出：琼崖的土地革命"可仿照海陆丰土地决议案斟酌琼崖情形办理"[②]。

1928 年 6—7 月间，中国共产党第六次全国代表大会在莫斯科召开。中共六大指示党在地方领导武装起义胜利后，应像在海陆丰等地那样，组织苏维埃。

全国党内报刊纷纷报道了与海陆丰革命斗争相关的消息，鼓舞了广大群众的

---

① 张秀玉. 中共中央对东江革命根据地的指导［M］//中国广东省委党史研究室. 论东江苏维埃. 广州：广东人民出版社，2001.

② 张秀玉. 中共中央对东江革命根据地的指导［M］//中国广东省委党史研究室. 论东江苏维埃. 广州：广东人民出版社，2001.

斗志。

海陆丰的革命斗争还震惊了国内外反动派。上海《申报》刊登了广东军阀李福林给蒋介石南京政府的电文，说："海陆丰苏维埃翘然独峙 3 个多月，如不及时清剿，祸害不浅。"设在上海的中外资本家的联合机关华洋义赈会，在各报刊登启事，极力诅咒海陆丰革命。上海租界帝国主义宣传工具《字林西报》和广州、香港的反动报纸更是大量刊登刻意诋毁海陆丰革命的消息。港英当局深感不安，不仅对海陆丰实行经济封锁，还时常公然派遣炮舰梭巡于海陆丰沿海。

（四）为党在东江地区实行工农武装割据、建立东江革命根据地打下坚实的基础

海陆丰苏维埃政府的成立，迈开了割据东江，创建东江革命根据地的第一步。根据中共中央和广东省委的指示，中共东江特委明确提出，海陆丰"应成为东江土地革命的根据地"，"要以年关暴动去引起东江的大暴动，完成东江的割据"。彭湃及时提出"红遍东江"的号召，要求工农革命军和东江广大工农群众继续奋斗，扩大已取得的胜利。中共东江特委还制订了举行东江暴动的计划，作了具体的部署。在东江特委的领导下，1927 年 12 月 1 日，紫金县苏维埃政府成立。普宁县在彭湃带领的红四师主力团的帮助下，取得年关暴动的胜利，攻打了反动地主民团据点，并于 1928 年 2 月 13 日成立了普宁县苏维埃政府。3 月初，海陆丰县城因遭敌重兵进攻而失守，彭湃和东江特委率红二、四师官兵转战到潮（阳）普（宁）惠（来）的大南山区，以大南山为据点，坚持领导武装暴动，并于 3 月 15 日与 22 日，两次攻下惠来县城，击毙敌七十七团团长向卓然，3 月 24 日成立惠来县苏维埃政府。自此，海丰、陆丰、紫金、普宁、惠来、五华、惠阳等县的工农武装割据区域连成一片，纵横 40 里，人口 200 多万。1928 年 3 月 27 日至同年 10 月，中共东江特委机关从海陆丰转移到大南山，建立起大南山革命根据地。

1930 年，在中共东江特委领导下，在大南山成立中共潮普惠县委和潮普惠县苏维埃政府，大南山革命根据地进入全盛时期。1930 年 10 月至 1935 年 6 月，中共东江特委、东江苏维埃政府留驻大南山，使大南山成为领导东江地区 17 个

县革命斗争的指挥中心。这与海陆丰苏维埃政府成立后坚持顽强斗争，建立海陆丰革命根据地，打下坚实基础是分不开的。

（五）为共产党领导土地革命进行了大胆探索，提供了宝贵经验

土地革命是一场变革封建土地所有制为农民土地所有制的阶级斗争。在中国民主革命中，农民最关心的是关系到他们根本利益的土地问题。获得土地，是贫苦农民祖祖辈辈的梦想。海陆丰从建立农会时就开展过"二五"减租斗争，"五一"武装起义时实行"减租减息"，苏维埃政府一经建立，就马上没收地主和公户的土地，实行"掘田坐、分田地"等措施……

（六）为共产党独立领导中国革命、探索中国革命道路树立了目标指引

海陆丰苏维埃创立，为东江革命根据地的开拓拉开了序幕，为东江地区的农民运动、广东全省的农民运动乃至全国的农民运动树立了标杆。在彭湃等共产党人领导下，东江地区各地纷纷推翻旧政权，实行土地革命，是包括海陆丰全县和惠阳、紫金部分地区的海陆丰革命根据地的鼎盛时期。"一开始便有极大的规模，而且在土地革命性质上，也是空前深入，极有组织，极有活动力量，中国革命之中，这是第一次由几万几十万农民群众自己实行土地革命的口号，第一次组织成工农群众的无限制的政权。""海陆丰政权之丰富材料，它的胜利，它的经验，应当充分运用到一切农民暴动中去。"[1] 以海陆丰苏维埃和海陆丰革命根据地的实践为序幕，中国共产党人开始走向了独立领导中国革命、探索中国革命道路的大道。这条大道往哪走？海陆丰苏维埃树立了正确的目标指引。与彭湃一起主办广州农民运动讲习所的毛泽东在广东参加国民革命运动活动时，耳闻目睹海陆丰农民运动的蓬勃发展，曾经指出："农民是中国革命最广大的动力，是无产阶级的天然的和最可靠的同盟军，是中国革命队伍的主力军。"[2] 以海陆丰苏维埃建立为原点，中国的农民运动在中国共产党领导推动下，不断扩大，推向全国；同

---

① 中共中央党史资料征集委员会. 广州起义［M］. 北京：中共党史资料出版社，1988：254－286.
② 毛泽东. 毛泽东选集（第一卷）［M］. 北京：人民出版社，1991：643.

时也使农民运动问题一直成为中国共产党领导中国革命时极度重视的根本问题，从党的三大到党的七大，农民问题始终被列入大会的中心议题。在此进程中，以毛泽东为主要代表的一批共产党人从中受到极大启发，获得经验借鉴和理论思考，在寻求中国革命道路上坚决地把革命重心转入农村地区，组织农民开展武装斗争，实行土地革命，创建和发展农村革命根据地。客观上实现了中国革命战略重点的转移，开始了农村包围城市，最后夺取城市的革命道路的探索。

在农村革命根据地创建过程中，中国共产党把普遍原理与中国革命的具体实际结合起来，对中国社会和中国革命的性质特点进行科学分析，提出了武装斗争、土地革命和革命根据地建设相结合的"工农武装割据""建立苏维埃"的思想，使党的武装斗争不断取得胜利。

因此，我们说海陆丰苏维埃是共产党领导农民运动的一面旗帜。彭湃农民运动思想的形成和传播，为发展海陆丰农民运动和创建海陆丰苏维埃奠定了坚实的思想基础。海陆丰农民运动的蓬勃兴起和迅猛发展，为海陆丰苏维埃提供了强大的力量保障。海陆丰苏维埃的实践，为共产党独立领导中国革命，探索中国革命道路提供了目标指引。

（七）在中国外交史上写下光辉一页

帝国主义者仇视苏维埃，经常派军舰来沿海游弋挑衅。1925 年 12 月，海陆丰苏维埃政府拘留了一名在当地违法的英籍传教士，并把所有危害苏维埃的外籍传教士集中起来准备驱逐出境。港英当局闻讯于 27 日早上 4 时，派了一艘兵舰，载有武装海军 30 余人，徒手士兵 10 余人，直抵汕尾港，意欲武装恫吓。并派主教思理觉到汕尾，借口中西男女教士在汕尾被我方扣押，向我方交涉，并进行恫吓。

彭湃亲自通过电话处理此事，他马上通知驻汕尾的工农革命军立刻布防海边，严阵以待。随即工农革命军第三大队立即加强戒备，作好了战斗准备，"即行散开于海边，以防不测"，古大存率领的 200 余名五华武装人员，此时正在海陆丰学习武装经验，他们也参加了防御活动。接着，苏维埃政府紧急封锁轮渡，断绝其联系。

由于我方态度强硬，英舰见恫吓在革命政权面前无效，无隙可乘，不敢妄动，转而降下身段，请求与苏维埃政府谈判——"帝国主义者随后忍着满肚子闷气，很有礼貌的写信给苏维埃政府，请释放牧师姑娘，并表示亲善。"（罗绮园《反动派与海陆丰苏维埃》）。后经4次函件往返谈判，我方才同意将传教士释放出境。海陆丰苏维埃政府严正警告帝国主义者："须知吾人有全中国而至世界无产阶级的伟大力量。同仇敌忾，万众一心，一切任何恶势力俱不足怕。更有进者，嗣后贵舰莫再擅越吾界自由出入本港，否则吾人自有相当对待，莫谓言之不早也。"回击了帝国主义的炮舰政策。

这次汕尾英舰之交涉，表现了海陆丰苏维埃政府不畏列强、坚持独立自主地处理涉外事件的可贵精神，足以永留青史。海陆丰苏维埃正确处理涉外事件，维护了新生革命政权的尊严。《海陆丰苏维埃》就此评论道："以绅士态度骄天下的英国帝国主义者，在苏维埃面前，只能够恭恭敬敬，一厘的臭架子都拿不出来。"[1] 中共中央机关刊物《布尔什维克》刊登了《苏维埃政府的外交》一文，高度赞扬了海陆丰苏维埃政府维护民族尊严的正方立场："这次汕尾英舰的交涉，实在可以开中国失败的外交史的新纪录。只此一件小事，我们相信任何军阀的外交部长，无论如何办不来。谁说工农兵士握了政权之后负不起外交责任？伍朝枢们除了卖国之外，还有什么东西！"

海陆丰苏维埃政府的成立至今已90多年了，它并没有因时间的流逝而失去光彩，它的历史功绩和重大意义是不可磨灭的，它将在社会主义现代化建设中更加熠熠生辉。苏维埃精神是人民的精神财富。铭记历史，不忘初心，90多年前铸就的伟大革命精神，穿越历史，启迪未来。我们要遵照习近平总书记关于"把红色资源利用好，把红色传统发扬好，把红色基因传承好"的要求，弘扬和传承海陆丰苏维埃精神，承先启后，继往开来，为实现"两个一百年"奋斗目标，实现中华民族伟大复兴的中国梦而努力奋斗！

---

[1] 中共海丰县委党史办公室，中共陆丰县委党史办公室. 海陆丰革命史料：第二辑 一九二七——九三三［M］. 广州：广东人民出版社，1986：136.

第四章

彭湃对建立中国革命根据地的重大贡献

彭湃烈士像（红宫红场旧址纪念馆提供）

海陆丰革命根据地，是第二次国内革命战争时期共产党建立的一块重要根据地。

海陆丰革命根据地的范围，包括海陆丰全境及惠阳、紫金、五华、普宁、惠来、潮阳部分地区。

一、海陆丰革命根据地的发展过程

海陆丰革命根据地经历了两度起落的历程，大致可分为五个阶段。

（一）三次武装起义和根据地初创阶段（1927年4月至11月）

1927年4月15日，统治广东的军阀继蒋介石"四一二"反革命政变后，在广州、汕头等地发动反革命大屠杀。中共海陆丰地委面对严重局势，决定武装起义，成立东江特委和海陆丰救党运动大同盟，作为起义的指挥机关。

5月1日凌晨，海丰县、陆丰县两县同时起义。农军统一行动，包围县、区公署，收缴枪支、逮捕反动派。当天，海丰县、陆丰县分别举行纪念"五一"群众大会，宣布成立县临时人民政府。5月9日，军阀部队三个团先后进攻海陆丰，经过激烈战斗，起义群众主动撤出两县城。虽然起义部队占领县城只有10天，但这是反革命政变后共产党领导的一次军事行动，它公开打出了武装起义的旗帜，揭开了海陆丰武装斗争的序幕。7月，敌军三个团撤走，适逢夏收季节，海陆丰地委作出坚决抗租、推动武装斗争的决定。在党的领导下，抗租运动遍及农运基础良好的乡村，从武装截击收租，发展到攻打区镇守敌，农军逐渐控制了海丰的赤石、公平、梅陇，陆丰的新田、金厢等区，成为游击活动的依托。

8月下旬，收到省委改组和中央八七会议文件，海陆丰革命斗争方向进一步明确。此后，海陆丰地委改组为海陆丰县委，成立了海陆丰暴动委员会。为策应南昌起义军入粤，县委决定举行海陆丰第二次武装起义。9月8日，农民攻占陆丰县城，15日占领海丰。两县克复后分别成立工农临时革命政府，区、乡由农民协会接管政权。当时，海陆丰县委已认识到在敌强我弱的形势下，需要建设根据地作长期武装斗争，所以把缴获的大批物资运往两县山区，重点建设海丰、陆丰、惠阳三县交界的黄羌、激石溪、中峒一带山区的根据地。9月25日，敌军一个团入侵，农军主动撤出两县城。接着，广东省委派黄雍到海丰县山区成立了东江革命委员会。

南昌起义军入粤，于10月3日在流沙遭到严重挫折。散失部队失去联系，先后进入陆丰境内。南昌起义领导人周恩来、彭湃、贺龙、叶挺、聂荣臻、林伯渠、恽代英、吴玉章、李立三、谭平山等抵达陆丰县，在当地党组织和群众掩护下，许多领导人和起义官兵先后离开海陆丰渡海去香港和上海。叶挺部二十四师1 300余人在董朗率领下于10月7日进入陆丰激石溪，9日，进入朝面山。党以东江革命委员会名义对这支部队进行了整编，随后接南方局指示，部队改称中国工农革命军第二师第四团。11月，正式建立师部，董朗为师长，颜昌颐为师党代表，下辖第四团及由海陆丰工农革命军编成的第五团。

10月下旬，海陆丰县委根据广东省委关于利用广东两派军阀公开冲突之机开展暴动的指示，决定举行第三次武装起义。为适应斗争形势，原海陆丰县委撤销，分别建立海丰、陆丰县委。11月1日，我军克复海丰县城，5日，克复陆丰县城。

（二）建立苏维埃和扩大根据地阶段（1927年11月至1928年2月）

海陆丰第三次起义胜利后，中共中央临时政治局委员彭湃兼任了新建立的中共东江特委书记，着手进行工农苏维埃的筹备工作。11月13日、18日，陆丰、海丰分别召开县工农兵代表大会，各开4天，正式成立了海丰、陆丰两县苏维埃政府，城镇及各区苏维埃政府也先后成立。海丰全境，陆丰除一个乡外，均在苏维埃政府管辖之下，两县共有人口70余万。

1928年1月3日，东江特委在海丰县城召开东江农民代表大会，到会的有海丰、陆丰、惠阳、紫金、五华、潮阳、惠来等县代表。这次代表大会动员部署了东江大暴动。1月5日大会闭幕时，适值广州起义失败后改编的工农革命军第四师在叶镛、袁裕（袁国平）、徐向前等率领下抵达海丰县城，这为东江大暴动增加了一支有生力量。此后，在海陆丰工农武装配合下，红二师向西北的惠阳、紫金、五华发展，红四师向东南的普宁、惠来、潮阳发展，从而使以海陆丰为中心的东江西南部苏维埃区域得到迅速扩大。

（三）首次反"围剿"及坚持根据地斗争阶段（1928年3月至1929年1月）

1928年2月，李济深、张发奎两派军阀混战结束，李济深的广东政权得到暂时稳定。李济深集中陈济棠、邓彦华、黄旭初3个师及4艘兵舰分四路进攻海陆丰。2月29日、3月1日，陆丰、海丰相继被攻陷。红二师、红四师和海陆丰工农武装曾多次反攻，反复争夺区镇，终因敌我力量悬殊，损失巨大。3月中旬，红二师、红四师撤往惠来。东江特委主要领导成员彭湃、郑志云等到惠来领导斗争，牵制海陆丰敌军。但红二师、红四师在普宁、潮阳一再受挫，只得撤回海陆丰山区。广东省委为改变海陆丰的不利形势，于4月中旬派赵自选、张善铭等同志到海丰，成立海陆丰总指挥处，调集兵力于5月3日反攻海丰县城。因配合有误，此役没有达到预期目的。6月，以杨望为首的海（丰）、陆（丰）、惠（阳）、紫（金）四县暴动委员会成立，领导夏收斗争，但形势已经日益严重。红军在根据地迂回游击，8月，红四师师长叶镛不幸被捕牺牲，徐向前接任师长。敌军继续残酷"围剿"根据地。在半年时间内，根据地的党、政、军干部，战士及海陆丰革命群众牺牲了五六千人，其中有省委领导人张善铭、赵自选，东江特委委员杨望、林铁史、张威等。在大南山的东江特委书记彭湃于8月下旬奉命离开东江，代书记郑志云于同月在惠来牺牲。10月，以陈舜仪为书记的中共海陆惠紫临时特委成立。考虑到红二师、红四师只余几百人，且多数伤病，经省委同意，特委成立了专门机构，输送红军去香港就医，或转移到各地参加革命斗争。此后半年，包括红二师师长董朗、红四师师长徐向前、党代表刘校阁等先后撤离海陆丰。

（四）重建红军，割据边区根据地阶段（1929年2月至1932年3月）

1929年2月，广东省委派陈郁到海陆丰山区参加海丰、陆丰、紫金三县党代会，传达党的六大方针，海陆紫党组织稳扎稳打，积极度过困难时期。3月，蒋介石与桂系军阀战争爆发，陈济棠取代了桂系李济深在广东的统治。蒋桂战争爆发后，驻海陆丰的敌十六师被调走，反动势力顿呈薄弱之势。9月，海陆紫特委在省委指示下重新组建红军。10月，在海丰朝面山正式成立工农红军第六军第十七师第四十九团，团长彭桂，政委黄强，下辖3个营，不久发展到1 000多人。四十九团发展游击战争，转战海丰、陆丰及惠阳广大区域，开辟了海丰、陆丰及惠阳、紫金四县边区根据地。1929年冬，海丰、陆丰两县苏维埃政府在根据地恢复活动。1930年春，海丰、陆丰两县苏维埃的人数达30余万。海陆丰人民迎来了第二个革命高潮。

1930 年夏，李立三"左"倾错误影响到海陆丰。红军热衷于攻打城市，部队和根据地都受到损失。10 月，海陆紫特委并入东江特委。11 月初，南方局派李富春到大南山召开闽粤赣边区党代会，传达党的六届三中全会精神，结束了李立三"左"倾错误。会后，东江特委撤销，分设西南、西北分委。在西南分委领导下，海丰、陆丰、紫金合并为海陆紫县，成立海陆紫县委、县苏维埃政府。同时，省委将东江红军改编为第六军第二独立师，师长彭桂，政委黄强，下辖 2 个团，原四十九团编为第一团，彭桂、黄强分别兼任团长、政委。为使海陆紫与大南山根据地连成一片，1931 年 1 月划陆丰东南部 6 个区与惠来边界一个区为陆惠县，随后成立了陆惠县委、县革委。5 月，西南、西北两分委撤销，恢复东江特委，在结束李立三错误路线后，红军和根据地逐渐恢复，并有了新的发展。

（五）再次反"围剿"，军事斗争失利阶段（1932 年 3 月至 1934 年）

一方面，1932 年，广东的反动统治趋于稳定，他们集中兵力大规模进攻红色区域。春末，张达师及张瑞贵师一部进入海陆丰，疯狂"进剿""清剿""屯剿"。另一方面，王明"左"倾路线在前一年的夏秋间贯彻到东江，错误路线执行者大打所谓 AB 团、社会民主党，使海陆紫、陆惠地区的反"围剿"力量受到严重削弱。随着敌军在根据地周围构筑封锁线，村庄被毁，群众被杀或被赶走，我军的活动十分困难。1933 年春，红一团挺进紫金受挫，撤回海陆丰山区分散坚持斗争。1934 年，海陆丰边界赤卫队被围失利，海陆丰人民武装斗争便暂告停止。

二、海陆丰革命根据地的特点

海陆丰革命根据地的形成和发展的历史，与全国各个革命根据地一样，有其共同的规律，但由于地理位置和历史条件不同，也具有自己的特点，概括起来有以下几个方面：

（一）地处沿海，毗邻港澳

1. 优越的地理位置

海陆丰革命根据地在南海岸边，地理位置十分重要。海丰、陆丰两县位于广东东部，是广州通往粤东的要道，与香港、澳门仅一夜航程之隔。而当时的香港是我们地下党活跃的地方（也是广东省委或两广省委长期驻扎的地方），革命处于低潮或需要撤退、战略转移时就退到港澳。事实上，周恩来、叶挺、聂荣臻和红四师余部等都是由海陆丰革命根据地转至香港的。

海陆丰革命根据地又处于惠州、汕头之间，腹地相对广阔。因此，海陆丰革命根据地可以发展到惠州地区的紫金、惠阳等地和汕头地区的惠来、普宁等地。

2. 交通相对便利

海陆丰革命根据地的交通相对便利，能够及时得到设在香港的广东省委的指示。同时，这里的斗争能较快地传播出去，在全国及国际上造成较大的政治影响。

3. 适合建立根据地

海陆丰的西北、北部和东北部被崇山峻岭环绕，莲花山脉横贯两县，绵延百里，军事斗争有回旋余地，建立农村革命根据地进退有据。南面濒临南海，中部则是平原丘陵和台地。粮食盛产两季水稻。

（二）斗争复杂

进入近代，在帝国主义、封建军阀和地主豪绅的压榨下，海陆丰的经济处于破产的边缘。早在民国初期，海陆丰地区的阶级矛盾就尖锐地表现出来。当时海丰全县的 40 万人口中，农民占 80% 以上，土地却高度集中在地主手里。外国商品的大量侵入，地主的残酷剥削，军阀的苛捐杂税，使自耕农和半自耕农逐渐沦为佃农。海丰县破产农民外逃打工者达 10 万多人。在陆丰县新田区的 1.2 万人中，贫农竟占了 90% 以上，而不到 50 户的地主、富农占有的耕地却达到 80% 以上。海陆丰的贫苦农民在死亡线上挣扎。

海陆丰官僚和新兴地主众多，土地兼并非常严重。因此，一方面，地主阶级、国民党反动派、帝国主义三者很容易勾结在一起，共同对付工农革命；另一方面，工农民众因深受压迫剥削，具有强烈的反抗精神，自农民运动兴起以后几经挫折而斗志不衰。

大革命前后，广东农民外受帝国主义之经济侵略，内受军阀、地方官僚、地主、土豪劣绅等势力的压迫与剥削，经济状况十分恶劣，史料《普宁农民同地主冲突的经过》披露了普宁农民历年受地主压迫过甚的情形：

一、拜谊父。地主劣绅可以要农民拜自己做谊父，年献地主谊子租数十石不等。

二、讨祖债。每遇年关，地主劣绅土豪往往随便开一篇账目，拿下乡去，见着那一个农民有钱，便把他祖父的名填上，说："你祖父欠了我祖父的账，赶快还来！"要是农民辩论及反抗，则被殴打或拿其入狱，最后绅士出来"调停"解决。每年附城卅余乡农民要还城内方姓地主劣绅土豪的冤枉债，总数在五六千元以上。

三、纳租之不平等条约。地主收租时，一定要农民拿出鸡鱼肉等好酒菜来孝敬。若是鸡很瘦或猪肉太肥，鱼肉不鲜，地主将其全桌酒菜食具推翻，要再用好的来奉侍。食后又要再取些田信鸡、田信米及田信钱去。并要农民亲自把租送到他家，不管好远。地主到农民家可以多至十人八人，但农民到地主家至多不过两三人，并没有好酒菜吃。

四、不耕田要纳租。农民有因纳租过重，苦勤不堪，向地主辞田时，地主便说："好，你自己不耕田，不管（关）我的事，租一定要向你收的！"所以除非农民私自逃跑，租是不能免的，并且就是逃跑了，要是有亲友在，并要追问农民的亲友，所以普宁的农民大概三家有两家是跑到外洋去卖身当猪仔。

五、调戏农民妇女。乡间迎神赛会时，地主的儿子便到乡下去吊膀子，甚至滥入人家闺房而奸淫妇女者，农民倘若干涉，则大祸随至，所以近五六十年来，农民从不敢演戏赛会。

以上是举其大的几项，其他小的压迫的地方还很多。因为地主压迫太狠，所以农民怀恨很深。[1]

---

[1]《彭湃研究史料》编辑组．彭湃研究史料［M］．广州：广东人民出版社，1981：222．

海陆丰等粤东地区的情况与普宁差不多。除了上述这些，还有名目繁多的苛捐杂税，计有草税、厘金税、货物附加税、防务经费、大斗捐、牛斗捐、猪苗捐、屠牛捐、糖捐、河甲捐、柴炭捐、码头捐、油车捐、粪船捐、油灯捐、烟膏捐、戒烟捐、鱼塭捐、筵席捐、印花捐、度量衡捐、船政捐、波船捐、旅客捐、过路捐、祠堂捐、戏捐、庙祝捐、花捐等林林总总、乱七八糟二三十种苛捐杂税，连"过路""点油灯""戒烟"都要交捐税，真是闻所未闻，甚至连"粪船"都要交捐税，真是应了那句玩笑话"自古未闻粪有税，如今只剩屁无捐"。

这些苛捐杂税在农民运动和革命的暴风雨中全部被一扫而光，农民无不拍手称快。农会组织在斗争中迅速发展壮大起来，这也是广东成为全国农民运动中心的根本原因。

（三）具备比较好的武装割据条件

根据毛泽东在《井冈山的斗争》一文中提出的建立根据地需要具备的五个条件，海陆丰基本上是具备的。周恩来说："当时海陆丰的力量比井冈山大，各种条件都比井冈山好。"

1. 海陆丰革命根据地党的领导基础好

海丰较早成立共产党组织，在开展农民运动期间，海陆丰的共产党组织迅速发展，截至 1927 年 3 月，海陆丰地区的党员数量已成为全国之冠。当时全国有党员 5.7 万人，海陆丰地区有党员 4 000 多人，即全国 100 名党员中，就有 7 名是海陆丰的，广东 4 名党员中，就有 1 名是海陆丰的。根据《中共海丰县委关于敌人状况和党各时期策略等给省委报告》，至 1928 年 3 月止，海丰党员人数多达 18 000 名。党支部由原来 340 多个增加到 460 多个；陆丰县党员人数 6 000 多名，这样海陆丰两县党员人数超过 24 000 名，约占全省党员 32%。① 而当时的全国党员人数有两种版本，一种版本说是 4 万（一些专家推算），另一种版本说是 13 万[来源于六大报告。1928 年 6 月 30 日周恩来在六大上作的《组织问题报告和结论大纲》、1928 年 6 月 30 日六大通过的《组织问题报告大纲》、1928 年 6 月大会

---

① 叶佐能. 海陆丰革命根据地史［M］. 北京：中共中央党校出版社，2000：176.

资料《全国党员数量统计》中，都提到了当时的全国党员人数。根据这些文献资料，到六大召开时，全国共有省委 16 个（包括临时省委），特委 37 个，县委 400 个，市委 36 个，区委 41 个，特别支部 138 个，全国党员130 194人。周恩来在《组织问题报告和结论大纲》中说："党员的数量现在我们有很夸大的数量，但没有法子保证是正确的。"]。如果是按第一种版本统计，则海陆丰党员占全国党员总人数的60%；如果是按第二种版本统计，则海陆丰党员占全国党员总人数的18%；无论是哪个数据，都说明海陆丰党员数在全国占有相当大的比例。

2. 海陆丰革命根据地的群众基础好

早在 1922 年，彭湃就在海陆丰开始领导农民运动，群众基础十分雄厚。1926 年，海丰、陆丰两县农会会员人数就已占全省人口总数的41%。据 1926 年 5 月广东省第二次农代会公布：海丰有区农会 11 个，乡农会 660 个，会员总数 19 万人，将达全县人口的一半。与此同时，海丰县总工会及其下属 30 多个行业工会组织相继成立，建立了工农联盟，其他群众团体也如雨后春笋般地出现。1927—1928 年，在中共海陆丰地委领导下的海丰农民运动，已成为一个强大的运动，全县有 860 个乡村建立农会组织，会员总数 5 839 户，拥有会员 25 万余众，占全县人口65%。[①] 随着农民运动迅速的发展，党的队伍不断壮大，全县工会、妇女解放协会、青年农工俱乐部（共青团地委）、新学生社、学生联合会、教职员联合社、商会、劳动童子团等群团组织也相继建成，在中共海陆丰地委领导下，形成革命统一战线。农民协会就成了乡村的政权机构，真正做到"一切权力归农会"。

3. 海陆丰革命根据地的军事基础好

海陆丰革命根据地的军事基础很好。仅以海丰县为例，海丰苏维埃成立之后，全县工农革命军发展到650 人，赤卫队队员 37 000 多人，计有枪支 1 200 多支，子弹 30 000 多颗，粉枪 12 500 支，火药 1 400 多斤，尖串 70 000 多支。工农革命军是地方常备部队，而赤卫队是不脱产的群众性武装，男女都可参加，如

---

① 东江特委. 举行东江农民代表大会经过情形［M］//《彭湃研究史料》编辑组. 彭湃研究史料. 广州：广东人民出版社，1981：29.

赤坑区妇女组织的粉枪团，其主要任务是维持地方秩序，帮助红军和工农革命军放哨、送信、配合作战等，平时则参加生产。他们除了弹药由政府供给外，不需要政府一文钱。这种组织形式，开创了共产党在武装问题上走群众路线的正确方法，也是实行全民皆兵的先例。① 这是雄厚的工农武装基础。

（四）土地革命实践开始比较早

大革命失败后，党中央八七会议确定了土地革命和武装反抗国民党反动派的总方针。海陆丰分别在 1927 年 4 月、9 月、11 月举行了三次武装起义；在 7 月举行了抗租斗争；建立了工农苏维埃政府；制定土地革命纲领并加以实施；初步形成了正规部队、地方部队和赤卫队三级军事系统，这些方面的革命实践都走在全国各地前列。

海陆丰的革命实践为共产党农村包围城市、武装夺取政权道路理论的形成提供了重要的经验，对毛泽东思想的逐步形成起了有益的作用。

三、彭湃领导的海陆丰革命根据地的历史功绩

（一）影响巨大，大大鼓舞了各地革命

海陆丰人民的武装起义和苏维埃的建立，大大鼓舞了广州工人阶级，也为他们提供了斗争经验。当时党中央政治局会议决议曾指出："海丰有四十万农民的暴动，是广州起义的根据之一。""而广州苏维埃政府的主要任务之一，便是根据海陆丰的经验，建立正式的革命军队。"

毛泽东在《中国的红色政权为什么能够存在?》等著作中，充分肯定了海陆丰革命根据地的经验和做法。随着中共广东省委编写的《海陆丰苏维埃》小册子在全党的发行，海陆丰革命根据地的影响就更大了。

易宇的《红色起点——南昌起义全记录》有这样的评述："在当时的历史条

---

① 颜小石. 试论海丰农民运动的基本特点 [M] //政协广东省海丰县委员会文史资料研究委员会. 海丰文史：第二十五辑. 汕尾：政协广东省海丰县委员会文史资料研究委员会，2006：20.

件下，'海陆丰'作为中国共产党人已经创造的第一块农村革命基地，早已驰名天下，如同光彩四射的灯塔，吸引着大海中迷航的船只。"

（二）为各地武装起义和建立革命根据地提供了宝贵经验

海陆丰根据地的建立在党内和国内引起了强烈反响。中共中央临时政治局对海陆丰根据地给予了充分的肯定，1928年1月3日，中央政治局的决议指出："各县暴动之中，以海陆丰的胜利为最大""一开始便有极大的规模，而且在土地革命性质上，也是空前深入，极有组织，极有活动力量。中国革命之中，这是第一次由几万几十万农民群众自己动手实行土地革命的口号，第一次组织成工农群众的无限制的政权""中央及地方都应在自己的报纸、杂志、传单、宣言中运用广州及海陆丰暴动的材料。"

海陆丰农民武装起义后，中国共产党发动了80多次起义。当时，中共广东省委和中共中央多次发出号召，要求各地学习海陆丰的经验。

1927年11月，中共广东省委在第25号通告中，就要求各地对"海陆丰革命的经验广为宣传，以鼓励农民勇气"。

党中央在1927年12月31日指示湖南省委："应该在湘赣边境或湖南创造一个深入土地革命的割据局面——海陆丰第二。"

1928年1月3日，中共中央在致广东省委的信中要求："军委对工农革命军及工农武装的组织编制和扩大作战计划亦宜根据海陆丰及广州暴动的经验有个切实而具体的讨论。这个从事实中得出的结论和方法，不仅对广东有莫大的贡献，便对其他各省亦会发生同样的效用。"

（三）为各地土地革命提供了政策依据和办法

1927年11月，海丰苏维埃政府通过了海陆丰工农兵代表大会决议案——《没收土地案》。11月28日，中央根据海丰苏维埃的实践，颁布了《中国共产党土地问题党纲草案》。作为党的土地纲领草案，这个草案有十五条具体规定。

由于各种原因，海陆丰土地革命的历史情况，没有引起史学界的重视。现从文献史料证实，海陆丰是我国最早实行土地革命的地区，海丰苏维埃代表大会于

1927 年 11 月中旬通过的《没收土地案》，是我国第一部载有没收分配土地的具体政策和办法的法案。海陆丰关于土地问题决议案，根据实际，提出了许多具体问题。决议案中有些内容很有创见，并于后来被其他根据地在土地革命中予以借鉴。例如"照人数多少分"，"照土地肥瘠分"，"由苏维埃政府发给田地使用证"，土地使用证"不得买卖或抵押"，"士兵家里有田地不得回家耕种者，应准其雇工"，"田地分配后每年出息应抽多少供给各乡、区、县政府做公益费"等原则，都在后来被其他根据地重新提出并得到贯彻实施。

1927 年 12 月 26 日，《政治通讯》发表了这个决议案。经过 1927 年底至 1928 年初的讨论，中共中央正式制定的一个土地纲领颁布了，这就是 1928 年 3 月 10 日发布的《中央通告第 37 号——关于没收土地和建立苏维埃》。1928 年 6 月 30 日，闽西永定暴动，工农兵攻占县城，在短时期内，永定县的溪南区成立了十多个乡苏维埃政府，并于 8 月召开区工农兵代表大会，成立溪南区苏维埃政府。他们参照海丰苏维埃的很多做法，颁布了土地法、劳动法、肃反条例、婚姻条例等新法令。其中，土地法制定后，立即试点实施，在近 2 万人的地区内，完成了土地分配工作。也有相反的资料：1927 年 6—7 月，仁化曾建立了苏维埃政府，但由于没有执行正确的土地政策，没有做好发动群众、培养骨干等工作，很快就失败了。[①]

（四）对"中央苏区"作出重要贡献

1. 示范作用

1927 年 11 月 21 日，彭湃领导的海丰苏维埃政府成立，成为全国第一个苏维埃政府。接着，各区、乡先后成立苏维埃政府，组建赤卫队，开展土地改革运动。海陆丰革命根据地建立后，从此，苏区在中国各地才纷纷出现。正如当时中央临时政治局的高度评价："海陆丰政权之丰富材料，它的胜利，它的经验，应当充分运用到一切农民暴动中去。"这些宝贵的经验，以及全国各地的经验，后

---

① 饶卫华. 我参加革命的回忆［M］//中国人民政治协商会议广州市委员会文史资料研究委员会. 广州文史资料（第 20 辑）. 广州：广东人民出版社，1980.

来由毛泽东同志总结为关于红色政权的理论——以农村包围城市、武装夺取政权，指导中国革命走向胜利。

2. 辐射作用

毛泽东和朱德领导的革命根据地是中央苏区的基础和出发点，彭湃创建的海陆丰革命根据地为中央苏区的扩大发展作出了很大贡献。

1928年1月3日，中共中央政治局决议案指出："在广东各县农民暴动之中，以海陆丰的胜利为最大""海陆丰政权之丰富材料，它的胜利，它的经验，应当充分运用到一切农民暴动中去。"肯定了海陆丰三次武装起义的历史地位。

海陆丰建立的革命根据地，为以后各地革命根据地的建设在理论和实践上积累了经验，开辟了中国革命以农村为基地走向胜利的道路。

3. 牵制作用

海陆丰革命根据地牵制了国民党反动派众多兵力，为粉碎国民党对中央苏区的军事"围剿"和经济封锁作出了重要贡献。

下 编

★ 彭湃精神研究

彭湃是中国共产党早期重要领导人，中国农民运动"第一人"、著名领袖，中国第一个红色政权建立者，共产党第一个革命根据地创建者，人民军队缔造者之一。彭湃的事迹惊天地、泣鬼神，彭湃的精神流芳百世、永放光芒！我们把"彭湃精神"提炼、概括为：始终保持革命理想和信念，坚信正义必胜的革命乐观主义精神；把民族和人民的根本利益看得高于一切的人民为本精神；敢为天下先的锐意进取、开拓创新精神；把一切都贡献给党和人民的奉献精神；为救国救民不怕任何艰难险阻、在逆境中敢于顽强抗争的担当精神；不畏强暴、不惜牺牲一切的大无畏精神。

彭湃是中国共产党优秀党员的典型代表，"彭湃精神"是中国共产党优秀特质——甘于奉献、勇于担当、善于创新、敢于牺牲的具体体现，"彭湃精神"是中国共产党人不忘初心、牢记使命、锐意进取、顽强抗争、不畏艰险、浴血奋斗的集中反映。

"彭湃精神"是中国共产党在早期革命斗争中所形成的优良传统和作风的结晶，是一种具有中国特色的革命精神。在党的领导下，正是这种精神支撑和伴随着我们，经过艰苦卓绝的斗争，一步一步走向胜利和理想的彼岸，踏上民族复兴的伟大征程，成为维系中国过去和现在、历史和未来的精神血脉。2013 年 7 月 12 日，习近平总书记在西柏坡主持召开群众路线教育实践活动座谈会时指出："对我们共产党人来说，中国革命历史是最好的营养剂。多重温这些伟大历史，心中就会增加很多正能量。"

"彭湃精神"是一种坚定不移的理想信念。彭湃在独立自主地运用马克思列宁主义原理，同党内分裂势力、党外敌对势力和各种困难进行艰苦卓绝的斗争中，形成一种信念坚定、不畏艰辛、勇往直前的革命英雄主义和乐观主义优良传统与作风。习近平总书记指出："当初，党的'一大'会议在白色恐怖中召开，由上海转至嘉兴，在南湖红船上完成缔造中国共产党的使命，靠的是坚定的理想信念和百折不挠的革命精神。之后，我们党在长期艰苦卓绝的奋斗中，历经曲折而不畏艰险，屡受考验而不变初衷，由小到大，由弱变强，靠的还是坚定的理想信念和百折不挠的革命精神。中国共产党人不管风吹浪打，不怕急流险滩，始终坚定自己的理想和信念，以压倒一切敌人、战胜一切困难的大无畏英雄气概，矢志推动中国革命和建设事业的大船劈波斩浪、不断奋进。"正是"革命理想高于天"的"初心",鼓舞成千上万的共产党人前仆后继、浴血奋斗。我们要学习"彭湃精神",坚定理想信念,在大风大浪面前保持清醒的头脑,在大是大非面前坚持正确的立场,不断坚定自己的理想信念,不断锤炼自己的品格意志,永远忠诚于党、忠诚于人民。

"彭湃精神"是一种人民至上的博大情怀。彭湃忠实践行党的根本宗旨,始终把人民利益、民族利益摆在至高无上的地位,时刻牢记中国共产党的初心是为人民谋幸福,处处关心和爱护人民,严格执行群众纪律,紧紧依靠人民群众,获得了人民群众的支援与帮助,赢得了广大人民群众的衷心拥护和真心爱戴。习近平总书记指出:"老百姓是天,老百姓是地""忘记了人民,脱离了人民,我们就会成为无源之水、无本之木,就会一事无成""永远铭记人民是共产党人的衣食父母""中国共产党从诞生那天起,从来就没有自己的私利,而是以全心全意为人民谋福利为根本宗旨。密切联系群众是我们党区别于其他任何一个政党的显著标志。依水行舟,忠诚为民,成为贯穿中国革命和建设全过程的一条红线"。我们要学习"彭湃精神",努力为广大人民群众解决实际困难,性子里浸润着对群众的温情,心坎里盛装着人民的冷暖,事事处处体现着百姓情结。

"彭湃精神"是一种不屈不挠的顽强斗志。当初彭湃他们所处的环境之艰苦、生存之艰难、战斗之残酷、牺牲之惨重,今天的人们很难想象。彭湃被捕后,无论敌人怎样威逼利诱、严刑拷打,始终拒绝写劝降信,最后壮烈牺牲,慷慨就义,表现了共产党人视死如归、坚贞不屈的铮铮铁骨。这是在长期革命斗争中基于理想信念所铸成的革命英雄主义气概和英勇顽强的战斗作风。2020年9月8日,习近平总书记在全国抗击新冠肺炎疫情表彰大会上指出:"中国人民所具有的不屈不挠的意志力,是战胜前进道路上一切艰难险阻的力量源泉。"我们要学习"彭湃精神",要有勇于担当的气魄,敢于坚持原则,敢于大胆负责,敢于承担党所赋予的特殊使命。

"彭湃精神"是一种无私奉献的思想境界。彭湃为了人民的革命事业,可以把田契、衣物、房子甚至生命都贡献出来。这种无私奉献的思想境界,永远值得我们崇敬。习近平总书记指出:"革命战争年代,革命先烈在生死考验面前所以能够赴汤蹈火、视死如归，就是因为他们对崇高的理想信念坚贞不渝、矢志不移。""我们党就是靠着千千万万具有高度政治觉悟的先进分子无私奉献，才赢得了一场场艰苦卓绝的斗争。"① 正是这种为国忘家、为公忘私、无私奉献的精神，推动中国革命和建设不断取得一个又一个的成功。我们要学习"彭湃精神"，对党的事业有着无私奉献的精神，时刻将奉献精神牢记心上，并且落实到行动中。

"彭湃精神"是一种勇于创新的过硬品格。彭湃有追求进步、改革创新、敢为人先的先进思想意识，创造了很多中共历史上的"第一""最早"。可以说，"彭湃精神"既富于革命的想象力，又切合当时当地的实际情况，开辟出一条崭新的道路。2013年10月21日，习近平总书记在欧美同学会成立一百周年庆祝大会上指出："创新是一个民族进步的灵魂，是一个国家兴旺发达的不竭动力，也是中华民族最深沉的民族禀赋。"我们要学习"彭湃精神"，把创新作为引领发展的第一动力，把创新摆在国家发展全局的核心位置，让创新贯穿党和国家一切工作，让创新在全社会蔚然成风。

2009年9月10日，彭湃被评为"100位为新中国成立作出突出贡献的英雄模范人物"。这是党和人民对彭湃的贡献与精神的认可及肯定。

---

① 习近平. 推进党的建设新的伟大工程要一以贯之 [J]. 求是，2019（19）.

第五章

始终保持革命理想和信念，坚信正义必胜的革命乐观主义精神

彭湃烈士雕像（红宫红场旧址纪念馆提供）

在成立中华人民共和国的过程中，所有的共产党人都遇到过数不清的困难，共产主义的理想和信念给了共产党人战胜困难的无穷力量。崇高的理想、坚定的信念和革命乐观主义精神，是共产党人从一个胜利走向另一个胜利的力量源泉；崇高的理想、坚定的信念，是共产党人在革命中克服困难、战胜敌人的精神动力；坚持信念，坚持到底，坚持到最后，坚信正义事业必胜！

理想信念就是共产党人精神上的"钙"。正如习近平总书记在十八届中央政治局第一次集体学习时指出的，没有理想信念，理想信念不坚定，精神上就会"缺钙"，就会得"软骨病"。在习总书记看来，世界观、人生观、价值观是"总开关"，马克思主义、共产主义理想是共产党人的"命脉和灵魂"，是经受任何考验，最后取得胜利的"精神支柱"。只有理想信念坚定的人，才能矢志不渝、百折不挠、坚定不移地为实现既定目标而奋斗。在彭湃身上，我们可以看到这种坚如磐石、薪火相传、百折不挠、脚踏实地的理想信念。

一、彭湃的坚定理想信念

彭湃是一个生死于理想的人。正如瑶华所说的："一想起这位中国农民真实的朋友和导师，我就感到理想的庄严，理想的重要。因为他是一个生死于理想的人。他靠着理想活着、工作着，最后也为它欣然死去。在他的生活上理想是精魂，是主宰。而理想本身也因他的忠诚和毅力，更显出光辉，更增加重量，更有吸引人的魅力。"①

（一）积极探索，最终选择社会主义和马克思主义作为自己的理想信念

留日时期，彭湃的思想比较复杂，而且处于不断的变化中。据彭泽和陈卓凡回忆，留日之初的彭湃是一个典型的基督教徒。之后，彭湃陆续接触了无政府主义和马克思主义等各种社会主义学说。然而，总体说来，1917—1921 年，彭湃信仰的主流是无政府主义。因为他曾在 1923 年 9 月致友人的信中指出："我从前

---

① 瑶华. 一个生死于理想的人——追念中国农民真实的朋友和导师：彭湃氏［M］//《彭湃研究史料》编辑组. 彭湃研究史料. 广州：广东人民出版社，1981：362.

是很深信无政府共产主义的，两年前才对马氏发生信仰。"①

俄国十月革命爆发以后，各种社会主义学说和团体在日本广泛出现，彭湃就读的早稻田大学是传播社会主义学说的阵地之一，彭湃在日本早稻田大学专门部经济科留学期间，很快接受了社会主义思潮的影响，逐渐放弃了对基督教的信仰，于1919年五四运动后即开始研究社会主义学说。1919年9月18日，彭湃参加了早稻田大学的进步教师、学生发起的"建设者同盟"组织。这个组织的宗旨是开展社会主义问题的研究，重点研究农民问题。彭湃参加了这个组织，并参与讨论了工联主义、无政府主义、行会社会主义、苏维埃研究等问题，以及该组织发起的一次反对地主、要求实行减租、保证农民耕种权利法庭斗争和对一个县的佃农纠纷的实际调查。彭湃参加了这些活动，加深了对农民的了解与同情。

1920年10月，彭湃与同在日本留学的李春涛等在东京神田区"松叶"寓所，发起组织"赤心社"，表示专心学习俄国。该社的宗旨是，以《共产党宣言》为"母本"，以俄国十月革命为"先声"，"赤心报国"。② 该会出版《赤心》，组织会员学习《共产党宣言》《社会主义问题研究》等书刊，讨论十月革命。

1920年11月，彭湃和赤心社成员参加了日朝进步人士成立的可思母（又译"戈思母"）俱乐部，学习和研究马克思主义。它的成员除日本人外，还有中国、朝鲜、东南亚、欧美诸国的留日学生，以及俄国的爱罗先珂等人。彭湃参加了可思母俱乐部举办的学习研究马克思主义的各种讨论会。为更好地学习和研究社会主义学说，彭湃还经常到好友所在的帝国大学听日本最早的马克思主义传播者河上肇博士讲课，并与日本早期社会主义运动活动家堺利彦等接触交往。

他还积极参加了日本劳动人民庆祝五一国际劳动节等活动，并进一步结识了河上肇等马克思主义传播者。1920年参加了支持农民反对地主的法庭斗争；1921年参加了对佃农纠纷的实际调查。与此同时，彭湃还参加了劳动者同情会，进一步接触了工人、农民和其他劳动者。此外，他还听了日本进步学者讲授的关

---

① 彭湃. 彭湃文集 [M]. 北京：人民出版社，1981：42.

② 陆精治. 彭湃在日本 [M] // 刘林松，蔡洛. 回忆彭湃. 北京：人民出版社，1992：148.

于农民问题、农村问题的课，参加了日本进步团体——建设者同盟组织的对一个县的佃农纠纷的实际调查。这些经历，都为他在回国后逐步开展农民运动作了思想上和理论上的重要准备。

彭湃在探讨和实践中，开始认识到："人类之痛苦是由于经济制度所造成的，所谓富者良田万顷，贫者无立锥之地。这种阶级之悬殊，使少数人享福而绝大多数人不得温饱，因此，要解放全人类，就必须起来推翻不合理的经济制度，建立社会主义的经济制度。"

（二）理想信念一经选定，终身不移坚守与传播

1. 积极传播社会主义和马克思主义

1921年5月初，彭湃接到祖母病重的家信，于是匆匆写完毕业论文交给学校，来不及参加毕业典礼就回国了。回国前，日本的中国共产主义小组负责人施复亮和彭湃谈话，谈话中彭湃认为"中国是农民占多数，中国的命要依靠农民"。可见彭湃对中国革命颇有远见。不久后他在广州加入社会主义青年团，并与当时在广州工作的陈独秀、谭平山等共产党人取得了联系。

同年5月23日，彭湃回到祖国，回国时除了携带几件衣物等简便的行李外，还携带了不少马克思主义著作和进步书刊。他怀着满腔的革命热情急欲回到祖国，投身于拯救国家与民族的斗争中。

彭湃到广州后，又收到祖母危在旦夕的电报，便立刻赶回家乡。5月23日彭湃到达海丰时，其祖母苏氏已于前一天去世了。安葬好祖母后，彭湃决心留在家乡从事马克思主义的研究和传播工作。

彭湃早已是海丰进步青年熟悉和敬仰的人物，他的归来，受到进步青年的热烈欢迎。不久，他与郑志云等创办"社会主义研究社"，团结一批青年学习和研究社会主义学说。研究社社址开始是在幼石街"马氏少宗"，后迁到杂货街"锦德堂"。社会主义研究社的成员有一道从日本留学归来的李珍、林甦，还有海丰县立中学、蚕桑学校的部分学生，以及陈魁亚、郑志云、林道文、杨望、林铁史、李国珍、吴焕棠、赖鸣凤、陈修、马焕新等70余人。社会主义研究社以座谈和讨论的方式学习讨论李大钊的《庶民的胜利》《布尔什维主义的胜利》《我

的马克思主义观》等重要文章。社会主义研究社创办两个多月,就举行了 12 次座谈讨论会;同时,举办 4 次专题讲座,由彭湃主讲《社会问题的管见》《唯物史观》《资本论入门》和《世界第一个社会主义国家——十月革命后的俄国》。从此,海丰县有组织的社会主义科学的学习和研究活动就开展开来了。彭湃通过社会主义研究社的活动,积极传播马克思主义,培养了一批青年骨干。社会主义研究社还组织社员向工农群众宣传马克思主义的常识。彭湃曾亲自向海城的工人、店员、木匠等 300 多人宣讲《世界工运发展形势》。有一次,他向赶集的农民演讲《社会问题与社会主义》《农民生活与地租问题》。这些讲话,既是工农群众切身的问题,又是他们前所未闻的革命道理,使海丰工农群众耳目一新。9月 1 日,他在《新海丰》创刊号上发表了《告同胞》一文,抨击私有财产制度的罪恶,主张破坏"现社会",建立一个新社会。

1921 年 7 月 30 日,彭湃又发起组织"劳动者同情会",它与社会主义研究社是姐妹组织,它有不少成员是社会主义研究社的成员。会员们组成"演讲团""剧社",深入城镇农村宣传马克思主义和新文化。同时,开展社会调查。通过这些活动,一方面,对广大的工农群众进行了马克思主义和新文化的宣传;另一方面,增进了会员对社会的了解和认识,加深了他们与劳动者的感情,密切了彼此间的联系。彭湃在《劳动者同情会的缘起》一文中写道:"今日的社会状态,无论同一地方及同一语言的人,常见智识阶级所谈论演说的,贫民阶级好像'鸭仔听雷',一些不懂!这岂不是现社会一种怪象吗?教育与贫民分离,这是个铁证!我们知道现代教育的缺陷到了这个地方,特组织劳动者同情会,表同情于劳动者。凡我们能力所能及的,必欲与劳动者协力工作,互相扶助,交换智识,以促成教育和贫民相接近。"① 在彭湃的引导下,会员们经受了锻炼,收获很大。如有的会员参加了这些活动后,就深有体会地写道:"我们不能离开社会而独立生活,社会的幸福与痛苦,就是我们的幸福和痛苦。社会与吾们有这样密切的关系,故我们对于社会,当尽我们之力量去改造它——实行社会运动。"他们还认识到"欲改造社会,须调查社会生活的程度,须先明白社会生产的力量",即开

---

① 彭湃. 彭湃文集 [M]. 北京:人民出版社,1981:1-2.

始懂得用马克思主义的一些原理去剖析社会经济制度。由于劳动者同情会活动及其影响，海丰知识分子中这种"自五四运动以来，服务社会，劳动同情的声浪，一天高似一天"①。

1921 年 8 月，彭湃到广州，参加中国社会主义青年团，并与陈独秀、谭平山等人取得联系，商讨建立广东共产党组织事宜。

由于彭湃的工作很有成效，8 月 12 日，海丰部分学生请愿，要求彭湃担任劝学所所长。

1921 年 9 月，彭湃与海丰县联合会筹办双月刊《新海丰》，宣传社会革命，传播马克思主义。9 月 1 日，彭湃写了反映他在这一时期对社会主义认识的代表作之一《告同胞》。该文的主要内容是：其一，用马克思主义阶级分析观点，分析现实中国社会的法律、政府、国家的状况以及私有财产制度与它们之间"互有连带的关系"。其二，指出需要给现在社会"找个治疗的手术"——"社会革命"。而这个社会革命，"就是实现'社会主义'的一种手段"。其三，剖析社会上对"社会主义"的一些误解（如社会主义是"提倡公妻"、是"无法律"等，为社会主义正名）。其四，强调不能以实现社会主义"极难做到"，而放弃今日应有的努力。

1921 年 10 月，彭湃正式就任海丰劝学所所长（后改称为教育局局长）之职。他邀请了一批思想先进的朋友如杨嗣震、李春涛、林甦、陈魁亚等人，分任县立中学、工读学校第一高等小学和教育局的教职员工，以便扩大宣传社会主义革命活动，实现救国的理想。任内，彭湃整顿教育行政机构，刷新人事；发展农村教育，增办女子学校；开辟教育经费来源，改善教师生活待遇；革新教材内容；提倡体育运动。他还兼任过海丰中学、陆安师范的教师，传授知识和技巧，灌输马克思主义。1922 年 2 月，彭湃率领学生参加了拆除海丰城墙的斗争。

1922 年 3 月，彭湃到广州参加了广东社会主义青年团成立大会，并参加了由青年团员组成的白话剧社。

---

① 华南农学院马列主义教研室，广东海丰县红宫纪念馆《彭湃传》编写组. 彭湃传 [M]. 北京：北京出版社，1984.

5月，彭湃在五一国际劳动节组织全县学生举行纪念游行，并写了《五一劳动节歌》。这次游行，是我国历史上第一次纪念五一劳动节的游行。此事受到当地土豪劣绅的攻击，彭湃因此被撤销了教育局局长的职务。

1922年春，彭湃与杨嗣震、李春涛、陈淑娟、陈家修出版《赤心周刊》，该刊目的在于向学生宣传马克思主义和社会主义。彭湃亲自为该刊精心绘制封面图案。他曾在《赤心周刊》封面上画了一位满腔怒火、衣衫破烂的工人，用尽全身之力挣断了捆在自己手脚和颈项的锁链，巍然屹立在地球之上；封画上端写着"全世界无产者联合起来"的横幅标语，下端是被挣脱的锁链撒落在地上。封面表现了工人阶级敢于打破旧世界的英雄气概。彭湃在以后几期陆续用马克思、恩格斯、列宁的画像作封面，倾注了他对无产阶级革命领袖的崇敬和热爱。刊物为油印发行，每份三个铜板，发行量迅速增加。由于彭湃在学生中影响很大，因此他搞社会运动的决心也愈加坚定。6月2日，彭湃《谁应当出来提倡社会主义？》一文发表在《赤心周刊》第4期，文章指出："社会主义并不是主张社会一部分的改良，是主张全体的改造"，是"一个新的社会组织来代替他，但代替的方法，不是学那慈善家、社会改良家步步来的头痛医头、脚痛医脚的方法，是取一种破坏的方法——社会革命"。①

1922年秋冬间，海丰县成立了社会主义青年团，对外的名称是"学术研究会"，成员有郑志云、陈家修、陈振韬等。彭湃曾让林务农向各区散发团中央机关刊物《先驱》，有意把团组织向各区发展。②

2. 广东共产主义小组的发起人

彭湃加入中国共产党的时间是1921年还是1924年，一直存在争议。中共汕尾市委党校郑向东副教授经过考证，认为1921年的可能性更大些："当时，陈独秀是广东省教育委员会委员长，谭平山是广东省教育委员会副委员长，两人平时联系密切。彭湃从日本回广东时已经由施存统发展加入旅日共产主义小组，但由

① 曾文. 彭湃年谱［M］//政协广东省海丰县委员会文史资料研究委员会. 海丰文史：第十辑. 汕尾：政协广东省海丰县委员会文史资料研究委员会，1993：48.

② 曾文. 彭湃年谱［M］//政协广东省海丰县委员会文史资料研究委员会. 海丰文史：第十辑. 汕尾：政协广东省海丰县委员会文史资料研究委员会，1993：50.

于远离日本小组和上海小组，从党员活动与管理出发，必须尽快安排进入广东共产主义小组，所以，陈独秀要求谭平山吸收彭湃加入广东小组。如果彭湃没有加入过旅日共产主义小组，那陈独秀和谭平山就应该对彭湃进行一段时间的考察，但既然施存统已经吸收彭湃加入党组织，陈独秀应该马上让谭平山接收彭湃加入广东小组才对，所以，陈独秀介绍彭湃与谭平山认识的时间也就是彭湃加入广东共产主义小组的时间。谭天度也反复这样说：'彭湃同志约在1921年春夏之间到广州见陈独秀……大概他就是在这个时候加入党的''彭湃同志由日本回来时，曾到广州找过谭平山，可能就是在那个时候加入党组织的。'彭湃见谭平山是在见了陈独秀不久后的6月中旬，这样，彭湃加入广东共产主义小组的时间应该就是6月中旬。"

众所周知，中共一大于1921年7月23日至31日召开，参加中共一大的13位代表来自全国6个共产主义小组和旅日、旅法2个共产主义小组，这8个共产主义小组是中国共产党的发起组织，在中共一大之前加入这8个共产主义小组的党员就是各个共产主义小组的发起人。彭湃1921年6月中旬由谭平山介绍加入广东共产主义小组，当时中共一大还没召开，所以，彭湃也是广东共产主义小组的发起人之一。中共八七会议后党的负责人瞿秋白证明了这个事实，1929年9月，为纪念彭湃牺牲一周年，瞿秋白在苏联编辑出版《纪念彭湃》一书，书的前言有瞿秋白写的《纪念彭湃同志》一文，其中讲道：彭湃"在一九二○至二一年的时候，加入了中国共产党，他也是广东支部的一个发起人"。党的负责人瞿秋白说彭湃是"广东支部的一个发起人"，就是说彭湃是1921年中共一大前的党员。我们认为，作为党中央的负责人，在这个严肃问题上是决不会信口开河的；同时，由于时间仅隔几年，处于壮年的他记不大清楚的可能性也极小。

综上所述，本书认为谭平山吸收彭湃加入广东共产主义小组的时间在中共一大之前的1921年6月中旬，彭湃也是广东共产主义小组的发起人。

有关彭湃什么时候入党的问题，涉及1922年至1924年农民运动是不是中国共产党领导的问题，所以显得十分重要。根据海丰当地专家余俊冰的分析文章，其中提到的客观情况——"党团不分"以及"保密需要"的说法应该引起重视。

（1）中共早期党团不分是彭湃1921年入党的最好证据。

　　一直以来，大家对彭湃1921年7月入团是毫无异议的，但对彭湃的入党时间莫衷一是，版本多多，尤其是目前所惯用的1924年入党时间充满疑义，其中最大的原因便是忽略了对中共早期党团关系不分的研究。1921—1924年，党组织刚刚建立时，团组织只是党组织的一个工作机构，并无独立性。这是因为当时共产党是秘密组织，青年团是半公开的组织，党员兼任团员，团员兼任党员，党员与团员身份交叉在当时是一个普遍现象。施复亮在谈1920—1923年的社会主义青年团时说道："当时团内团员和党员的数量比例大约二比一（中共一大的时候，共产党员都参加青年团）。"1923年，施存统在《关于本团与中国共产党之关系》一文中也谈及"本团的××团员，大多是中国共产党党员；中国共产党党员，也大多是本团团员……"1921年7月，青年共产国际第二次代表大会通过的《关于共产党和共青团相互关系的决议》指出"为保持共青团内有一个共产主义觉悟的核心，所有年龄在二十至二十三岁之间的共产党员（根据各国党的代表大会或中央委员会的决定）仍然应兼任共青团员并积极参加团内工作"。中共早期党员、中共一大代表包惠僧在一篇回忆录中说："当时称党为本校，称团为预校，这是半公开的组织。当时各区的情况都差不多，先组织党接着组织马克思主义学说研究会及社会主义青年团，'会'与'团'是党的事业机构，就是用一套人马搞三方面的活动……"另外，1923年6月，中国共产党第三次全国代表大会上通过的《青年运动决议案》明文规定"社会主义青年团应开始从事于农民运动的宣传及调查"。根据上述党团关系的决议、规定、谈话和回忆录，我们可以确定彭湃1921年7月入团的时间便是其入党的时间，也明白在1921—1924年间，《彭湃文集》《彭湃研究史料》和《彭湃年谱》出现诸多有关彭湃参加广东社会主义青年团工作活动和写信给党中央领导同志汇报海陆丰农民运动的原因了，这些一直以来被党史学界误作为彭湃非共产党员身份的佐证，恰恰证明了彭湃在1921—1924年既是中共党员也是青年团员的身份，并把海丰成立中共党组织从1925年3月上旬第一次东征军到达海丰的时间，上推到1923年6月以前，也印证了海陆丰的农民运动一开始便是中国共产党领导的。

　　（2）彭湃纪念文章和战友回忆录是其1921年入党的有力证据。

　　瞿秋白和玉德所提出有关彭湃1921年入党的时间是可信的。瞿秋白在1932

年为《红色海丰》一书写序言时说："彭湃在中国共产党成立之初就加入了党，是广州支部的组织者之一。他在广州的无产者中进行了大量的工作，但是不久，他就回到了自己的家乡海丰，从此便将自己的一切完全贡献给了农民运动。"瞿秋白还把彭湃与陈公博、谭平山一起列为广州共产党早期的组织者之一。玉德撰写的《彭湃同志传略》也提到彭湃是 1921 年加入中国共产党。这是两篇较早且具有一定权威性的记载彭湃是 1921 年入党的文章。

谭平山是彭湃入党的介绍人也是可信的，1963 年 10 月 15 日海丰县党史人员曾文在北京访问致公党中央主席陈其尤时，陈其尤曾说："解放后有一次我和谭平山同志谈及彭（湃）时，谭说彭（湃）入党是他介绍的。"据胡希明在 1980年 3 月 12 日回忆道："1946 年，我在香港主办《星期报》，碰到彭湃同志的入党问题一时弄不清楚。我就去香港铜锣湾金龙台问谭平山同志，他说：'彭湃同志是于 1921 年由我介绍入党。'"[1] 颜永年在 1979 年 11 月 15 日回忆道："1959 年，红宫旧址的文物陈列，要展出'彭湃同志史略'时，碰到彭湃同志入党问题。那时，由我起草一公函，寄给中共中央组织部。不久，中央组织部复函：'根据苏联国列宁格勒档案所珍藏的档案资料称：彭湃同志是一九二一年加入共产党。'"[2] 谭天度有关彭湃入党时间的回忆："到 1921 年党的一大前后，逐步吸收运动中涌现出来的群众运动积极分子，如彭湃、阮啸仙、周其鉴、刘尔崧、张善铭、黄学增、杨殷、杨匏安、王寒烬、梁复燃等，组织逐渐扩大。"[3]

从以上各种资料分析中，我们可以认为，彭湃入党时间在 1921 年是可采信的。

早在建党初期，彭湃就写了一篇《告同胞》的文章，在该文的最后，彭湃号召大家：诸君，有志者事竟成！我们既承认现社会中种种罪恶，种种缺陷，有

---

① 谢乾生. 关于彭湃入党时间问题综述 [M] //中国革命博物馆党史研究室. 党史研究资料：第四辑. 成都：四川人民出版社，1987：310.

② 谢乾生. 关于彭湃入党时间问题综述 [M] //中国革命博物馆党史研究室. 党史研究资料：第四辑. 成都：四川人民出版社，1987：310.

③ 中共中央党史资料征集委员会. 共产主义小组：下册 [M]. 北京：中共党史出版社，1987：754.

不得不实行社会之决心，我们就应当"赶快觉悟""赶快结合""赶快进行"，"我们赶快将新社会现在我们的眼前"。①彭湃所写的这篇文章距今已有 90 多年，他所憧憬和为之奋斗的新社会，已经在中国共产党领导下部分地实现了，并将一步步继续实现着，也正因为如此，在建党 100 周年之际，在全面建成小康社会的今天，我们不要忘记彭湃同志这篇文章所表达的远大而坚定的共产主义理想，不要忘记他为实现这一理想而不惜献出宝贵的生命。

以彭湃为代表的海陆丰早期马克思主义者，在马克思列宁主义基本原理指引下对解决中国问题、解决海陆丰问题的思考，是稍后轰轰烈烈的农民运动得以开展、海陆丰三次起义得以举行、人民军队得以诞生、海陆丰苏维埃和海陆丰（东江）革命根据地得以创建的最重要的思想准备与思想基础。这一红色基因，从历史角度对 90 多年后中共十九大党章总纲部分对马克思列宁主义的论述是一个有力的诠释，即"马克思列宁主义揭示了人类社会历史发展的规律，它的基本原理是正确的，具有强大的生命力。……坚持马克思列宁主义的基本原理，走中国人民自愿选择的适合中国国情的道路，中国的社会主义事业必将取得最终的胜利"。

二、彭湃的革命乐观主义精神

彭湃的革命乐观主义精神是众人皆知的，大家都称他为"快乐之神"。在艰难的南昌起义部队南下的路上，彭湃好像一个不知疲倦的人，"在路上，他是上层指导人员中精神最活跃者之一。别的人都为疲劳与溽暑苦恼着，而彭湃，始终象一只活跃的野猫，似乎在他的脑筋中，不知道有苦闷，困难，烦恼的因子。他走起路来，总是连走带跳般的，有时故意装成蹩子，一蹩一蹩的弯着走，以引同行者的欢笑。广东东江流行的情歌，他天天在唱：'妹妹爱郎郎不爱……'他故意装出种种的怪声怪音来唱这些情歌。……赶到赣东石城瑞金一带的时候，大家已经疲劳到不堪，而赣东的大山，连绵不绝，每个山岭都仿佛是愈走愈高，愈走愈险，但这些困难，是不能把彭湃克服的，倒是彭湃克服了这些困难，他的精神始终是这样兴奋地紧张地一贯的支持着，而且他想尽了种种方法，以煽动同行者

---

① 彭湃. 彭湃文集［M］. 北京：人民出版社，1981：5 - 7.

的兴味。他在一路上，跟着写路标的地方，写着一些使人发笑的文章，例如："同志：快快走，走到广东吃月饼。""你的爱人在前面等你。你还不快快走吗？""哼！你走不动吗？勇敢一点快走！"一类，他是到处写满着，有时还要在这些妙文下面画一些牛狗马羊之类，那简直画得太可笑，因为他不是美术家，压根儿就没有干过这玩意儿，所以他画的牛，也就可以说它是狗。但愈是画得不象样，愈是滑稽得使人发笑。他画一只牛，上面写着'谭平山同志的尊大人'。这样，谭平山看见了固然要发笑，而任何人见了，就是在极端悲哀之中，都要破泪一笑。因此，彭湃在这一行人中就被大众拥护为'快乐之神'了"①。

只要有机会，他就给战士们唱歌，讲故事，鼓舞斗志；他向群众演讲，宣传南昌起义的意义，宣传共产主义理想和信念。很多人不知道，这个经常跑来跑去作宣传、时不时扮小丑的人竟然是党的政治局委员、南昌起义革委会委员，大名鼎鼎的农民运动大王！

"在汤坑打了败仗以后，我们从火线上退下回来在回揭阳城的途中，大军在一个地方休息。他跟总指挥贺龙同坐在一株大树底下，贺龙的神情是很苦闷的，而彭湃依然是这样欢乐。他看见了我们，很兴奋地告诉我们：'这次在汤坑稍为有点损失，这是不算什么一回事的，刚才我接到农民协会的报告，海陆丰卅万农民已起来响应我们。'"②

在最困难的时候，彭湃选择坚持与群众在一起。当攻打果陇的时候，彭湃住在普宁的赤水村。因为过于劳累，他病倒了，发高烧，又呕吐。可是，为了布置攻打反动据点果陇，他用湿布缠在额头上，泼上冷水降温，坚持工作。部队出发后，他昏睡了一会儿，醒来时，第一句话就是询问："果陇打得怎样了？"听了汇报之后，他又考虑对策，彻夜未眠，指挥战斗。后来因形势紧张，彭湃的行动不得不加以隐蔽。他待在白马仔、溪尾等村的两三个月中，每天上午多是藏在岩洞里工作，下午和夜间就到各乡村去活动。就是在这样险恶的情况下，他还是精

① 吴明. 彭湃印象记［M］//《彭湃研究史料》编辑组. 彭湃研究史料. 广州：广东人民出版社，1981：356.

② 吴明. 彭湃印象记［M］//《彭湃研究史料》编辑组. 彭湃研究史料. 广州：广东人民出版社，1981：357.

神焕发地表现出革命乐观主义精神，深深地影响和鼓舞着革命群众和战士们的斗志。①

三、彭湃利用各种手段来宣传革命道理

彭湃多才多艺，不愧为共产党著名的宣传鼓动家。他最善于以通俗的语言宣传马克思列宁主义的道理。在农民运动初期，他就很注意对广大群众进行阶级教育，他特别善于揭发地主阶级的罪恶，以激发群众的阶级仇恨。有一次他叫《海丰日报》的周大洲起草一个布告（《告群众书》），周大洲写好后给他看，他看后就指出宣传阶级教育这一点不够，要求加强这方面的宣传内容。

彭湃强调作宣传要有主题。他经常对农民演讲，特别强调这一点，结合当时的革命形势，以阶级斗争作为指导思想，他是很明确的。在向群众宣传时，他从积极方面向群众指明未来的世界是社会主义和共产主义，使群众看到光明的前途，他还特别教育干部和群众树立毫不妥协的精神，把革命坚持到底，鼓励干部树立不畏强权、不怕牺牲的革命精神。

彭湃强调作宣传要用心思。他设计了黑赤两色分四联合的农会旗帜，以示海陆丰"乌（黑）红旗"械斗的历史终结，号召农民团结起来，一起解除沉重的压迫剥削。由此，农会的旗帜在广东高高飘扬，农会星火在广东迅速蔓延起来。

彭湃强调作宣传内容要注意避免空谈，也不要掺杂谩骂词句，不空喊口号，注意联系实际，以活生生的事实来教育群众，这样做很深入人心。

在彭湃的要求和带动下，当时宣传的方式确实是多种多样的，宣传的工具也得到充分利用。彭湃还充分利用各种工具来宣传革命道理，比如报刊、演讲、歌谣、话剧、戏曲、美术、口号、标语等。

（一）利用报刊宣传革命道理

彭湃等领导同志十分注意用报刊来教育党员，提高党员的思想认识。第二次

---

① 华南农学院马列主义教研室，广东海丰县红宫纪念馆《彭湃传》编写组. 彭湃传［M］. 北京：北京出版社，1984.

东征以后，主要的宣传武器是报纸。中共海丰县委出版了《海丰日报》《暴动日报》《东江革命报》《红旗周刊》等报纸和《出路》《布尔什维克》等刊物，陆丰县委有《县委通讯》《暴动周刊》等，这些报刊使党员和革命群众都能及时地了解党的路线、方针、政策，对大家更好地配合党的工作起了重要的作用。

（二）利用演讲宣传革命道理

1919 年 5 月，彭湃成立讲演队。

刚开始到农村做宣教工作的时候，彭湃主要采取个别谈话的方式来唤醒农民的阶级觉悟，但效果不好。于是，他就改变宣传方式，采用个别谈话与演讲相结合的方式。他经常到农民聚集较多的龙山天后庙前的大路口去搞宣传发动。当人少的时候，他就采用个别谈话的方式，当听的人越来越多的时候，就变成演讲的方式，用通俗易懂、生动形象、充满激情的语言大声向农民讲他们为什么痛苦，讲地主压迫、苛待农民的事实，以及农民如何得到解救等革命道理。有一次演讲，他讲道："地主霸占了土地，剥削了我们的劳动，弄得我们家破人亡……我们要反抗！……联合起来，组织农会，向地主提出减租。我们人多，力量大，地主肯定敌不过我们的。"像这样一次次振聋发聩、发人深省的演说吸引了越来越多的农民前来听讲，激发了他们潜藏已久的阶级觉悟和革命斗志。

在以后的斗争中，每次有重大活动或群众大会，彭湃只要出席，都要发表演讲，甚至在欢送、欢迎仪式上也会抓住机会演讲，向群众宣传革命道理。例如1926 年 1 月，彭湃到普宁处理农民与地主冲突事件，普宁农会组织很多农民去欢迎彭湃，彭湃抓住这个机会向他们演说，演说大意为：大家知道这回的胜利是怎样得到的？为什么地主劣绅要在今天上午 10 点的时候解决？今天这种解决并不是出于地主劣绅的诚意，是他们听说省农民协会代表来了，省农民协会有八十万有组织的农民，所以他们有点害怕，要在省农民协会代表未到以前解决，这样的胜利等于地主阶级给点糖饼送小孩子一样！地主阶级正在运买枪支，建筑涂城，明明是将来要与我们农民作一次最后的战争，我们自己更要加紧努力，购买枪弹，不要忘记了团结和武装自卫！果能这样，将来一定可以取消地主对于农民的各种不平的待遇。①

彭湃的演说十分通俗生动，煽动力极强。比如在海丰苏维埃成立大会上的演讲："各位代表兄弟可以看看，我工农革命军占领了海丰，海丰的情形便焕然一新。这几天为了要开大会，情形就更加不同。满城的红旗招展，马克思路、列宁路、中山路两旁，都写着红色的标语，我们的会场内外都挂着红布，居然把全城变成红色的海丰。现在贫苦的工农群众个个兴高采烈，俨然象过新年一样。回想起往常将要过新年的时候，我们一班贫苦的兄弟愁着米，愁着柴，愁着油盐，又愁着鱼，愁着蚶，愁着猪肉；手头无钱，持着篮子在街上不知如何是好！不幸被财主碰见，被他一把拉住，三下拳头，四下巴掌，打得双目垂泪，哀求饶命！乡下的农民兄弟也是一样，无谷还租，年边田主追讨更紧，要是不还，'虎佃吞租'四个字便把你送进衙门去！恶霸下乡，四处搜索，农民只好跑去蔗林逃避。今天就不同啦！现在海丰已经建立苏维埃政权，取消了一切债务，把田地归农民。"②

这些生动、风趣、精彩的演讲吸引了全体工农兵代表，并给他们以巨大鼓舞，使他们的革命情绪高涨。

在革命斗争中，彭湃十分注意在群众斗争的大场面进行大鼓动、大宣传。群众大会之前，一般先派宣传员下基层宣传，开大会时专员分散到会场四角，每人站在一张椅子上，向群众进行宣传。事先深入发动，开大会时进行大鼓动，气魄很大。对群众的宣传，多是在夜间进行，当时宣传员不辞劳苦，拿着灯笼就去，无论刮风下雨，都要去，工作热情很高。

武装队伍出发打仗时，多数要组织群众欢送，打了胜仗也组织欢迎。这种场面十分动人。

（三）利用歌谣来宣传革命道理

彭湃编写生动的歌谣，教农民诵唱。在唱歌谣的同时，让农民也学到了朴素

①　《彭湃研究史料》编辑组．彭湃研究史料［M］．广州：广东人民出版社，1981：228.
②　华南农学院马列主义教研室，广东海丰县红宫纪念馆《彭湃传》编写组．彭湃传［M］．北京：北京出版社，1984.

的革命道理。歌谣是群众喜闻乐见的一种教育、传播形式，用歌谣来宣传革命道理容易为广大人民群众所接受，因而，彭湃利用这个特点，亲身创作了很多新民谣，为千古传唱、遍及海陆丰地区的民歌赋予了革命的内容，具有浓厚的民众性和地方色彩，强烈的宣传性、鼓动性和革命气势，鲜明的即兴性和民歌韵味。他撰写的歌谣有几个特点：一是把艰深的革命道理用生动易懂的语言表达出来，让农民等缺乏文化教育的人一听就明白，这是十分不易的，体现了彭湃驾驭文字的能力；二是朗朗上口，十分易记，而且容易传唱、扩散、传播；三是鼓动性很强，让人听了精神大振，起到团结人、鼓舞人的作用。

彭湃创作的歌谣都很有影响力，其中最出名的一首是《田仔骂田公》，他指出：这个旧世界十分不合理——"田仔耕田耕到死；田公着厝［在家］食白米""做个［的］颠倒［反而］饿；懒个颠倒好"，提出"有来耕，有来食，无来耕，就请歇"，"团结起来干革命，革命起来分田地。你分田，佤［我］分地；有田有地真欢喜"。这首歌谣影响极广，老幼能唱，对鼓动农民参加农会和发动农民运动起到了很大的宣传作用。

《无道理》也很有名，这首歌谣通过揭露社会对待死人——"死了一个人，吃饱通乡里［全村］"的不合理做法来引起听者的共鸣——"生做个穷人，死唔［不］当只狗"，然后巧妙切入造成这种不合理现象的根源是制度问题，解决的办法就是"打倒地主分田地"，最后人民当家作主人，"千家兴，万家好"。

彭湃用歌谣来宣传革命道理十分注重因势利导。当时，海丰县的农民有去庙里拜菩萨的习俗，彭湃十分尊重农民的这一习俗，并且同农民一起去。一次，拜完菩萨，彭湃站起来说："我们年年拜菩萨，为什么一直受苦受累受压迫呢？看来靠菩萨是靠不住的，还是要靠我们自己。靠我们联合起来，推翻'三座大山'，才有好日子过。"为此，彭湃编了一首《铲除迷信》的歌谣。

彭湃创作的红色歌谣据说多达几十首，笔者极力收集才收集了十余首，现附录于下：

无道理

无道理，无道理，

死了一个人，吃饱通乡里［全村］。

太不该，太不该，

地主来讨债，孝子哭哀哀！

真可恼，真可恼，

生做个穷人，死唔［不］当只狗。

莫烦恼，莫烦恼，

大家合起来，打倒地主佬！

打倒地主分田地，

千家兴，万家好。

分田歌

分田地来分田地，

田地分来无差异，

肥瘠先分配，

远近皆一体；

不论多与寡，

劳动合规矩。

且看从前旧社会，

富人享福穷人死。

皆因制度坏，

生出豪绅与地主；

强占天然公有地，

屠杀农民肥家己［自己］。

此苦绵绵长千年，

数千年来数千年，

今日劳动夺政权，

打倒豪绅与地主，

还我农民自耕田。

自耕田来自耕田，

大家努力齐向前。

农民兄弟真凄凉

山歌一唱闹嚷嚷，

农民兄弟真凄凉，

透早［早上］食碗番薯糜［稀饭］，

夜昏［晚上］食碗番薯汤。

半饥半饱饿断肠，

扎［住］间厝仔［小屋］无有梁。

搭起两间草寮屋，

七穿八漏透月光。

抗债歌

债欠多，

田割无，

地主佬来上山讨。

讨呀，讨无钱，

牵猪①剥鼎②真惨凄，

大人想去死，

郎仔［小孩］哭啼啼。

地主收租食白米，

---

① 牵猪：把猪牵走。
② 剥鼎：抬走铁锅。

耕田之人饿走死；

土豪劣绅来压迫，

匪军又来抢，

农民真惨凄。

一年到头食唔饱，

镰刀放落［放下］瓮生丝①。

偓［我们］大家团结起，

土豪劣绅来压迫，

敌人敢来抢啊，

共同合力刽［杀］死伊［他］！

田仔骂田公

（一）

咚呀！咚！咚！咚！

田仔［农民］骂田公［地主］！

田仔耕田耕到死；

田公着厝［在家］食白米！

做个［的］颠倒［反而］饿；

懒个颠倒好！

是你唔知想②！

唔是命不好！

农夫呀！醒来！

农夫呀！嫑［不要］戆［傻］！

地是天作！

天还天公！

---

① 瓮生丝：米缸长出蜘蛛丝（形容米缸没有米）。

② 唔知想：不懂得想。

你无份！偃［我］无份！

有来耕，有来食，

无来耕，就请歇①！

（二）

咚咚咚！

田仔骂田公：

田仔做到死，

田公吃白米。

咚咚咚！

田仔拍［打］田公。

田公唔知死，

田仔团结起。

团结起来干革命，

革命起来分田地。

你分田，偃［我］分地；

有田有地真欢喜，

免［不用］食番薯食白米。

咚咚咚！

田仔拍田公。

田公四散走②，

搭［拿］包斗，

包斗大大个，

割粟［割稻］免用还。

① 请歇：意思就是别想吃白米。
② 四散走：四处逃跑。

先将约正①拍拍死

约正无道理，

喊［叫］僱去送死；

僱去祭大命［送死］，

伊倒扒毫子［捞钱］。

大家合起来，

先将约正拍拍死！

劳动节歌

今日何日？

"五一"劳动节，

世界劳工同盟罢工纪念日。

劳动最神圣，

社会革命时机熟。

希望兄弟与姊妹，

"劳动"两字永牢记。

起义歌

我们大家来起义，

消灭恶势力；

如今大革命，

反封建、分田地；

坚决来斗争，

建设苏维埃；

工农来专政，

---

① 约正：旧时的乡长（相当于现在的村长）。

实行共产制；

无产阶级世界革命，

最后成功！

偃（我）爱手枪和炸弹

日头［太阳］出来对面山，

欢送阿郎去打仗；

打了胜仗阿郎返，

偃爱手枪和炸弹。

铲除迷信

神明神明，

有目［眼睛］唔明，

有耳唔灵，

有足［脚］唔行，

终日静坐，

受人奉迎。

奉迎无益，

不如拍平。

拍平拍平，

铲除干净。

人群进化，

社会文明。

革命青年要向前

革命青年要向前，

投进红军莫迟延；

为着群众谋利益，

不怕牺牲不要钱。

帝国主义国民党，

个个打倒莫留情。

实行东江总暴动，

扩大苏维埃政权。

打倒中国国民党，

拥护革命共产党。

打倒青天白日旗，

拥护铁锤镰刀旗。

实行工农兵暴动，

建立工农兵政府。

工农兵联合起来，

革命成功万万岁！

这些革命歌谣带着红色的火焰，飞遍海陆丰大地，传遍崇山密林。红色歌谣激起的是万丈的革命热情，给予海陆丰革命老区乃至整个粤东地区人民的是无尽的斗争力量。受其影响，古大存、李坚真等东江革命根据地的领导人纷纷创作革命歌谣，红色歌谣成为宣传革命的利器。

（四）利用话剧宣传革命道理

早在 1919 年五四运动期间，彭湃就曾经在海丰组织白话剧团。彭湃在日本留学时，每次暑假回来，都要演戏，经常兼编剧、导演、演员于一身。有一次演出《打倒帝国主义》，他和李国珍二人扮演日本警察，内容是揭发日本的反动统治。他演过以刺杀伊藤博文为题材的白话戏《朝鲜亡国恨》，也演过《山河泪》，以旧形式的戏，以打红面象征共产主义，以打白面象征封建主义。彭湃还请戏班的老演员教过动作。这种宣传形式的特点是善于利用群众喜闻乐见的传统艺术，使群众很容易分辨好人坏人。[①] 彭湃从日本回国后，仍然经常组织白话戏（即话剧），亲自担任编剧、导演、演员。有一次，彭湃、郑志云、林道文等人在海城城隍庙的戏台上演白话戏，剧名是"缩影"。这个戏描写旧社会农民在地主阶级压迫剥削下，过着非人的生活，只有起来革命才有出路的故事。彭湃扮演一个惨苦的农民，他在地主阶级的压迫剥削下，为了活下去，不得不卖妻鬻子，但还是不能解决问题，最后又不得不去偷一家富人的衣裳，恰被巡夜的更练（团练，由郑志云扮演）看见，一直被追，直到躲在一个偏僻的土窟里才免于被抓。但他肚子很饿，在路过名园村时，见到果园里结满累累的柚子，便偷了一个柚子，放在头上。结果又被更练发现，他以一把利刃插到这个农民的头上，恰巧插到柚子里，这个农民才免于受难。这时天已将亮，适有一个农民（由林道文扮演）要下田耕作，见此情况，制止了更练的行动。彭湃借助这部话剧，教育广大农民：在万恶的旧社会，穷人日夜劳苦也不能摆脱悲惨的命运，唯一的出路只有联合起来干革命。[②] 1922 年 3 月，彭湃在广州参加由社会主义青年团发起组织的白话剧社，该剧社曾上演过揭露资本主义罪恶的 6 幕话剧，剧社由谭平山任主任，彭湃等负责配景并担任演员。因而，有人评价彭湃："他还是一个有相当才能的艺术家呢！他家里墙壁上挂的那些思想家肖像和自画像都是他自己艺术才能的表白。如果不是革命的行动占去了他全部时间，谁能断定他不成为一个优秀的艺术家呢？"[③]

（五）利用戏曲宣传革命道理

海陆丰长年有几十个戏班子，数以千计的演员终年活跃在城乡群众之中。彭湃深知戏剧的功能，认为这是一支不可忽视的力量，必须对艺人和戏班予以争取、团结、教育、改造，使之跟上革命形势，服务于农民运动。

由于彭湃的祖辈曾起过一班西秦戏（叫"振亚东"），因此，他有机会接触

---

① 曾文. 周大洲同志访问记录 [M] //中共海丰县委办公室. 海陆怒潮. [出版地不详]：[出版者不详]：5.

② 钟一致. 担任海丰县教育局长时的彭湃 [M] //刘林松，蔡洛. 回忆彭湃. 北京：人民出版社，1992：158.

③ 瑶华. 一个生死于理想的人 [M] //《彭湃研究史料》编辑组. 彭湃研究史料. 广州：广东人民出版社，1981：366.

艺人，学会了拉弦唱曲。农民运动期间，当他拖着疲惫的身子回到"得趣书室"（彭家书室，后为彭湃指挥农民运动之所）时，常邀集一些演员搞点娱乐。他们唱曲，彭湃拉弦。无论正线调《刘锡训子》、西皮调《斩郑恩》，还是二黄调《柴房会》等，他都大显身手，和得很合拍。所以艺人们更觉得他是"自己人"，敢于接近，乐于与之交往。因此，他与艺人广交朋友，如西秦戏的戴净、玉生、发旦等都是他的座上客，经常请他们到"得趣书室"，谈戏论戏，并教育艺人要演好戏，不要做坏事，做个有益于人民的人。他还教育干部要特别看待艺人，说："唱戏的，被反动派视为废人，我们则应该看作'善废人'，要格外爱护。"彭湃有时还亲自登台向观众说戏文。如有一次借白字戏在其家门口的龙舌埔演出《王双福》之机，登台痛斥封建压迫，号召青年男女联合起来反对包办婚姻，争取独立自主，使艺人和观众都受到教育。他在一篇农会工作报告中记载："本年（1923 年）旧历正月二十，该会发起开农民新年同乐大会，到会会员达五千余人，鼓乐喧天，极一时之热闹。该会宣传部白话（广东话）剧团演《二斗租》之农村悲剧，当一贫农被田主之侮辱时状最可哀，观众悲愤交集，会场为之鼓噪，年迈农夫睹此，不觉老泪夺眶。"彭湃还以白字戏的形式写过宣传材料，甚至把用广东方言表演的时事剧推广到乡村，在农会宣传部下设粤剧团。

1925 年海陆丰农运在蓬勃发展、扩大，各种革命群众团体，如工会、商会、妇女会、学生会、少先队、儿童团等纷纷建立，与此同时，海陆丰戏曲艺人在彭湃的领导和关怀下，于 1925 年 10 月成立了梨园工会，并把班主制戏班改造成集体制戏班。大凡正字戏、西秦戏、白字戏的艺人（除班主外）都参加了这个红色工会，并积极参加革命活动和宣传工作。1927 年 11 月，海陆丰苏维埃大会成立时，艺人们热情地参加了庆祝活动。接着，在第一次苏维埃大会上，通过了关于改良戏剧的决议案。并且，在彭湃的亲自领导下，以当时当地的真人真事为题材，编演了一出反封建压迫的大型白字戏《彭素娥》，又整理上演了歌颂明代农民起义的剧目《李闯王》，吸引了很多观众。

（六）利用美术宣传革命道理

彭湃认识到美术（图画）宣传对中国革命的重要意义，并身体力行去做。

吴明在《彭湃印象记》中写道，彭湃一路上不仅写了一些使人发笑的文章，有时还要在这些妙文下面画一些牛狗马羊之类。"因为他不是美术家，压根儿就没有干过这玩意儿，所以他画的牛，也就可以说它是狗。但愈是画得不象样，愈是滑稽得使人发笑。他画一只牛，上面写着'谭平山同志的尊大人'。这样，谭平山看见了固然要发笑，而任何人见了，就是在极端悲哀之中，都要破泪一笑。"①从这件事可以看出彭湃对美术宣传的重视。

其实，这个作者对彭湃的美术功底不大了解。彭湃的美术功底很好。他留日学成归国，本来有人推荐他去高校教美术，事实上他还真当过美术老师："1921年秋，彭湃从日本留学回国。他谢绝了陈炯明以高官厚禄的诱惑，于同年十月担任了海丰县第二任劝学所（即教育局）所长一职（第一位所长是留美学生陈伯华先生）。当时，我正在海丰县第一高中念书。由于我校无美术教师，因此由彭湃兼任。我记得，有一次彭湃给我们上美术课。他先在黑板上画了一支文明棍，同学们见后你看看我，我看看你，都不明白是什么意思。彭湃解释说：'这支文明棍，是土豪劣绅用来打人的！'接着，他又画了一把锄头，并解释说：'这是农民的生产工具。他们用这把锄头养活了许多人。他们终日辛辛苦苦地种田，收获的稻谷大多被地主抢去，自己却吃不饱！'还有一次上课时，彭湃在黑板上画了一张人头像。他问大家：'你们认识不？'同学们摇摇头。彭湃和蔼可亲地解释道： '这是马克思，德国人，全世界劳动人民的导师，他要解放全人类……'"②

据曾文《彭湃年谱》记载，1921 年 5 月 23 日，彭湃经广州回到海丰，抵家时祖母苏氏已于 22 日逝世，他在灵前用墨笔追绘遗像，栩栩如生。彭湃在担任海丰县劝学所所长时在劝学所中厅挂上自己画的马克思、克鲁泡特金水墨画像，在门口贴上对联，"漫天撒下自由种，伫看将来爆发时"。他曾在《赤心周刊》封面上画了一位满腔怒火、衣衫破烂的工人，用尽全身之力挣断了捆在自己手脚

---

① 吴明. 彭湃印象记［M］//《彭湃研究史料》编辑组. 彭湃研究史料. 广州：广东人民出版社，1981：356.

② 马世畅. 难忘的岁月（上）［M］//汕尾市政协文史资料委员会. 汕尾文史：第十一辑. 汕尾：汕尾市政协文史资料委员会，2001：38－39.

和颈项的锁链，巍然屹立在地球之上；在以后几期陆续用马克思、恩格斯、列宁的画像作封面。彭湃连难度很大的人物都可以画得惟妙惟肖，画一只牛、狗当然不在话下。之所以"画得不像"，估计是想起到一个好笑的结果吧。

彭湃担任第一届农民运动讲习所主任时，亲自给农民运动讲习所学员上课。一次，彭湃在讲授"海丰及东江农运状况"一课时，谈到广大农民在帝国主义、封建主义和地主豪绅的重重压榨下，过着"终日在地主的斗盖、绅士的扇头和官府的锁链中呻吟"的悲惨生活。这时，只见彭湃拿起粉笔，在黑板上画了一个衣不蔽体、骨瘦如柴的小孩。然后对大家说，这个孩子为什么穿得那么破烂、瘦得那么可怜呢？这是因为他们的父母，经不起地主豪绅的剥削，拿不出钱来给小孩买衣服穿。我们在乡下看见农民的小孩，穿的衣服多数有了数十年的历史，经其祖宗几世穿了遗留下来，补得千疮百孔，硬得像铁皮一样。吃的是芋头和菜叶之类的东西，因为饥饿，所以手足都瘦得像柴枝似的，面青目黄，肚子则肥胀如兜肚状……①

（七）利用口号宣传革命道理

彭湃十分重视口号和标语的宣传作用。我们从革命历史文献中可以看到，比如海丰县总农会成立时，他亲自拟定了口号："不劳动不得田地，不革命不得田地。"又比如1928年2月26日《东江特委给省委的报告》："第一，各地党部及各团体机关，须通电反对，尤其是群众武装大会的示威，一致高呼'反对一切军阀进攻海陆丰''拥护工农兵苏维埃的海陆丰''放弃海陆丰是全东江工农群众的耻辱'等口号。……第三，通海陆丰的要道市镇乡村，须广贴散发对敌人兵士宣传品，尤其是'贫苦的兵士不应受反革命长官的欺骗来进攻农兵的海陆丰'等口号。""对敌军士兵作广大宣传，各要路、市场、乡村皆遍贴及散发对敌人士兵宣传品，各要路并插木板上写标语。各赤卫队身上亦带对敌兵士宣传品，敌人经过的山路，我们并派人在山上高呼口号。"② 又如1928年5月17日《东江特

---

① 广州农民运动讲习所纪念馆. 毛泽东同志主办农民运动讲习所［M］. 上海：上海人民出版社，1978：37.

② 《彭湃研究史料》编辑组. 彭湃研究史料［M］. 广州：广东人民出版社，1981：41.

委给省委的报告》中要求"定出适合各地口号、传单及宣传大纲，并发动群众，各县至少需宣传〔员〕一千人以上"①。

彭湃经常就各个斗争时期的主要任务亲自拟定宣传口号。比如海丰县总农会成立后，对外提出了改良农业、增加农民知识、作慈善事业的口号，对内则提出了减租、取消"三下盖"、取消"伙头鸡""伙头鸭""伙头钱米"和"不给陋规与警察"等口号。这些问题，都是农民最迫切要求解决的。当时彭湃因觉得减租条件不成熟，还预备作 5 年的准备后再实行。但 1923 年受灾后，他及时领导农民开展减租斗争，并注意不提出过高的要求，决议以减租 7 成为最高限度，收获不足 3 成者照数减之，如全无收获者则免交，以利于减租斗争的开展。为了防止地主夺地，加强农民的团结，他提出了"同盟非耕""穷人联合"等口号，即地主对农会会员易佃加租时，其他会员不能去耕种，对非会员也加以说服，不予接受，如地主坚持不让原佃户耕种，则所有人都不去耕种，让土地荒芜，从而保障了农民的租佃权，防止了地主的破坏，加强了农民的团结。

至于每次重要会议、重大集会，开始、中间、最后高喊口号几乎是当时的"规定动作"。很多文件、彭湃讲话原稿上都附有口号，说明当时对口号的宣传作用是十分重视的。比如在海丰苏维埃成立大会（海丰县工农兵代表大会）上，彭湃代表中国共产党中央执行委员会演说，最后结束语为："我们的口号是：工农兵团结起来！打倒大地主土豪劣绅！实行土地革命！解除反动武装！一切武装交还工农兵！一切政权交还工农兵！土地革命成功万岁！世界革命成功万岁！"

（八）利用标语宣传革命道理

用标语作宣传，是共产党传统的宣传手段之一。

彭湃的美术、书法功底深厚，只要有空，他自然担负起刷写标语的任务。比如在艰难的南昌起义部队南下的路上，人们经常可以看到彭湃利用休息时间刷写标语。他还带动农会、农军骨干和红军战士刷写标语，于是，海陆丰革命根据地到处可见各种标语，并逐渐流传到全国。

---

① 《彭湃研究史料》编辑组．彭湃研究史料［M］．广州：广东人民出版社，1981：47.

当红军战士在泥墙上粉刷"平分土地""实现土地革命"的时候，他们并不是在宣传什么空虚的口号，而是大声地说出了父老乡亲祖祖辈辈的心声，说出了弱者们卑微而热切的愿望。正因如此，当地群众始终将这些标语视若珍宝，即便是在国民党部队反扑的血雨腥风中，也要想尽办法将其保存下来。有些群众在标语上面覆盖稻草再刷上黄土浆或石灰（这样撕掉就可以见到原来的标语了），中华人民共和国成立后一些地方还可以看到土地革命时期的标语。

彭湃十分注重创新。1925 年东征胜利后，海陆丰很流行一种木刻的标语。成立苏维埃时期的标语，多是陈赤华自己写自己刻的。彭湃十分赞成、推广这种新式标语。

在海丰红宫红场旧址纪念馆，陈列有写标语的大笔，长 21 公分，其中柄长 12.8 公分，笔毫长 8 公分。

还有利用传单等宣传革命道理的。据一些老同志回忆，每逢节日或集会，各个团体要印发传单、告群众书、发表宣言，内容是统一的。小传单在乡村到处散发，散发的面很广，又很深入，这些传单用五光十色的纸张印刷，内容短小精悍，不超过十句八句。这种办法也是彭湃创造的。

第六章

把民族和人民的根本利益看得高于一切的人民为本精神

彭湃烈士像（红宫红场旧址纪念馆提供）

中国共产党人的初心和使命，就是为中国人民谋幸福，为中华民族谋复兴；中国共产党来自人民、植根人民、服务人民；中国共产党自成立至今，始终心怀"人民"二字，始终以人民为本、以人民为中心，始终坚持一切为了人民，始终与人民风雨同舟、生死与共。

彭湃忠实践行中国共产党的根本宗旨，始终把人民利益、民族利益摆在至高无上的地位，时刻牢记中国共产党的初心是为人民谋幸福，处处关心和爱护人民，严格执行群众纪律，紧紧依靠人民群众，获得了广大人民群众的支援与帮助，赢得了广大人民群众的衷心拥护和真心爱戴。

一、人民要当家作主

（一）一切权力归农会

1923 年元旦，中国现代史上第一个县农会——海丰县总农会成立。为了进一步扩大农会的影响，1923 年春节，彭湃策划、举行了全县农民同乐会。到会的会员达 6 000 多人，非会员 3 000 多人，共约 1 万人。会场上锣鼓齐鸣，歌声四起，燃炮舞狮，气氛非常热烈。大家高呼"农民万岁"，表现出农民组织起来后的巨大革命热情。"是日加入农会已发会证者二千余人……自后入会者日以百计，农会接洽新会友者有应接不暇之势。"很快，海丰县总农会会员达 2 万户，人口约 10 万人。总农会下辖文牍、农业、宣传、仲裁、财政、交际、庶务、教育、卫生九部，彭湃当选为会长，并起草了《海丰总农会临时简章》，提出农会的纲领是图农民生活之改造、图农业之发展、图农民之自治、图农民教育之普及。会后，彭湃亲自起草了《海丰总农会成立宣言》。彭湃领导海丰县总农会与地主豪绅展开了争夺番薯市、糖市、菜脯（萝卜干）市、地豆（花生）市、牛墟菜市、米市、柴市、猪仔市、草市的斗争；大力兴办农民教育，创办农民学校；发动农民植树造林；发展医疗卫生事业，救死扶伤；通过仲裁部做了大量调解纠纷的工作。通过这些努力，实现了一切权力归农会。1923 年 3 月，彭湃领导农会会员反对海丰恶霸和粮业维持会拘押农民的大示威，迫使粮业维持会会长辞职。通过斗争，海丰县总农会会员进一步发展，这时的海陆丰农村真正实现了

"一切权力归农会"，乡村间只有农会这一权力组织，海陆丰出现了政治清明、群众安居乐业、精神面貌焕然一新的气象，被当时的报刊誉为东方"小莫斯科"。

（二）筹建人民政权

海陆丰第三次武装起义胜利后，彭湃担负起筹建人民政权——工农兵苏维埃的重任（参看第三章内容）。

二、人民利益高于天

（一）十分注重农民的利益

1. 一切为了农民，一切从农民的利益出发

1923 年 1 月 1 日，彭湃在《海丰总农会临时简章》和《约农会简章》中明确提出四个"图"，即"图农民生活之改造""图农业之发展""图农民之自治""图农民教育之普及"（同年 7 月，在《广东农会章程》中把"图"改为"谋"）。这四个"图"，纵观农运全局，是彭湃提出的农民运动的总纲，基本包含了农民运动的全部目的、要求和全部利益。

2. 从农民最直接的经济利益入手

农民是最讲实际的群体，为了阐明农会的作用，彭湃亲自撰写了第一份《农会利益传单》，说明加入农会的十七条好处："一、防止田主升租；二、防止勒索；三、防止内部竞争；四、凶年呈请减租；五、调和争端；六、救济疾病；七、救济死亡；八、救济孤老；九、救济罹灾；十、防止盗贼；十一、禁止烟赌；十二、奖励求学；十三、改良农业；十四、增进农民知识；十五、共同生产；十六、便利金融；十七、抵抗战乱。"农会采取了许多实际措施，切实维护农民的利益。

海丰县总农会领导农民同地主豪绅作斗争的同时，还积极发展农村公益事业。领导农民创办了"农民学校"，农民及其子女可以免费上学；努力发展医疗卫生事业，免费为会员看病。1922 年 10 月，彭湃征得医生吕楚雄、刘恩泉夫妇的同意和支持，改宏仁药房为农民药房。凡农会会员到农民药房看病，可以免收

诊费，药费减收一半，由农会给予津贴。彭湃给李春涛的信中提及此事时曾说：
"湃自得着他（吕楚雄）的帮助，运动的能率，亦增进了。""我们两人（指彭湃
和吕楚雄）真是食尽了四乡茶饭，差不多日日早出晚归。"①

（二）实现人民"耕者有其田"

为了实现千百年来人民希望拥有土地这个梦想，彭湃抓紧实行土地革命。海
丰县第一次工农兵代表大会通过的《没收土地案》是土地革命战争时期的第一
部土地法，也是中共历史上最早的土地法规，第一次提出由苏维埃政府发土地使
用证给一切分得土地的农民，并明确了"有土地使用证，才能享受土地使用
权"，强调焚毁封建社会一切契约债务关系。在不到两个月的时间里，仅海丰一
县就焚烧土地契约 47 万多张，焚烧租簿 5 万多本。同时，建立了土地机构，县
设土地革命委员会，区设土地科，分田给农民耕种，并给农民、士兵发土地使用
证。彭湃制定的《没收土地案》是新民主主义土地革命的起点，为中国共产党
领导土地革命运动积累了经验，也为全国的农民运动开展土地革命提供了借鉴。
《没收土地案》成为中国共产党领导下的土地革命运动的第一个运用于实践的土
地法规，这个法规也是中国第一个苏维埃法律。《没收土地案》以第一个具有时
代特色的土地革命的实践方案，开始了新民主主义革命的土地革命行动，它自然
应当作为新民主主义土地革命的起点载入史册。它的创新体现在几个方面：首
先，《没收土地案》宣告了旧式土地革命历史的终结。《没收土地案》以"田地
是属于自然的……只有我们农民才能开垦创造……所以没收田地归还农民，理由
是非常正当"作为方案产生的理由。同时又在没有实践经验和政策依据的情况
下，用彭湃提出的"不劳动不得田地；不革命不得田地"两项基本原则，并经
过大会确定四条分田标准："照人数多少分；照人的力量（老幼强弱）分；照家
庭经济（有无别种收入）状况分；照土地肥瘠分。"这些将土地与生产者相联
系，以劳动者与土地的关系及劳动者参与社会革命的状况为原则，以多数人的利

① 曾文. 彭湃年谱［M］//政协广东省海丰县委员会文史资料研究委员会. 海丰文史：第十辑. 汕尾：政
协广东省海丰县委员会文史资料研究委员会，1993：49.

益为依据，并尽可能照顾到所有劳动者，这些内容是历来的土地革命方案所没有的。这些体现在《没收土地案》中的革命精神，从根本上区分了它与以往土地革命运动的本质，同时，它也将中国共产党以马列主义作为思想武器，对中国土地革命的认识展现在实践中。因此，《没收土地案》成为旧式土地革命运动历史终结的标志。其次，《没收土地案》成为党领导下的土地革命运动的第一个运用于实践的土地法规。中国共产党在领导农民运动的过程中，土地革命逐步成为农民运动的关键，解决农民的土地问题是党得到广大民众拥护的重要举措。就海陆丰农民运动而言，土地问题的解决也是在经历了持久的减租运动及激烈的抗租运动两个阶段后，才以革命的手段实现的。从 1922 年 6 月彭湃组织农会，到 1927 年 4 月的国民革命期间，海陆丰农民在党的领导下组织起来进行了长时间的减租斗争。从 1927 年 5 月到大革命失败，海陆丰人民在党的组织下进行武装抗租，为后来的起义和土地革命打下了基础。海陆丰苏维埃的建立，为土地革命的开展创造了条件，而《没收土地案》的形成及后来的分田运动实践，则使党领导下的农民革命运动产生了第一个用于实践的土地法规。它的出现，为党领导土地革命运动积累了经验，也为全国的农民运动开展土地革命提供了借鉴。最后，《没收土地案》是新民主主义土地革命运动的起点。中国共产党作为无产阶级政党登上政治舞台后，中国的社会革命发生了根本的变化。开展农民运动，解决农民问题成为中国共产党推动社会进步的主要形式。经过不断的探索，关系广大农民切身利益的土地问题成为新民主主义革命中的关键问题。正如当时中央临时政治局高度评价的：在"中国革命之中，这是第一次由几万几十万农民自己动手实行土地革命的口号"，"而且在土地革命的性质上，也是空前的深入"。

三、最大幸福就是服务人民

（一）想尽办法为农民服务

比如彭湃创办的农民诊所和农民医院。旧中国的农村，普遍缺医少药。农民生病根本治不起，"小病硬挺，大病拖等"，小病或许能挺过去，要是得了大病，那就只能等死。在彭湃的建议和指导下，海丰县总农会创办了中国历史上第一个农民诊所，规定凡农会会员，无论门诊、出诊，凭会员证不收诊费，药费仅收一半，"余半价由农会和会外乐捐补充之"。中国农民几千年来第一次享有了看病不用钱的待遇。后来彭湃又创办了农民医院。

（二）采取很多新举措

彭湃领导的新政权为人民做了很多事情。

1. 创办海陆丰劳动银行

海陆丰劳动银行行址在现海丰县人武部内，发行银票十万元，未印钞票前暂借南丰织造厂的银票加盖两县苏维埃政府印章流通，面值有十元、五元、一元三种。

2. 创办麻竹集体农场

县委在文件中称为食堂。地点在公平的麻竹（现属黄羌林场），至今群众仍称其为"大食堂"（许涤新主编的《根据地经济史》称之为"集体农场"）。农具、耕牛、土地、种子、口粮、猪等都归公，集体劳动、开饭，同 1958 年人民公社差不多。

3. 创办工人合作社和工农贩卖合作社

1928 年 1 月首先在县城创办，贩卖合作社每人投资一角钱，随后相继建立各大墟市。

4. 创办养老院

设于海丰县城西门土地祠内，由县苏维埃负责供给。

还有很多其他措施，参看第三章内容。

（三）十分关心群众和同志

在那严酷的斗争岁月里，彭湃对于敌人是无情无畏的勇士，对于同志却是慈爱而又和蔼的兄长。在革命最困难的时期，彭湃与大家撤往大南山区，他把每位红军战士都看成革命的红色种子，是革命的宝贵财富，十分爱护珍惜。他把每位战士的安危、冷暖、饥饱都放在心里。每当战士们外出执行任务，彭湃总要细心叮嘱。那时交通员外出执行任务，不仅工作艰苦，而且风险很大，常常一连几天吃不上饭、睡不了觉，有时还要在枪林弹雨中奔波。因而每当他们外出执行任务时，彭湃总是要他们吃饱饭，带好竹笠，千叮咛万嘱咐，方才放行。那年月红军的给养是很欠缺的，战士们常常吃不饱，穿不暖，严冬腊月还无棉被御寒。一次有位姓肖的小战士深夜放哨归来，冷得牙齿打寒颤，彭湃见了立即将他搂在怀里，用自己的体温驱赶小战士的寒颤。后来好不容易弄到几床棉被，彭湃全部分配给了战士，自己仍然盖单薄的破棉毯。锡坑乡赤卫队队长李录，因埋头革命工作，没有时间顾及家庭，妻子有点埋怨情绪。彭湃闻知后，即登门劝勉，并送款送物，组织当地农民帮耕助收，使李录感动得热泪盈眶，更加倾心于革命工作。对伤病员，彭湃更是无微不至地关怀他们。他在广泛征求意见的基础上，在白水硃的岩洞中建立了一个"草鞋厂"，组织伤病员打草鞋，既解决了战士穿鞋问题，又满足了伤病员要求工作的热切愿望，因而大大鼓舞了士气。在困难的条件下，彭湃总是千方百计让炊事员设法做点可口的东西给伤病员吃，而他自己却同普通战士一样，常常只吃一点地瓜汤，饮坑中的凉水。彭湃这种艰苦奋斗、和战士们同甘共苦的革命精神，给大家作出了榜样，成为鼓舞大家去战斗和克服困难的无穷的力量。[1]

彭湃对不认识的同志同样十分关心，比如曾专门致信中央请求关心"莫生"（从莫斯科留学归来的同志）回国的安置问题。1929年2月23日，中央组织部专门发长文答复。

（四）彭湃与群众水乳交融

彭湃是中国共产党的模范工作者，他真正做到了同群众打成一片。他的毅力、精神和坚定性不仅使他的朋友，而且也使他的敌人感到惊奇。他在海陆丰农民中的威望是无与伦比的。举一个例子：1926年1月，普宁的反动地主武装镇压农民运动，造成了"普宁惨案"。当彭湃亲临处理与慰问受害农民时，县农会组织了"七千多男妇老幼及五百多杆枪"[2]，擎着大旗、打着锣鼓、舞着英歌来到20多里处的广太墟迎接。农民高兴得作起诗来歌颂："农会建立好威力，战胜敌

---

① 华南农学院马列主义教研室，广东海丰县红宫纪念馆《彭湃传》编写组．彭湃传［M］．北京：北京出版社，1984.

② 《彭湃研究史料》编辑组．彭湃研究史料［M］．广州：广东人民出版社，1981：222.

人年又丰，男妇农民同欢庆，起舞奏乐迎彭公。"

彭湃热爱人民，人民也热爱他。彭湃舍小家为大家，一心一意为广大人民群众做事，因此获得人民群众的尊敬与爱戴，党的领导人瞿秋白称他是"农民最爱戴的领袖"。

各级领导、农会会员、农军战士见面都亲切叫他"阿湃"（一来说明彭湃不摆架子，真正与群众打成一片；二来说明群众从内心把彭湃当兄弟看）；东江地区和大南山人民都十分敬仰彭湃。

人民群众甚至不顾自己安危保护他。有一次，彭湃被白匪包围，他与爱人藏进了一个山洞里，在那儿待了两昼夜。白匪没有找到他们。第三天夜里，彭湃背着怀了孕的爱人来到一个农民家。这个农民知道他就是彭湃之后，冒着自己会被杀头的危险，帮助他们安全到了汕头。[①]

无论彭湃生前还是牺牲后，农会、农军和群众都在广泛宣传他的事迹，李坚真在《难忘的引路人》中说："我们还宣传彭湃的革命事迹。一是宣传他背叛剥削阶级家庭，有鲜明的阶级立场；二是宣传他脱下学生装，同农民一起劳动，下田插秧时插到手脚都弄破了，还坚持干，学犁耙田，牛拖着他跑，仍坚持学；三是宣传他艰苦朴素，不穿鞋袜，只穿草鞋；四是宣传他与农民同甘苦，同群众一块吃番薯、芋头和粥。我们还把他的事迹编成山歌唱。现在我还记得起其中的一首，是讲彭湃过艰苦生活的：'手捧米糊粥，风吹两条沟，清如山溪水（形容米糊粥之稀），豪情在里头。'这些，对群众的教育很大，特别是对青年学生，促使他们以彭湃为榜样，抛弃旧思想旧习惯，投身农民运动中。我们附近村里有个豪绅，他有个儿子是个中学生，原想让他读书后继承家业，但他受了彭湃革命思想的影响，毅然背叛家庭，参加革命。他爱人听了我们的宣传后也深受教育。回到家里说：我们家里也要搞革命，把家里的东西分给农民。可见我们宣传彭湃的事迹起了何等重要的作用。"

当时，很多人还编了一些歌谣来歌颂彭湃，如：

---

① 肖三. 彭湃［M］//刘林松，蔡洛. 回忆彭湃. 北京：人民出版社，1992.

海丰出了彭湃公

咚咚咚！骑马过海丰，

海丰出了个彭湃公。

就像南海出金龙！

咚咚咚！海丰出了个彭湃公。

少爷唔做做田仔［农民］，

慨［气］死伊［他］个［的］财主老祖宗！

咚咚咚！海丰出了个彭湃公。

局长唔做做会长，

分田烧契人骂疯。

咚咚咚！彭湃唔是疯。

田地本是田仔个，

爱［要］叫田仔变田公［地主］！

咚咚咚！乌红旗①派刮得凶，

田园［田地］发草②路生刺③。

孤儿寡妇目［眼睛］哭红。

咚咚咚！幸得来了彭湃公。

寻着苦藤惜苦瓜，

牵兄认弟弟认兄。

咚咚咚！农民兄弟手牵手，

乌红旗派变农会，

田仔从此心相通。

咚咚咚！田仔紧跟彭湃公。

爱将穷根全挖尽，

---

　　① 　乌红旗：清末海丰一带以宗族关系或社头结成的派性组织，每个村分为乌旗村或红旗村，经常发生械斗。

　　② 　发草：地没有人耕种致长草。

　　③ 　路生刺：路没有人走动致长草。

爱叫天地尽变红！

彭湃出自海陆丰

东山日出西山红，

彭湃出自海陆丰。

穷苦佬子有田种，

单身哥佬配成双。

歌唱彭湃

正月梅花朵朵红，

彭湃出着海陆丰，

彭湃心知农民事，

带领共产红军来。

紧跟彭湃农民头

农民兄弟唔使愁，

紧跟彭湃农民头，

茅屋烧掉唔打紧，

革命成功盖高楼。

阿湃①回头来拨云

满天乌暗满天云，

艰苦担炭苦不论，

相信有日天眼开，

阿湃回头来拨云。

① 阿湃：指彭湃。

见了阿湃拜个年

村前村后闹千千，

八音锣鼓响连天；

庆祝革命大胜利，

夺取政权过新年。

阿兄戴顶翻身帽，

阿嫂穿双甲意①鞋；

见了红军送个红心粿②，

见了阿湃拜个年。

要为穷人把身翻

南阳山路曲弯弯，

一直通到大南山。

彭湃在那闹革命，

要为穷人把身翻。

彭湃做事有主张

彭湃做事有主张，

将俺红军分落乡。

穷仔〔穷人〕听着真正好，

种田兄弟免还租。

红军暴动真威风，

真正拥护是工农。

---

① 甲意：合自己心意。

② 红心粿：用糯米粉冲开水揉成团，包上炒花生碎、炒芝麻、红糖等，用心形粿印盖，蒸熟可食。

彭湃运动广东城，

穷人兵士听伊［他］呾［说］。

暴动起来打白派①，

叫你民众免［不用］着惊［害怕］。

县有子弹十外担，

群众听着就行遁［靠拢］。

各县工农就听知，

一县拍［打］了一县来。

穷仔听着真正好，

租债一点都免还。

红军拍到碣石城，

工农集中在兵营。

召集各乡开大会，

成立政府工农兵。

　　这些歌谣生动地反映了彭湃在革命群众中的威望，以及他和革命群众之间的深厚感情、真挚情怀。

---

　　① 白派：指国民党反动派。

第七章

敢为天下先的锐意进取、开拓创新精神

彭湃烈士像（红宫红场旧址纪念馆提供）

锐意进取、开拓创新是共产党人的专长。彭湃是中国农民运动的开拓者、海陆丰苏维埃的创始人，被毛泽东称为"农民运动大王"。彭湃自1922年兴起农民运动，从海陆丰到广东，在实践过程中敢为人先，善于创新，全方位地提出了一系列农民运动的纲领、方针、策略，使海陆丰农民运动成为全国一面旗帜，广东

农民运动推动了邻省（包括湘、赣）以至全国的农民运动，推动了中国革命的迅速发展。在军事斗争中，彭湃建树良多：率先策划指导了海陆丰武装起义，比南昌起义早了三个多月；进入土地革命战争时期，海陆丰又是最早响应秋收起义的，且在彭湃亲自领导下第一次打起苏维埃旗帜。海陆丰革命根据地的政治影响之大，经验之丰富，有大量史料和中央决议足以资证。在全党正在探索怎样进行土地革命的初期，彭湃主导下的海陆丰的各种创新举措无疑在实践中发现和提出了许多值得全国各地参考的问题。

易元在《彭湃同志略传》中指出："他富有开路先锋的精神。彭湃是广东海丰县人，这是谁都知道的，他是日本早稻田大学毕业的留学生，知道的人恐怕就不多，至于他是陈炯明时代的海丰县教育局长，知道的那就非常之少了。然而他这个局长是做得很特别的，一九二一年五月他召集全县男女学生在县城庆祝五一劳动节，吓得海丰的绅士魂不附体，大造其谣言，说彭湃主张共产公妻，结果，局长是做不成的了。于是他就下决心到农村去，做实际运动。于是开辟了一条农民运动的先河，做成日后汹涌全省以至全国的农潮。他是一个常站在潮流前面，不肯随波逐流，见得到就做得出的一个人。"

一、彭湃在中国农民运动中的二十大创新

彭湃是"农民运动大王"、中国农民运动杰出领袖，他在农民运动实践中，至少有以下二十大创新。

（一）创建全国第一个县总农会——海丰县总农会

参看第一章内容。

（二）创建全国第一个县际农民联合会——惠州农民联合会

参看第一章内容。

（三）创建全国第一个省总农会——广东省农会

参看第一章内容。

（四） 创新对农民的宣传模式

1922 年 5 月中旬，彭湃决心到农村去做实际运动。他从事农民运动也经历了一番艰难曲折的过程。刚到农村时，彭湃按照多年的习惯，衣冠楚楚地到农家串门。但农民见着他，有的认为他是前来讨账的豪绅，有的认为他是官府派来收税的官吏。尽管他态度诚恳，一心要和农民交朋友，但农民存有戒心，不肯接近他，甚至有的一看见他，就远远地躲开了。一些土豪劣绅则乘机对彭湃进行人身攻击，散布流言，无耻中伤，说他因教育局局长职务被撤导致心情抑郁，甚至说是神经错乱。

然而，彭湃是一个意志坚定的人，不论遇到什么艰难险阻，选定了道路就绝不回头。他虚心地总结了下乡以来的经验教训，寻找农民疏远自己的原因，终于认识到自己穿戴特殊是脱离群众的症结。于是，他摘下白凉帽，戴上尖斗笠；脱下学生装，穿上农民服；扔掉胶底鞋，穿起破草鞋……手拿农民喜欢的旱烟筒，用农民惯用的语言和他们交谈。他还到青年们爱去的拳头馆练武术，借机结识农村青年。彭湃创造性地用多种艺术方式吸引农民，有时表演魔术，有时用留声机放音乐，有时教牧童唱歌……这些果然吸引了许多农民围观，他再择机进行宣传。为了扩大宣传效果，彭湃还精心选择宣传地点。海城东郊龙山的天后庙前有一棵枝叶繁茂的大榕树，郁郁葱葱地遮了半亩地。这里地处交通要道，榕树底下正是来往行人歇脚的好地方。彭湃就在这里展开了宣传发动工作。只要有人歇脚，他就主动上去攀谈，每天至少有四五个人和彭湃谈话，有十多个人听他讲演……慢慢地人们愿意接近他了，彭湃耐心地启发农民的觉悟，不到半年，这些点燃的星星之火呈燎原之势，烧遍了广东大地。

（五） 当众烧毁自己分家所得的田契

1922 年 7 月 29 日，彭湃与张妈安、林沛、林焕、李老四、李思贤等在"得趣书室"成立"六人农会"，点燃了广东农民运动的火炬。农会成立后，彭湃与张妈安等农会会员立即在赤山一带开展革命串联工作，受到了农民的欢迎。白天，彭湃和农民一起到田间，锄草翻地，车水挑粪；晚上就到农民家做宣传工作。他用"耕田亏本"的事实启发农民的觉悟。他说，地主的田不过值一百元，而农民耕种了上千年，不知交给地主多少租谷。地主白白拿走农民的血汗，实在是不平，应该算账拿回来。怎样才能拿回来？大家团结起来成立农会，这样就有力量。大家联合起来，通过农会迫使地主减租，那时地主斗不过农会，就乖乖地听话了。经过耐心的宣传，越来越多的人加入了农会，海丰农民运动的局面被逐步打开了。

在一个秋高气爽的日子里，彭湃把有关的佃户都召集到他家门口。彭湃手里拿着土地契约，并把契约堆在场上，点起了火。他对大家说："地主抢夺了你们开垦出来的田地，为了强迫你们交租，就勾结官府，立下田契作为证据进行剥削。这是有罪的啊！现在，我把全部的田契烧毁，你们就可以自耕其田，不要交租了。希望大家团结起来，就会有出头的日子。"这是多么大的创新！这是多么大的革命！这熊熊火焰，是最好的宣传，温暖了广大贫苦农民冷了千年的心房；他燃烧的不仅是自家的地契，而且是旧的私有制度；他把良田财产分给了佃户，发动农民革了自己的命，亘古以来，前所未有！他向全中国宣告："我们不是为了自己打土豪分田地，不是为了自己先富起来！是为了贫农打土豪分田地，是为了让贫苦农民先富起来！"广大农民奔走相告，彭湃的大名和义举一夜间传遍了四面八方，彭湃以惊世骇俗之举激发了广大农民参加农会的巨大热情。

（六）起草了全国第一个农会宣言

1923 年 2 月 20 日，海丰县总农会发表了由彭湃亲自起草的《海丰总农会宣言》，宣言明确宣告："我们农民，是世界生产的主要阶级。人类生命的存在，完全是靠着我们辛苦造出来的米粒。我们的伟大和神圣，谁敢否认！"

（七）亲自设计了全国第一面农会旗

乌红旗是海丰封建统治者为分化人民而采用的毒招，历史上由此引发的乌红旗大械斗给各乡村人民带来了很多大灾难与痛苦。

彭湃是以马克思主义为武器教育农民，依靠群众提高觉悟来打消乌红旗观念的。他号召农民团结起来，成立农会，奠定了打消乌红旗观念的思想基础和组织基础。农会成立后，彭湃又从具体问题着手来巩固农民的新观念，为此他精心设计农会会旗。他多才多艺，不愧为中共著名的宣传鼓动家，他设计了黑赤两色分四联合的农会旗帜，以示海陆丰"乌（黑）红旗"械斗的历史终结，号召农民团结起来一起解除沉重的压迫剥削。他在《海丰农民运动》中写道："农会的会旗，是用黑赤两色分四联合，此是因海丰前日各乡各姓有黑红旗的分别，时常发生械斗……所以我们不用黑，也不用红，用黑红联合旗，以当日械斗的勇敢奋斗的精神来干革命，所以农民黑红观念从此打消，共用一农旗。"

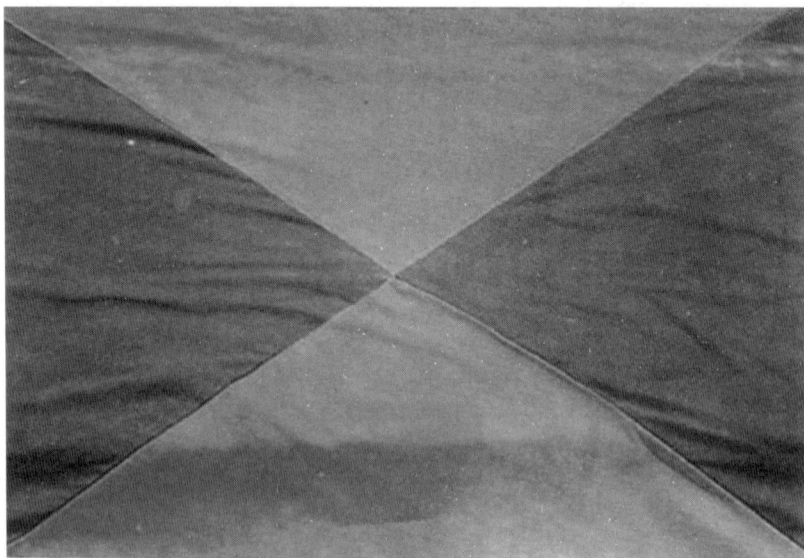

彭湃设计的第一面农会会旗（红宫红场旧址纪念馆提供）

彭湃创造性地解决历史上贻害极烈的乌红旗问题。由此，农会的旗帜在广东高高飘扬了，农会星火从广东迅速蔓延起来了。

（八）亲自设计了全国第一个农会印章

彭湃亲自为海丰县总农会设计了印章。过去官府的印章都是方形的，盖有这种方形印章的布告多是官府来农村迫捐逼税，因此农民一见盖有方形印章的布告就憎恶。于是彭湃精心地将海丰县总农会的印章形状设计为圆形，并在中间加了一个五角星，以示与官府的区别，使农民一见，就知道是农会的布告和印章。

现在大家每天都在盖公章，可能很多人不知道这种圆形公章是谁发明的。对，就是彭湃发明的。这种圆形公章一直沿用到今天。

（九）亲自设计了全国第一本农会会员证

1922 年 10 月 25 日（农历九月初六），召开了赤山约农会成立大会，彭湃为赤山约农会草拟了组织章程，规定凡入会者，经本人申请，交纳会费，经谈话后发给会员证。

会员证上面印着"不劳动，不得食，宜同心，宜协力"，教育农民团结起来，为反对剥削而斗争。

农会会员证样式

（十）亲自撰写了全国第一份《农会利益传单》

农民是最讲实际的群体，为了阐明农会的作用，彭湃亲自撰写了第一份《农会利益传单》，说明加入农会的十七条好处："一、防止田主升租；二、防止勒索；三、防止内部竞争；四、凶年呈请减租；五、调和争端；六、救济疾病；七、救济死亡；八、救济孤老；九、救济罹灾；十、防止盗贼；十一、禁止烟赌；十二、奖励求学；十三、改良农业；十四、增进农民知识；十五、共同生产；十六、便利金融；十七、抵抗战乱。"农会采取了许多实际措施，切实维护农民的利益。

（十一） 创新的减租理论

彭湃的减租理论，主要是从高租率的危害性去说明。他认为："现在农会还用不着主义二字，不过我们所奋斗的，是注重目前农民的痛苦；要之我们不是叫农民来曲就主义；我们是采取一种主义去帮助农民！"他指出高租率的危害："农民在未减租及未得到永佃权以前，农民对于农业的改良，只有为地主行孝耳，看他们每因土地不是自己的东西，连肥料都不肯尽量放下去。有的肯下肥料的，倒因弄好了田出多了谷而惹起田主之加租，所以不如不下还好！"故连桑亦不敢种，"外洋的肥料也不敢试用"。如此深入浅出地说明减租的必要性，不仅对普通农民而且对一般正直的知识分子及开明绅士都不能说没有说服力。

彭湃他们还创新地印发减租证，农会会员手持县农会印发的减租证，凭证减租三成，农民这样就手中有据了。很多田主慑于农会的威力，不敢收租，农民自行实现"耕者有其田"了。

（十二） 创办了全国第一个农民诊所（药房）

旧中国的农村，普遍缺医少药。农民生病根本治不起，"小病硬挺，大病拖等"，小病或许能挺过去，要是得了大病，那就只能等死。在彭湃的建议和指导下，海丰县总农会创办了中国历史上第一个农民诊所（药房），地点在海城大街（改"宏仁药房"为"农民药房"），由一热心农民运动之西医吕楚雄担任医生［彭湃给李春涛的信中提及此事时曾说："湃自得着他（吕楚雄）的帮助，运动的能率，亦增进了。""我们两人（指彭湃和吕楚雄）真是食尽了四乡茶饭，差不多日日早出晚归。"］，规定凡农会会员，无论门诊、出诊，凭会员证不收诊费，看完病需要领药者，持会员证药价仅收一半。并由该西医之老婆担任接生工作，凡遇会员不收接生费，仅取药费一半，大约两三角钱，"余半价由农会和会外乐捐补充之"。农民诊所（药房）工作人员有刘恩泉（吕楚雄爱人）、林素惠、林枝、马宫蟾、柯瑶英（后四位均为革命烈士）等。

（十三）创办了全国第一间农民医院

彭湃后来又创办了我国第一间农民医院——平民医院（地址设在海丰县红场与红宫之间）。

平民医院负责人是马招平、吕楚琛，医师有蔡惠卿（妇孺主治医生，毕业于光华医院，医术高明，医德很好，深受农民敬爱）、程云岫、朱辉民、杜志民等。

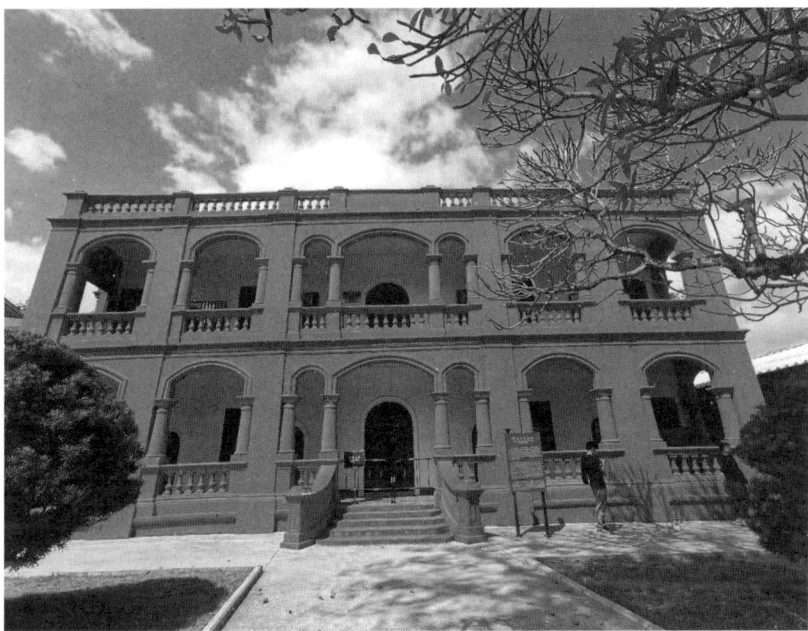

我国第一间农民医院——平民医院旧址（摄影：魏子杰）

（十四）创办了全国第一批农民学校

海丰县总农会在教育上打出一个新口号——"农民教育"，即办农民学校。农民教育，与新学不同，是专教农民记数，不为地主所骗，目的是教农民会写信，会珠算，会写食料及农具的名字，会出来办农会。农民很赞成。而且总农会替农民请教员，指定校舍，规定学生读书不用钱，因此深受农民的欢迎。

为了解决办学的经费来源，农会还划定一部分土地为学田，由学校向地主租耕。种子、肥料由农会解决，人工、农具、种植和收获由学生父兄分别承担，田间管理、中耕除草由教师率领学生分段负责。收获的粮食除了一部分还地主的租外，一部分拨给教师作薪金。这种学校深受农民欢迎，短短的时间内，全县就兴办了 20 余所，吸收了 500 多名农村儿童入学。

（十五）创办全国第一个农民济丧会

赤山约农会成立后，吸取了为李毓父亲办丧事的经验，由农会发起组织一个济丧会，由会员自由加入，无论哪个会员的父母或自己死亡，由会员各挪出 2 毫钱来济丧。参加者有 150 余人。此方法宣布后，第一日即有某会员的父亲死了，各会员挪出 2 毫钱，共 30 余元，同时会友并往致祭，行送葬的礼节，农民益加欢喜。济丧会对提高农会的号召力、凝聚力、影响力发挥了作用。

（十六）创办全国第一间农民养老院

农民养老院设于海丰县城西门土地祠内，供给由县苏维埃负责提供。

（十七）主持制定了中国共产党历史上最早的土地法规

1927 年 11 月，海丰工农兵代表大会召开，成立了县苏维埃政府，还通过彭湃主持制定的议案——《没收土地案》，这是土地革命战争时期的第一部土地法，也是中共历史上最早的土地法规，第一次提出由苏维埃政府发土地使用证给一切分得土地的农民，并明确了"有土地使用证，才能享受土地使用权"，强调焚毁封建社会一切契约债务关系。在不到两个月的时间里，仅海丰一县就焚烧土地契约 47 万多张，焚烧租簿 5 万多本。同时，建立了土地机构，县设土地革命委员会，区设土地科，分田给农民耕种，给农民、士兵发土地使用证。彭湃制定的《没收土地案》是新民主主义土地革命运动的起点，为中国共产党领导土地革命运动积累了经验，也为全国的农民运动开展土地革命提供了借鉴。《没收土地案》成为中国共产党领导下的土地革命运动中第一个用于实践的土地法规，这个法案也是中国第一个苏维埃法律。

（十八）撰写了全国第一本农民运动著作

彭湃很善于总结经验。他在总结农民运动经验的基础上，运用马克思主义关于阶级和阶级斗争的原理，撰写了长达五六万字的《海丰农民运动报告》，1926 年 1 月起在国民党中央农民部主办的《中国农民》上连载，此书是彭湃农民运动理论和实践的结晶，也是中国共产党历史上第一部关于农民运动的经典专著。

《海丰农民运动报告》全书分 8 节和 6 个"补充"，共近 6 万字。它以历史唯物主义和辩证唯物主义的观点，深刻揭示了在半殖民地半封建的中国社会中，农民的政治、经济、文化地位，说明农民革命的必然性，详细记述了海丰农民运动的发生和发展过程及其经验教训。它的发表和出版，对当时正在蓬勃开展的全国农民运动有着重要的指导作用。

彭湃在《海丰农民运动报告》一书中，从政治、经济、文化三个方面，深刻分析了农民所受的苦难和他们所蕴藏的革命性。在政治上，辛亥革命前，农民终日在地主的斗盖、绅士的扇头和官府的锁链中呻吟生活。辛亥革命以后，"他们不但不能摆脱地主的斗盖、绅士的扇头和官府的锁链，并且增加了新兴地主的护弁及手枪之恐吓"，为了压迫剥削农民，地主勾结官府，警察组织民团乡团，横行乡里，作恶违法，无法无天。因此，"在悲劣的政治压迫之下，农民艰苦万分"。在经济上，农民深受地租剥削，要将一半以至三分之二的谷子交给地主，自己年年都亏本，种地之外所获的微利还不够补救。所以，为填补无底的亏空，农民千方百计压减父母妻儿的生活费，如还填不满，他们就会鬻妻卖子以抵租债。"若妻儿卖尽，遂不得不逃出农村，卖身过洋为猪仔，或跑到都市为苦力，或上山为匪为兵，总是向着死的一条路去。"在文化上，农民则没有书读。他们的思想，一半是父传子、子传孙延续下来，一半是受戏曲的歌文影响而成了一种很坚固的人生观。他们"以反抗（革命）为罪恶，以顺从（安分）为美德，对于旧教育（如清时的八股先生）教其安分守己，顺从地主，尊崇皇帝为农民所最欢迎……其他如菩萨鬼怪等说，更为农民所信仰，这通通都是压迫阶级欲农民世世代代为其奴隶，而赐于这些奴隶的文化"。

在该书中彭湃还论述了工农联盟和农民运动必须坚持中国共产党的领导等重

大问题。彭湃对这些事关中国革命根本性问题的理论进行总结，为指导中国革命作出了突出贡献。

1926 年 9 月，毛泽东把《海丰农民运动报告》编进《农民问题丛刊》，并在丛刊的序言中指出："这部书内关于广东的材料，占了八种，乃本书最精粹部分，它给了我们做农民运动的方法，许多人不懂得农民运动怎样去做，就请过细看这一部分。它又使我们懂得中国农民运动的性质，使我们知道中国的农民运动乃政治争斗、经济争斗这两者汇合在一起的一种阶级争斗的运动。"因而规定为农民运动讲习所学员的必读教材。10 月，广东省农民协会将《海丰农民运动报告》更名为《海丰农民运动》，周恩来亲自为该书封面题写书名，作为"广东农民协会丛书之一种"出版。《海丰农民运动》成为"指导农民运动最好的教科书之一"。

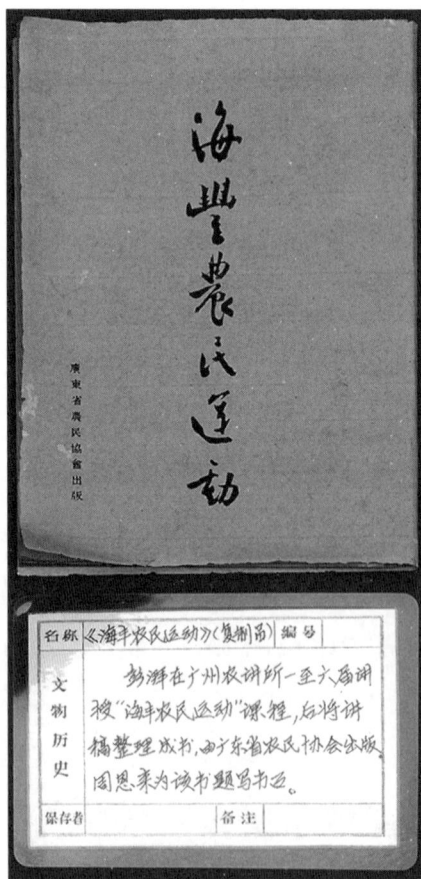

周恩来题写书名的《海丰农民运动》（红宫红场旧址纪念馆提供）

1927 年初，主管中共中央宣传部工作的瞿秋白，在为毛泽东著作《湖南农民运动考察报告》写的序言中，认为"中国的革命者，个个都应当读读毛泽东这本书，和读彭湃的《海丰农民运动》一样"，对彭湃这一著作给予了充分肯定。可见，彭湃对农民问题的认识与贡献得到毛泽东、瞿秋白等人的推崇和肯定。

（十九）创办了全国第一个农民运动讲习所

彭湃于 1924 年 7 月 3 日在广州创办了第一届广州农民运动讲习所，地址设在越秀南路 89 号惠州会馆，学生 38 人，其中共产党员、青年团员 20 人，毕业33 人。8 月 21 日举行毕业典礼，孙中山亲自到会致辞。彭湃作为广州农民运动讲习所的创始人，担任了第一、第五届主任，还兼任历届教员，为培养革命人才作出了卓越的贡献，由于他经常深入全省各地指导农民运动工作和处理农民运动遇到的突出问题，没有继续担任第二、第三、第四、第六届主任，但彭湃在农民运动讲习所开创的办学原则和教学大纲为历届所沿用，成为共产党培养革命干部的一大创举。

彭湃在第一届农民运动讲习所设置的课程有：

（甲）关于本党主义方面：孙中山的三民主义与五权宪法、中国国民党党纲及宣言。

（乙）关于中国国民党革命的基础知识：一、什么是帝国主义，二、帝国主义侵略简史，三、中国民族革命史，四、各国革命史，五、社会学浅说，六、政治经济之浅释，七、各国政党状况，八、法律常识，九、中国秘密社会简史，十、每周政治报告。

（丙）关于农民运动之理论及其实施方略：一、农民运动的理论，二、世界农民运动史略及其现势，三、农民协会与自卫军之组织法，四、农民运动现况及其趋势，五、中国农业情形及改良方法，六、农村教育，七、合作运动与农村之关系，八、中国工人运动及工人状况。

（丁）关于实习宣传训练方面：一、统计学，二、阅书报与造论，三、演说与集会实习，四、辩论会，五、唱歌，六、图画。

（戊）军事训练。

（己）农民运动实习（假日、星期日进行）。①

农民运动讲习所的大部分教员是共产党员，大多数学员也是由共产党的地方组织选送的共产党员、共青团员和进步青年。农民运动讲习所的任务是："养成农民运动人才，使之担负各处地方的实际的农民运动工作"，"尤其是养成坚忍卓绝之农民运动战斗员"。

（二十）创办了全国第一个县级农民运动讲习所

1925年4月，彭湃又创办了海丰农民运动讲习所，位于龙山西侧龙津溪畔，坐东向西（原是明代"准提阁"）。1925年4月23日发行的海丰《陆安日刊》刊登了《海丰农民运动讲习所开课》的报道："海丰农民协会，现以农民运动正在进行时候，不可无指导人才，以资训练，特在准提阁创办一农民运动讲习所，彭湃君为所长，兼收男女学生四十余名，一切膳宿费概由协会供应，闻已于新历四月二十日开课。"②

海丰农民运动讲习所有学员42人（其中女学员7人）。彭湃亲任所长，并主讲"海丰农民运动史""农村阶级分析"和"革命人生观"；李国珍主讲"经济学——剩余价值"；吴振民主讲"中国民族革命运动史"；杨嗣震主讲"社会问题——妇女问题"；郑志云主讲"农民协会组织"；聂崎主讲"革命文学"。此外还进行军事训练等，黄埔军校生曾绍文为军事教官。原定学习时间为半年，后提前于6月底结业，除选送部分学员到广州第四届农民运动讲习所深造外，余均分配到粤东各县一带开展农民运动。③

彭湃创办的海丰农民运动讲习所，是全国第一个县级农民运动讲习所。

① 何锦洲. 孙中山与彭湃［M］//汕尾市政协文史资料委员会. 汕尾文史：第十辑. 汕尾：汕尾市政协文史资料委员会，2000：3.

② 《彭湃研究史料》编辑组. 彭湃研究史料［M］. 广州：广东人民出版社，1981：130.

③ 曾文. 彭湃年谱［M］//政协广东省海丰县委员会文史资料研究委员会. 海丰文史：第十辑. 汕尾：政协广东省海丰县委员会文史资料研究委员会，1993：63.

二、彭湃在政治上、军事上的二十大创新

彭湃在政治上、军事上也有不少创新，比如创建第一支农民自卫武装，指挥广宁农军和平叛商团；亲自策划、领导海陆丰三次武装起义，创建中国第一个县级苏维埃；参与领导南昌起义，参加创建工农红军。彭湃不但有丰富的军事斗争实践，还有丰富的军事斗争思考和军事斗争理论。他最早明确提出了武装农民的思想，为毛泽东思想宝库增添了一份珍贵的财富；他在建立农民革命武装、促进革命军队与农民运动的结合、创建工农红军和武装保卫我国第一个苏维埃红色政权的斗争中，作出了不可磨灭的贡献，为共产党的武装斗争创建了光辉的业绩、积累了丰富的经验。

（一）创建第一个县级工农兵代表大会

参看第三章内容。

（二）最早引入民主选举、差额选举制度

参看第三章内容。

（三）最早引入政府机关、官员要向代表大会述职的制度

参看第三章内容。

（四）最早引入人民代表主席团制度

参看第三章内容。

（五）第一次有女性参与政府工作

参看第三章内容。

（六）最早引入宣誓制

参看第三章内容。

（七）创办了全国第一个裁判委员会

1927 年 11 月 18 日至 21 日举行的海丰县第一次工农兵代表大会，选举产生了海丰县苏维埃政府裁判委员会（类似现在的公检法机关）。

（八）创办全国第一个劳动银行

为保障苏维埃的经济独立自主，稳定金融市场和促进商品流通，据 1928 年 2 月召开的海丰县第二次工农兵代表大会议案，苏维埃政府决定筹建新的金融机构，建立海丰劳动银行，发行苏维埃纸币。2 月 28 日，苏维埃政府发布了海丰县苏维埃人民委员会第四号通告："为救济金融、利便市面交易起见，决议建设劳动银行，使工农贫民在推翻资产阶级革命进程中，有此借贷机关，得以从事生产，发展社会经济。"①

（九）制定全国第一部银行发行条例

海陆丰苏维埃政府成立后，立即制定了《海陆丰劳动银行发行条例》，这是中国第一部银行发行条例，并由海丰县人民委员会于 1928 年 2 月正式发布。该条例规定：

一、本行为便利交易起见，特设此项银票。

二、本行纸币，因在外处印刷未就，暂借南丰织造厂银票，并由两县人民委员会加盖印章发行，俟纸币印就就，即由该银行布告收回。

三、此项银票计分十元、五元、一元三种，暂发行十万元，十足通用，不折不扣。

四、此银票俟换回纸票后，可随时到银行兑现，必要时，再设分行，以便各地人民兑换。

---

① 中共海丰县委党史办公室，中共陆丰县委党史办公室. 海陆丰革命史料：第二辑 一九二七——九三三 ［M］. 广州：广东人民出版社，1986：232.

五、自布告日起，两县人民须一律通行此项银票，不得拒绝使用。

六、如有拒用此项银票者，即以破坏金融论，与反革命同科。①

这种代用纸币在海陆丰发行后，得到了群众的支持，在市场上也能正常流通，为巩固和发展苏维埃财政事业发挥了重要的作用。其发行经验，也为井冈山时期的瑞金银行所仿效。

（十）发行全国第一批苏维埃纸币

考虑到苏维埃纸币暂未能印刷，所以暂时决定在已被取缔的官僚资本开办的海丰大金融机构——南丰织造厂的银票上加盖"劳动银行"印章，以作暂用。待筹足资金和劳动银行的纸币印好之后，即布告收回。紧接着，又为这种加盖劳动银行印章的纸币的发行和流通问题颁布了专门条例，规定"此项银票计分十元、五元、一元三种，暂发行十万元，十足通用，不折不扣"。并规定自布告日起，"两县人民须一律通行此项银票，不得拒绝使用"。还保证"此银票俟换回纸票后，可随时到银行兑现，必要时，再设分行，以便各地人民兑换"。这种加盖劳动银行印章的银票只限在苏区流通，在其他地方不能通用，只是作为"交换媒介"，对苏维埃不会有什么损失。当时这种代用纸币被定为苏维埃本位货币发行后，由于得到人民群众的支持，很快就在苏区流通，连国民党政府也不得不承认苏维埃纸币"在市行驶，初称便利，可以现洋换（与银毫同值兑换）"。后来，根据预定计划，海陆丰劳动银行印制了面额 5 元、1 元、5 角、2 角、1 角等五种正式纸币，第一批总金额 10 万元。但由于不久后国民党军队占据海丰县城，苏维埃政府撤往山区，这批纸币来不及正式发行流通，原先发行的加盖银票也未能如数收回。南丰织造厂加盖印章的代用纸币的行使，在大革命时期为巩固和发展苏维埃财政事业发挥了重要的作用。其发行经验，也为后期革命根据地银行所仿效。

---

① 中共海丰县委党史办公室，中共陆丰县委党史办公室 . 海陆丰革命史料：第二辑 一九二七——一九三三 ［M］. 广州：广东人民出版社，1986：233.

（十一）创办了中国共产党第一所在农村开办的党校

海陆丰的党组织一开始就把党的建设作为根本任务，苏维埃建立后，更加重视发展党员、教育党员。据统计，截至 1928 年 2 月，海丰全县已有 1.8 万名党员，460 余个支部。东江特委和彭湃非常重视党的建设，随着党的队伍的壮大，彭湃认识到，必须加强党内教育工作。

为了提高党员的政治素质，1928 年 1 月 21 日，中共东江特委在海丰县城创办了东江党校，这是共产党在农村开办的第一所党校，是东江特委为培养党的干部而办的一所特殊学校。

党校采用半封闭式，校址设在海城北门外观音堂（万善古刹）。党校成立校委，委员为张北星、成声、刘锦汉，书记为刘锦汉，党校教员有刘锦汉、陈赤华、梁秉刚、郑志云、陆定一，以及张北星、成声、李彬、金山等朝鲜籍人士。党校实行民主管理。设经理处（由成声负责，下设总务部、宿舍部、伙食部）与教务处（由卓学佐负责，下设编纂学科、技术学科、军事学科、政治学科）。

东江党校教学科目设有："列宁主义大要""苏维埃建设""第三国际与世界革命""各国革命史中重要经验""中国共产党史""中国党的组织及其政策""农民与土地革命""中国国民党史的批评""军事学——红军及其组织""术科""侦探术""暴动术：市街暴动——巷战，农民暴动——与民团军队交战""宣传技术：民众大会及示威运动方式；演说方式；壁报标式；俱乐部建设；图书室；演剧"。

学员 100 人（以海陆丰、紫金、普宁、惠来、惠阳酌量分配之），学习时间一个月（1 月 21 日至 2 月 21 日）。

东江党校以办学思想明确、教学内容丰富、组织制度严密等特点，成为中共早期军政干部学校，为东江地区培养了不少人才，对东江土地革命和苏维埃的发展发挥了重要作用。1931 年 4 月，中共中央作出决议，要求在各苏区中央分局所在地设立党校。[①]

---

① 中共海丰县委党史办公室，中共陆丰县委党史办公室．海陆丰革命史料：第二辑 一九二七——一九三三 ［M］．广州：广东人民出版社，1986：182．

（十二）创建第一支农民自卫武装

1924 年 8 月下旬，为支持广东各地农民运动，对付反动的商团武装，保卫广东革命政府，根据中共广东区委的指示和广东革命政府的命令，彭湃与阮啸仙、罗绮园等人将第二届农民运动讲习所的 225 名学生组编为广东农民自卫军，亦称"广东农团军"，由彭湃任团长，徐成章任教练。这是中国最早建立的农民自卫军，也是第一支由共产党掌握的农民自卫武装（当时处于国共合作时期，表面是中国国民党中央执行委员会领导）。10 月上旬，广州发生商团之乱，彭湃亲任农民自卫军团长，指挥平叛战斗，前后经历了三个月的广宁农民减租斗争终于取得了胜利。这场斗争的胜利，大长了农民的志气，沉重打击了地主阶级的嚣张气焰。彭湃在这场斗争中发挥了重要作用，首次以农民武装保卫减租行动，在海陆丰斗争经验的基础上赋予农民运动以新的发展内容，并为广东农民运动的深入发展作出了重要贡献。

（十三）创建共产党完全领导的第一支农军——海丰农民自卫军

参看第二章内容。

（十四）策划和指导共产党领导的第一次农军起义

1927 年 4 月，蒋介石叛变革命，上海发生"四一二"事变，屠杀共产党员和革命群众。在彭湃的策划和指导下，中共海陆丰地委加紧组织武装准备暴动，如成立东江特委、海陆丰救党运动大同盟；农民自卫军改为工农救党军。中共海陆丰党组织于 1927 年 4 月 30 日领导农军举行起义，打响了对国民党反动派的枪声，比八一南昌起义足足早了 3 个月！组织发动这次起义，不仅需要"敢为天下先"的气概与胆识，而且需要英勇顽强的勇气与毅力。

（十五）创建了三级军事体系

海陆丰革命根据地拥有类似后来野战军的工农革命军第二师和第四师，类似地方部队的各县工农革命军团队，相当后来民兵的赤卫队，这三种武装配合作战，战绩显著。陆丰打败"白旗党"，海丰击溃国民党蔡腾辉军队就是明显的战例。

（十六）创建了共产党第一间造枪厂

海陆丰革命根据地的造枪厂在梅陇金岗围，日造步枪或单针枪一二支，有"金围造"的印记。"二八"事件后，工厂设备大部分搬迁至中峒。

（十七）创建了共产党第一间制弹厂

制弹厂也叫子弹厂，是从汕尾坎下城粤军制弹厂搬到海城的，在龙山准提阁制子弹，在龙山妈庙制硝药，工人多招请原汕尾粤军制弹厂失业工人，许多材料、工具也拆自该厂。"二八"事件后，工厂设备大部分搬迁至中峒。

（十八）制定全国第一部义务兵征兵条例

海陆丰苏维埃政府在 1928 年 2 月 20 日颁布了我国历史上第一部兵役法《征兵条例》，以法规的形式宣布实行"义务兵役制"。其目的在于"谋求苏维埃之巩固和发展"，为海丰工农革命军和陆丰工农革命军分别招募 2 000 名和 1 500 名士兵。条例规定："工人农民在十八岁以上三十五岁以下身体强壮者应当兵一年""士兵之子女入学得免收费""士兵在服役之期间内，得免一切之捐派"。义务兵役制在当时是一种新的兵役制度。这是自 1927 年国共合作破裂后，共产党为组建武装力量对统治地区的百姓进行制度性动员的最初尝试。在国民党军队的进攻下，尽管义务兵役制没有得以及时实施，但是，海陆丰革命政府根据当时的财政和政治形势提出了与国民党和其他军阀所实行的雇佣兵制根本不同的兵役制，这在中国是破天荒之举。下为征兵条例：

一、工人农民在十八岁以上三十五岁以下身体强壮者应当兵一年。

二、一九二八年海丰须有二千人当兵，陆丰须有千五百人当兵（由大小乡村及工会分配之）。

三、农民应征兵后，其家庭无力雇工耕田者，由该乡苏维埃负责分派该乡农户赠工耕种，每季并须将士兵田地作完，方准做自己工作。

四、农民替兵士耕田时，伙食由农民自备。

五、兵士家庭，如有壮丁一人以上者，日常田工，须自己操作，如非一人之力所能办者，应照第三条行之。

六、兵士家庭，如无力购买肥料农具之类可向苏维埃劳动银行借贷。

七、兵士家庭如遇风雨灾害时，该乡苏维埃应负责派资救助之。

八、士兵不幸阵亡，或在服兵役期间病故，除由县苏维埃特别抚恤外，其家属仍得享本（条例）之特权。

九、士兵之子女入学得免收费。

十、士兵在服役之期间内，得免一切之捐派。

十一、士兵之父母如有死亡，得由县苏维埃人民委员会，援助其丧费，并由该乡农民举行公葬之。

十二、当兵之农民，除发给其个人伙食外，并每月发给零用二元。

十三、当兵之工人，除发给伙食外，并准照给其应得工资，及退伍时，由县苏维埃安置以相当工作。

十四、当兵之农民家庭，无壮丁者，由该乡苏维埃酌量帮助其老少伙食。

十五、凡属工农革命军，其长官士兵，均同得享受本条例之特权。

十六、工农群众之当兵役时，由县苏维埃给以证明券证明之。

十七、士兵如有违犯军纪，以致开除或执行枪决者，则取销其以上之权利，并缴销其证明券。

十八、本条例自一九二八年二月二十日起施行之。[①]

（十九）创建了根据地中的根据地

彭湃在军事斗争中意识到，革命根据地不仅要占领广大农村，而且要占领城

---

① 中共海丰县委党史办公室，中共陆丰县委党史办公室．海陆丰革命史料：第二辑 一九二七——一九三三 ［M］．广州：广东人民出版社，1986：230－231．

镇以扩大影响，还要建立根据地中的根据地——更加隐蔽的大后方。于是他主导创建了中峒等根据地。为了长期斗争，除了朝面山的红二师大本营外，第三次起义胜利后，又把征收到的粮食、布匹和各种设备、物资储于中峒等地，建立后方医院，以备敌军进攻，退守山区坚持。[①]

彭湃还创办了印刷厂。印刷厂开始设在龙山妈庙，有一架脚踏式的十二度平台，两架六度平台，一架圆盘机，一架钻孔机，铅字七八千斤，工人近二十人。主要印文件传单、红领巾字等。1928年春节过后，印刷厂搬去中峒，机器是拆散后挑去的，去中峒后在一空屋内继续印刷，还是印文件宣传品。

（二十）创办第一个"军乐连"

彭湃利用南昌起义军保留下来的20多件乐器，组建了第一个军乐连。有重大活动这个军乐连就负责演奏军乐，比如在海丰工农兵大会上，第二、五、八程序就是军乐队奏乐。

此外，彭湃还创建了中国第一个妇女解放协会，党领导的第一支童子军，第一个工人合作社、工农贩卖合作社、集体农场等。

三、彭湃其他方面的创新

（一）创办《新海丰》和《赤心周刊》

彭湃为了寻求救国救民的真理，探讨振兴中国的道路，于1917年东渡日本，进入东京早稻田大学学习。俄国十月社会主义革命胜利以后，他以极大的热情，认真阅读马克思列宁主义著作，钻研社会主义学说。他踊跃加入早稻田大学"建设者同盟"并积极参加这一组织的各种活动，从而初步确立了马克思主义的世界观。1921年5月，彭湃回国，在上海加入社会主义青年团。7月，在海丰县城发起成立社会主义研究社。9月，主持创办《新海丰》，抨击旧制度，力促新思想。1922年

---

① 林泽民. 海陆丰根据地史话［M］//政协广东省海丰县委员会文史资料研究委员会. 海丰文史：第十六辑. 汕尾：政协广东省海丰县委员会文史资料研究委员会，1998：3.

1月，共产国际代表马林和社会主义青年团中央书记张太雷由广州抵达海丰，彭湃组织海丰青年与他们座谈交流，讨论社会主义问题。5月，彭湃、杨嗣震在海丰县城什货街陈氏绵德堂成立青年团海丰特别支部，并出版了《赤心周刊》。

（二）教育改革与创新

1921年10月，陈炯明荐任彭湃为海丰劝学所（后改教育局）所长。彭湃在任上做了几件创造性的事情：

1. 抓师资

彭湃利用工作上的有利条件，一方面裁汰顽固守旧的人员，另一方面聘请进步人士，他先后聘请了思想进步的留日学生杨嗣震与李春涛，北大毕业生黎樾廷，进步人士陈卓凡、黄霖生等担任中小学的校长与教员。他对教员的工资制度进行改革。1921年以前教员是年薪制的，彭湃就任后，改为月薪制，校长一般月薪30元，教员一般月薪25元。教职员工的收入得到改善。

2. 抓思想

彭湃积极宣传进步思想，向广大青少年灌输先进的文化知识和革命理论。彭湃亲自聘请昔日留日同窗杨嗣震、李春涛等为校长和教员，通过进步教师向学生灌输新的思想、新的知识。

彭湃革新教育内容，在教学中删除了脱离实际、宣扬风花雪月的内容，将体现新思想、新知识的内容选入课本，如将《新青年》《中国青年》《独秀文存》和《新精华》等刊物中陈独秀、李大钊、鲁迅等人的文章当作教材，并且在个别学校中开设经济课程。

3. 抓改革

彭湃锐意革弃积弊，刷新教育。当时他领导的教育改革的主要内容有：实施义务教育、确立教育培养目标、狠抓领导层的改革，改革教育教学内容和教育方式方法，抓住教师这个关键，提高教师待遇，发展农村教育，创办女子学校，提倡体育运动，创新增办了适合农村的半日制和业务学校等。在实行教育改革的过程中，彭湃还兼任学科教学。经过一段时间的改革实践，终于取得了很大成效。实行教育改革，从教育入手去实现社会革命，是一件政治任务，在当时的恶劣环境下，尤其是在彭湃被撤职后，这一任务便难以完成。然而，彭湃提出的教育主张和改革措施是先进的，是具有马克思主义色彩的；彭湃的这段教育改革实践是十分难得的，是具有时代意义的。这些革新措施使海丰的教育充满生机，广大师生的精神面貌大为改观，革命的气氛日益浓厚，不仅在当时写下了教育改革的光辉一页，对现在的教育改革和发展还有积极的启示作用。

4. 抓经费

彭湃任教育局局长后，首先把教育经费掌握在教育局手里，把原由财政局管理的东港垦殖场作为教育局经费来源，还向地主抽收鱼塭捐等。在这个基础上，着手发展乡村学校教育，不少乡村学校在这个时间相继成立。

彭湃为妇女争取受教育的权利，一改常规，经手创办了女子高小和女子初小两座学校。女生人数共一百余人。第一女校的校长是陈淑娟（杨嗣震的爱人），第二女校的校长是周惠英，并且聘请思想进步的女青年担任教师。

他还深入各校听课，选派四名进步教师作为视察员，分别到各区乡视察。

（三）组织全国第一次"五一"大游行

彭湃对"五一"劳动节十分重视，他认为："五一"劳动节为世界最有价值之纪念日。在日本留学时，他就积极参加了日本劳动人民庆祝"五一"劳动节的活动，当他从日本回来，重新踏上祖国的土地——上海后，不顾旅途的疲劳，第一件事情就是立即挥笔写了《日本的五一》一文，热情地向祖国人民宣传介绍日本劳动人民在1921年"五一"劳动节时示威游行的盛况，歌颂日本人民与反动政府军警英勇斗争的革命精神。

他还亲自写了一首《劳动节歌》（见第五章），让学生和农会会员传唱。

1922年，彭湃组织了全县学生进行"五一"大游行（这是全国第一次"五一"大游行）。

因5月1日至3日大雨滂沱，"五一"大游行改于4日举行。当天，彭湃指示余汉存高举写有"赤化"二字的大旗游行，沿途散发传单，并在东仓埔（现红场）举行大会。①

1923 年 5 月 1 日，海丰、陆丰、归善（惠阳）三县农会相继成立后，在海城菜圩埔集会纪念"五一"劳动节，并示威游行，三县农会到会会员 8 000 余人，汕尾造船工人百余人，附城学生千余人。此时三县成立农会的有 70 余约，500 余乡，会员达 20 余万人。在这次集会上，农会会员拿起一面大红旗，写着"劳动节纪念大巡行"，并有一面由乌红布对角做成的农会大旗。又有写着"反对国际资本主义""打倒军阀""赤化"等字样的白色长方旗，翻扬空中。其余，则各手执小红旗，旗里都写着警告资本家、田主和军阀的标语。彭湃起草并发表《海陆归三县农会"五一"宣言》，指出："……社会的财富一面无制限的集中在资本家和田主的手里；反面，贫困的问题也无制限的逐渐扩大。……处在今日饥寒交迫无智的地位的工人和农民，在生活上和道义上，是不得不要求自身的解放和世界的改造。"② 又发表了《海丰劳农节报告书》，提出"反对升租吊佃！""反对三下盖！""反对伙头鸡！""反对国际资本主义！""打倒军阀！""赤化！"等口号。

1925 年 5 月 1 日，海丰又召开了纪念"五一"国际劳动节大会。海丰《陆安日刊》刊登了《海丰海城"五一"纪念会盛况》的报道："海邑各界于是日上午齐集桥东林祖祠前，举行纪念大会，计到会者，有打银、制药、理发、雨伞、竹篾、裁缝、染布、油漆、木匠、泥水、制烟、生果、染织、妇女纺织等各行工会会员，共约四千余人，县属各乡农民协会会员，约二万人以上，附城各校学生约百余人。武装赴会者，有农民自卫军、农民运动讲习所、陆安师范学校学生军、县署游击队、第一区警察，其余各界参加者，人山人海，极形拥挤。会场中央演讲台一座，台上置解散农会第一罪人钟景棠之纸像一具，极肖其人，旁绑解散农会劣绅黄琴轩，自诉解散农会之事实并历述钟景棠之罪状。至十一点钟时候，拍锣开会，由邝纪璜宣布理由，次由彭湃、李劳工、彭汉垣、黎樾廷、吴振民、陈淑娟、杨嗣震、高淑卿等相继演讲，对于'五一'运动意义均发挥尽致，

① 曾文. 彭湃年谱［M］//政协广东省海丰县委员会文史资料研究委员会. 海丰文史：第十辑. 汕尾：政协广东省海丰县委员会文史资料研究委员会，1993：48.

② 彭湃. 彭湃文集［M］. 北京：人民出版社，1981.

备极动听。演毕，全体会员唱革命歌及劳动歌，三呼劳工万岁，欢声如雷。遂振队巡行，遍游附城各社。……此次纪念会，实为海丰空前之盛举也。是晚总工会、农民协会均演戏庆祝，农民运动讲习所学生，亦演白话剧，借以宣传及助兴云。"①

1926 年 5 月 1 日，海丰县城召开纪念"五一"劳动节纪念大会，3 万多人参加。

1927 年 5 月 1 日，海丰、陆丰分别举行纪念"五一"群众大会，宣布成立县临时人民政府。

（四）利用歌谣宣传革命

参看第五章内容。

---

① 《彭湃研究史料》编辑组．彭湃研究史料［M］．广州：广东人民出版社，1981：135.

第八章

把一切都献给党和人民的奉献精神

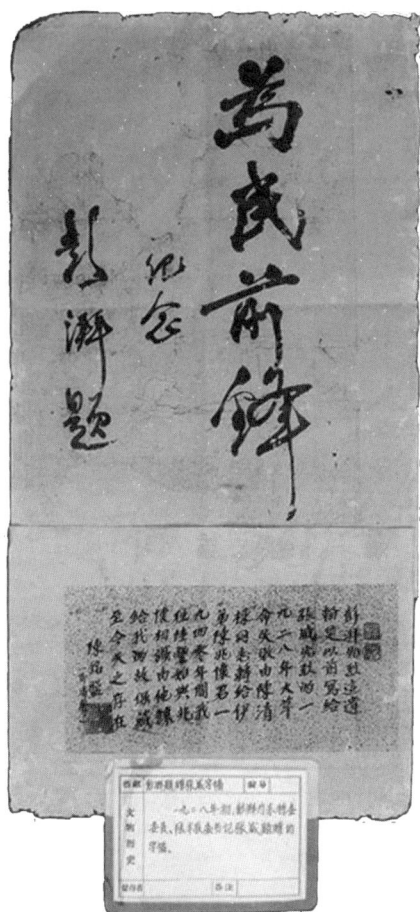

彭湃烈士题词（红宫红场旧址纪念馆提供）

马克思、恩格斯在《共产党宣言》中指出"过去的一切运动都是少数人的或为少数人谋利益的运动，无产阶级的运动是绝大多数人的、为绝大多数人谋利益的独立的运动"。共产党从一诞生，就明确自己是中国工人阶级的先锋队，坚持全心全意为人民服务的根本宗旨，以实现共产主义为最高理想和远大目标。这些质的规定性，决定了奉献是共产党的精神底色。党章明确规定，共产党员必须"坚持党和人民的利益高于一切，个人利益服从党和人民的利益，吃苦在前，享受在后，克己奉公，多做贡献"。

真正的共产党人是奉献者，他们付出的是汗水，是热情，是青春，是一生中无私的爱心，甚至是无价的生命。彭湃"甘于奉献"的精神十分突出，他的忘我奋斗、无私无畏、无怨无悔令无数人感动不已，他不但把财产、房产献给了党和人民，还把美好的青春献给了党和人民，甚至把珍贵的生命献给了党和人民。

一、田契烧掉唤起农心

彭湃出身于大地主阶级家庭，生活条件优越，又是日本留学生，本来可以过优裕的生活，可是，他对这些毫不留恋。为了农民阶级的解放，他坚决背弃自己的阶级，毅然脱下长衫与洋装，换上破旧的农民服，深入贫苦的农民群众之中，发动和组织农民，并首先把分家得到的田契全部烧掉，把自家的土地分给农民。为了全体中国人民的解放，他鞠躬尽瘁，奉献出了自己的一切。彭湃参加革命是为了钱财、田地，是为了自己过上好日子吗？不！

1922 年 7 月 29 日，彭湃与张妈安、林沛、林焕、李老四、李思贤等在"得趣书室"成立"六人农会"，点燃了广东农民运动的火炬。农会成立后，彭湃与张妈安等农会会员立即在赤山一带开展革命串联工作，受到了农民的欢迎。白天，彭湃和农民一起到田间，锄草翻地，车水挑粪；晚上就到农民家做宣传工作。在一个秋高气爽的日子里，彭湃把有关的佃户都召集到他家门口。彭湃手里拿着土地契约，并把契约堆在场上，点起了火。他对大家说："地主抢夺了你们开垦出来的田地，为了强迫你们交租，就勾结官府，立下田契作为证据进行剥削。这是有罪的啊！现在，我把全部的田契烧毁，你们就可以自耕其田，不要交租了。希望大家团结起来，就会有出头的日子。"

这是多么大的创新！这就是真正的自我革命！这熊熊火焰，是最好的宣传，温暖了广大贫苦农民冷了千年的心房；他燃烧的不仅是自家的地契，而且是旧的私有制度；他把良田财产分给了佃户，发动农民革了自己的命，亘古以来，前所未有！他向全中国宣告："我们不是为了自己打土豪分田地，不是为了自己先富起来！是为了贫农打土豪分田地，是为了让贫苦农民先富起来！"广大农民奔走相告，彭湃的大名和义举一夜间传遍了四面八方，彭湃以惊世骇俗之举激发了广大农民参加农会的巨大热情。

二、房屋、书室充当办公场所

由于彭湃投身革命运动，彭家的家财、家产和故居，都为革命做过贡献。彭湃把他的书室（"得趣书室"）和家（"彭湃故居"）都拿出来作为农民骨干聚会、商议事情的场所。

（一）彭湃故居

彭湃故居坐落于海丰县风景秀丽的龙津河东面的海城镇桥东社，悠悠的龙津水绕着彭家门前流过。彭湃故居坐北向南，面临龙津河，始建于清末，主楼双层，面宽 3 间 12.9 米，进深 10.9 米，前廊仿西式建筑，楼板加铺花砖。风火式山墙，总建筑面积 266 平方米。彭湃在这里度过童年和青少年时代。

《海丰文物志》记载：1925 年 3 月，广东国民革命军第一次东征到达海丰后，周恩来同志和革命军的苏联军事顾问鲍罗廷及加伦将军曾在此住宿，一起研究工作。《海丰文物志》又记载：1925 年 6 月，革命军回师广州，粤军残部重陷海城，故居遭焚毁，只遗下墙基。中华人民共和国成立后，人民政府拨款修围墙加以保护。1962 年 7 月 7 日广东省人民委员会将该旧址列为省级重点文物保护单位（含得趣书室）。1986 年，国家文物局拨款 15 万元按原貌重建，并开设彭湃生平文物展览。

彭湃故居（摄影：魏子杰）

（二）得趣书室

得趣书室是红色土地上一颗璀璨的明珠，坐落于海丰县海城镇桥东社，在彭湃故居东侧，坐北向南，面临秀丽清澈的龙津河，面宽3间12米，进深8米，建筑面积96平方米，风火式山墙，旁侧有高大遒劲的红棉，为之增添秀伟的氛围。得趣书室原是彭湃自家书室。1922年夏，彭湃与妻子蔡素屏搬到这里居住。1928年3月书室被国民党军队烧毁，1958年按原貌修复。

得趣书室（摄影：魏子杰）

得趣书室之所以成为革命胜迹，是因为它与彭湃的革命活动有着紧密的联系。

1921 年彭湃在日本早稻田大学经济系毕业回国，出任海丰县教育局局长，翌年 5 月 5 日却被撤了职。这使他清楚地认识到只有发动群众起来斗争，才是革命的正确之路。于是，他便开始宣传发动农民运动，并与妻子蔡素屏一起搬到得趣书室。彭湃第一次试验性的农村宣传就是在得趣书室开始的。当时蔡素屏虽然还没有完全弄通彭湃所讲的革命道理，但被彭湃的革命热情所感动，愉快地接受了丈夫分配的角色——宣传对象。两口子一问一答，一直演习到鸡啼三遍。

1922 年 7 月 29 日夜晚，在得趣书室里，彭湃、张妈安、林沛、林焕、李老四和李思贤成立了著名的"六人农会"，一个新型的农民组织正式诞生了。彭湃在得趣书室中，为我国农民运动史写下了光辉的一页。

1925 年第一次东征时，周恩来率部在得趣书室与彭湃会面。

1925 年 3 月，中共海丰特别支部成立，彭湃任书记。10 月 29 日，根据中共广东区委的指示，中共海陆丰特别支部改组为中共海陆丰地委，彭湃任书记。中共海丰特别支部和后来的中共海丰地委都在得趣书室办公。

海陆丰秘密革命组织"十人团"总团也设在得趣书室。

彭湃还在得趣书室写下了一些气吞山河的旧体诗，其中有两首七绝，其一是：

磊落奇才唱大风，

龙津水浅借潜龙。

愿消天下苍生苦，

尽入尧天舜日中。

其二是：

> 雄才怒展傲中华，
>
> 天下功名未足夸。
>
> 蔓草他年收拾净，
>
> 江山栽遍自由花。

三、带动家人奉献革命

彭湃不但自己奉献，还带动妻子和家人为革命作贡献。

1923 年 1 月，海丰县总农会成立，总农会派彭湃妻子蔡素屏到赤山乡发动妇女加入农会。为解决农会的活动经费，蔡素屏变卖随嫁的金银首饰作为活动经费。

"七五农潮"发生后，杨其珊等农会干部被捕入狱，蔡素屏受彭湃委托，天天跑监狱为农友们送饭，坚持了四个多月。

彭家还有一位可亲可敬、可歌可泣的人物，她为了革命作出了巨大的贡献，她就是彭湃的亲生母亲周凤。

周凤出生在一个贫农家庭，自幼被卖到大地主家当婢女，后被彭湃的父亲彭辛纳为妾。本来是地位低下的侍妾，周凤却凭着勤劳和聪慧，赢得了妯娌、亲戚和邻居的喜爱与尊重。1921 年，彭湃从日本回到家乡，发动农民运动，周凤对儿子的这一举动不仅没有表示反对，还把自己微薄的积蓄和首饰全部拿出来，捐给刚刚成立的农会作经费。更可贵的是，在残酷的革命年代，周凤把她的亲人一个个送上战场。海陆丰苏维埃失败后，反动派进行了疯狂的反扑，彭家遭到了残酷的镇压和屠戮。在 1928—1933 年短短的几年间，周凤先后失去了二儿子彭达伍、三儿子彭汉垣、四儿子彭湃、七儿子彭述和四儿媳蔡素屏、许冰以及长孙彭陆 7 位骨肉至亲。周凤如万箭穿心，忍受着这惨绝人寰的痛苦。

为了让革命的薪火传递下去，周凤忍住伤心和痛苦竭尽全力保护革命种子。1928 年 7 月，蔡素屏刚生下三子彭洪，就遭到敌人的围追堵截，周凤抱着新生孙儿扶着儿媳，躲进山中一片茂密的荆棘丛中，敌人搜山的脚步一步步向她们逼近，她们听到一个声音说："会不会躲在树丛里？"紧接着，脚步声在她们跟前停了下来，外面传来棒打树丛的声音。猛地，一支步枪枪托朝她们躲避的荆棘丛中砸了下来。咚！周凤只觉得额头一阵剧痛，两眼直冒金星。她咬紧牙关，忍住痛未敢哼一声，心中暗自庆幸，这一枪未砸到新生儿身上。脚步声渐渐远去，新生儿还在沉睡，周凤和儿媳舒了一口气。

1930 年 9 月，周凤在掩护革命同志时被敌人发现，被捕入狱。在狱中，她坚贞不屈，保持着崇高的革命气节。后在党组织和进步人士的努力营救下，才获释出狱。

1938 年，抗日救亡运动风起云涌，身居香港的周凤毅然把在香港的五个孙儿彭科、彭潮、彭士禄、彭洪、彭锡明和一个在内地的孙女送进东江纵队，跟随曾生司令参加抗日战争……

彭湃的大哥彭银一共养育了五个儿子，1924 年彭银把年仅 15 岁的大儿子彭金交给彭湃，参加了革命。抗日战争时，又把第二个儿子彭锡送到抗日前线，在南京大屠杀中牺牲，时年 21 岁。解放战争时，又把 27 岁的彭动和 24 岁的彭钢送进革命队伍，参加解放战争。

彭湃的家人追随彭湃参加革命，作出了巨大的牺牲（参看第十章内容）。

中华民族是一个崇尚奉献的民族。在几千年的历史长河中，中国人民守望相助、勇于付出，留下了许多关于奉献的经典传说故事。我国古代神话传说很多都与奉献有关。女娲补天，讲的是女娲面对人类灾难，挺身而出、补天救世的传说；大禹治水，讲的是大禹三过家门而不入，舍小家为大家，用数年时间在华夏大地驯服洪水的经历；愚公移山，讲的是愚公决心让子子孙孙挖山开路，最后感天动地的故事。这些传说故事，都饱含牺牲小我、成就大我的奉献精神，几千年来人人皆知，深深扎根在中国人的心底。历史上的英雄故事很多与奉献有关。杨家将满门忠烈，前赴后继、喋血沙场；林则徐抵御外侮，苟利国家生死以，岂因祸福避趋之……这些感人故事不胜枚举，塑造了一个个英雄人物，撑起了一代又一代的民族脊梁。文学中的经典名句也有很多与奉献有关。李商隐的"春蚕到死丝方尽，蜡炬成灰泪始干"，范仲淹的"先天下之忧而忧，后天下之乐而乐"，文天祥的"人生自古谁无死，留取丹心照汗青"，陶行知的"捧着一颗心来，不带半根草去"……这些经典名句，从不同侧面表达了人们对奉献的赞美。

奉献是共产党人常讲常新的话题。共产党一诞生，就把奉献鲜明地写在自己的旗帜上，党的奋斗史、发展史也就是一部奉献史。在共产党的语境中，奉献特指那些为党和人民事业不计得失、不求回报、真诚无私的付出。奉献精神是一种纯洁高尚的精神境界，彭湃的奉献精神是千千万万共产党人的奉献的典型代表。奉献没有休止符，任何时候都需要奉献。习近平总书记指出："追梦需要激情和理想，圆梦需要奋斗和奉献。"大力弘扬奉献精神是新时代的强烈呼唤，是完成党的历史使命的必然要求。我们的时代，是千帆竞发、百舸争流、催人奋进的时代；我们的事业，是前无古人、披荆斩棘、前途光明的事业；我们的社会，是思想多元、利益多元、价值多元的社会。我们党要引领时代、再创伟绩、续写辉煌，就必须大力弘扬奉献精神。

第九章

为救国救民不怕任何艰难险阻、在逆境中敢于顽强奋斗的担当精神

彭湃带领人民闹革命（海丰美术家协会提供）

在党的历史上，无数优秀的共产党人为了救国救民，不怕任何艰难险阻，在逆境中不屈不挠，顽强奋斗，担当起民族复兴大业的历史重任，彭湃就是一个勇于担当的光辉典型。

易元在 1930 年 8 月 30 日《北方红旗》第 29 期上发表的《彭湃同志略传》指出："他更有不顾一切，排除万难以贯彻目的的勇气。彭湃同志的家庭，在海

丰县可以算做一个大地主，每年收入约千余石租。他家里的人听说他要做农民运动，除了他的三兄五弟不加可否外，男女老幼都恨他刺骨，他的大哥简直要杀他，此外同族同村的人，都一样的厌恶他。彭湃同志却一概不理。就是和他接近的朋友，都在反对他……然而一九二一年五月起，他不理会一切家人宗族朋友的话，即开始在县城附近的农村干农民运动。在开始的时候，简直没有一个人表同情于他的。""他是不怕挫折，而且从不灰心的。他常说：川流百折终到海，不怕拐弯，只怕不动，若是永远不歇的动，一定成功的，他做事就是如此。记得他开始做农运时，不知碰了多少困难，遇了多少窒碍，志趣不坚的人，早已知难而退的了，可是他，始终不懈的向前干去。记得他头一次下乡，是穿着白的学生洋服及戴白通帽去的，无论怎样说，农民看见他那样子就走，有些农民说他来收捐的，有些说他做官当兵的，或当他是官贵子弟，不肯和他说老实话。一连跑了几天，没有丝毫效果，家中对他又如象仇人一样。他每夜在床上想法子，想东想西，到了天亮，爬起身来，随便食了点东西，就再到农村去了。把学生装丢了，改穿一套平常人的衣服，然而农民还是不理他。他不怪农民，晚上回家睡时，便审问自己，将一天的服装举动言语都考核一遍，看有什么毛病。后来，他想到所说的话太过文雅了，说出来农民听不懂，于是决定以后不说一句农民听不懂的话。同时发觉到乡村访问的方法还不大好，于是又决定改在农民来往众多的十字路口去宣传。"[①]

一、勤于总结与反思

彭湃不仅勇于实践，而且善于进行理论总结。从 1926 年起，他在国民党农民部主办的《中国农民》上连续发表了他写的《海丰农民运动报告》。同年 10 月，广东省农民协会将"海丰农民运动报告"改为"海丰农民运动"，出版单行本，周恩来亲笔为它题写了书名。这本书详细地论述了海丰农民的政治地位、经济地位和文化状况，分析了海丰农村各个阶级及农民所受的苦难，记述了彭湃 1922—1924 年在海丰从事农民运动的全过程，深刻地总结了海丰农民运动的经

---

① 《彭湃研究史料》编辑组. 彭湃研究史料［M］. 广州：广东人民出版社，1981：341 – 342.

验，从而成为中国共产党最早的一部从理论与实践上阐述农民运动理论和方法的重要著作，而且是"中国农民运动第一本最有价值的著作"。它不仅是中国共产党关于农民运动的教科书，对后来毛泽东写的关于农民问题的一系列文章和《湖南农民运动考察报告》也产生了重要影响。

在日常的革命斗争中，彭湃很善于总结经验，每次重大活动后，他都要召开总结会议，亲自撰写总结，分析成功的原因、经验，失败的原因、教训，事后的影响等，并及时上报上级。这从很多史料中都可以看到，比如《广宁减租运动经过》就总结了"成功的原因"："此次减租运动，虽没有很大的成功，只是很小的胜利。但现在回想起来，也就算得很不容易的事情了，所以能够胜利的原因：（一）农民政策刚刚颁布，农民部才初成立，各种要求，如要枪请兵之类都很容易解决。（二）农民受地主压迫过甚，痛苦不堪，尤其是社冈农民，所以很热烈起来参加。"① 还有"事后影响"："此次减租运动，胜利后有下列几种影响：（一）没有组织农会的地方都起来组织有农会了。（二）神打团不但不敢再来打农会，并且同情于农会了。（三）纠正了从前错误，不再说地主是资本家，不称自耕农为地主，并联络小地主，结果小地主愿缴枪，自耕农同小地主愿加入农会，使绅士不敢动。（四）广宁农会在社会上已有相当的地位了。（五）农民可以多有半个月的米吃了。（六）农妇有一百多加入农会，并表示减租后不但有饭吃，并且不送租，免吃苦，都是农会的好处，在从前不能成立农会以加入农会要受压迫的地方，经许多农妇四方去宣传，也成立了农会。（七）有些成立了农民学校。（八）成立了几个合作社。社冈拆石方面，合作社的宣传很甚，社冈农民很辛苦去做合作社运动，原来成立时就差不多五百人，现在有一千五百人。（九）小商人的生意，也因此发达起来了。（十）学生们的反动态度也转变过来了。"②

1928 年夏秋间，彭湃在大南山战斗的艰苦岁月中，反思了盲目冲动的危害，他说："我们不能让自己的水平仍停留在猛打猛冲的阶段上，我们要学会适应环

---

① 《彭湃研究史料》编辑组. 彭湃研究史料［M］. 广州：广东人民出版社，1981：213.

② 《彭湃研究史料》编辑组. 彭湃研究史料［M］. 广州：广东人民出版社，1981：213 - 214.

境，保存革命力量。"①

二、敢于批评与自我批评

彭湃敢于开展批评与自我批评。

比如他代表东江特委在给省委的报告中对一些同志进行严厉的、毫不留情的批评："在这会议未开以前，东委知道必有一般党的负责同志及活动的知识分子反对这个'初十收回惠来城'口号。这一部分同志所谓'如得白军到来暂时休息'的心理，他有饭吃，有衣穿，什么老婆在一块住，民众痛苦是不愿意看的，什么继续第二次暴动是不愿意想的，而且动摇怕死，不肯去接近群众，因此，他必然是反对的。"②

在很多珍贵史料中，也可以看到县委同志对以彭湃为首的特委提出了严厉的批评。

而彭湃同志的自我批评同样激烈，不回避。如1928年5月17日《东江特委给省委的报告》中"（四）这次批评东委有下列错误：1. 机会主义，东委常以（与）下部同志冲突，无法压迫（发动）东江暴动之错误。2. 东江这次失败东委偏争消极。3. 军事投机，只会派红军去作战，未能尽量发动群众。4. 东委和各县党部关系不好，未能派得力同志指导各县工作。5. 东委对二、四师虽有补充的计划，而未能实现，故红军只有减少。6. 东委组织不健全，除了三个常委之外，其余无人负责"③，从中可以看出以彭湃为书记的东江特委自我批评的力度。

三、善于培养和锻炼革命骨干与精英

彭湃培养和锻炼一大批党、政、军和农运骨干与精英，为中国革命胜利作出了重要贡献。

土地革命战争时期海陆丰和周边地区的党、政、军和农运领导干部，大都是在彭湃等领导培养下成长起来的，大都经过大革命时期大风大浪的锻炼和考验，

---

① 朱着南. 巧遇彭湃同志［N］. 解放日报，1961－03－17.
② 《彭湃研究史料》编辑组. 彭湃研究史料［M］. 广州：广东人民出版社，1981：58.
③ 《彭湃研究史料》编辑组. 彭湃研究史料［M］. 广州：广东人民出版社，1981：48.

在筹建和巩固苏维埃的斗争中，他们增长了才干，提高了斗争的政策水平，锻炼得更加成熟，涌现出一批优秀领导干部。

（一）培养和锻炼了一大批党的骨干与精英

彭湃培养和锻炼了一大批党的骨干与精英，如：

中共南方局常委、组织部部长（1930年）陈舜仪（海丰县海城镇人）；

中共南方局常委、宣传部部长（1930年）林道文（海丰县海城镇人）；

中共中央委员（1927年）、海陆惠苏维埃负责人杨其珊（海丰县海城镇人）；

中共两广临时工委书记（1932年）彭承泽（海丰县海城镇人）；

中共广西特委书记（1929年）梁秉刚（海丰县捷胜镇人）；

中共两广工委常委、组织部部长（一说宣传部部长，1932年）陈允才（海丰县海城镇人）；

中共两广工委常委、宣传部部长（1932年）徐国声（海丰县梅陇镇人）；

中共福建省委常委、宣传部部长（1930年）李国珍（海丰县海城镇人）；

中共两广省委临时委员会宣传委员、香港工委书记（1934年）林德隆（海丰县海城镇人）；

中共广东省委委员、广东省工会主席（1927年）王丑（海丰县赤坑镇人）；

中共广东省委委员（1928年）、东江特委委员黄依侬（陆丰县金厢镇人）；

中共广东省委委员（1928年）、东江特委委员黄悦成（海丰县圆墩人）；

中共广东省委巡视员、北江特委书记（1932年）彭承伦（海丰县海城镇人）；

中共香港市委书记（1930年）张家骥（海丰县赤坑镇人）；

中共广州市工委书记（1927年）彭陆（海丰县海城镇人）。

中共东江特委书记（1927年）郑志云（海丰县海城镇人）；

中共汕头地（市）委书记（1927年）陈振韬（海丰县附城镇人）；

中共海陆惠紫委员会书记陈子歧（海丰县海城镇人）；

还有一大批县委书记：

中共海丰县委书记、海陆紫县委书记（1927年）林彬（海丰县联安镇人）；

中共潮阳县委书记（1927年）林国英（海丰县海城镇人）；

中共紫金县委书记（1927年）吴健民（海丰县海城镇人）；

中共陆丰县委书记（1927年）丁丁；

中共陆丰县委书记（1928年）吴克绵（海丰县海城镇人）；

中共陆丰县委书记（1929年）吴祖荣；

中共陆丰县委书记（1930年）陈允厘；

中共陆丰县委书记（1930年）赖稼（海丰县海城镇人）；

中共澄海县委书记（1928年）彭述（海丰县海城镇人）；

中共五华县委书记（1928年）蔡家俊（海丰县附城镇人）；

中共饶平县委书记（1929年）何丹成（海丰县捷胜镇人）；

中共潮安县委书记（1929年）杨小岳（海丰县红草镇人）；

中共惠阳县委书记（1929年）刘克礼（海丰县海城镇人）；

中共惠阳县委书记（1931年）叶青（海丰县海城镇人）；

中共潮澄澳县委书记、潮普惠县委书记、海陆紫县委书记周大霖（海丰县海城镇人）。

（二）培养和锻炼了一大批苏维埃骨干与精英

彭湃培养和锻炼了一大批苏维埃骨干与精英，如：

中华苏维埃共和国中央执行委员（1931年）彭桂（海丰县梅陇镇人）；

中华苏维埃共和国中央执行委员（1934年）郑振芬（海丰县海城镇人）；

东江苏维埃政府执行委员会委员长（主席）（1930年）陈魁亚（海丰县海城镇人）；

海陆紫苏维埃主席（1930年）、中共东江特委委员林覃吉（海丰县公平镇人）；

陆丰县苏维埃政府委员兼秘书长（1927年）、中共陆丰临时县委书记林铁史（海丰县海城镇人）。

（三） 培养和锻炼了一大批军队骨干与精英

彭湃培养和锻炼了一大批军队骨干与精英，如：

红军第十一军政委（1930年）颜汉章（海丰县陶河镇人）；

红军第六军副军长兼第二师师长（1933年）彭桂（海丰县海城镇人）；

红军第十一军常委（1930年）林甦（海丰县附城镇人）；

红军东江独立师政委、东江特委军委常委（1931年）黄强（海丰县东涌镇人）；

工农革命军海陆惠紫集团军总指挥（1927年）、东江革命委员会主席刘琴西（紫金县紫城镇人）；

海陆惠紫四县军事总指挥（1927年）张威（陆丰县东海镇人）；

惠潮梅工农救党军总指挥（1927年）吴振民（浙江省嵊县人）；

红军东江独立师参谋长、东江军事委员会参谋长（1933年）颜浑（海丰县陶河镇人）。

还有南昌起义军留在海陆丰编为红二师的董朗、颜昌颐、王备，参加广州起义奔赴海陆丰部队编为红四师的叶镛、袁裕、徐向前等，他们在领导海陆丰的革命斗争中不怕流血牺牲，冲锋在前，为信仰而来，为信念而战，在风浪中锻炼成长，成为海陆丰和东江地区革命斗争的主要领导骨干。在当年保卫苏维埃、巩固革命根据地的斗争中，一批党的优秀领导干部和红军指战员英勇牺牲如张善铭、吴振民、叶镛、刘校阁等，为革命的胜利流尽最后一滴血。人民永远不会忘记他们，他们的英名将永载史册。

（四） 培养和锻炼了一大批农运骨干与精英

彭湃培养和锻炼了一大批农运骨干与精英，如：

广东省农民协会执委兼农工部部长、黄埔军校后方主任（1923年）李劳工（海丰县捷胜镇人）；

中共广东省委委员、海陆惠紫四县暴动委员会主席（1928年）杨望（海丰县海城镇人）；

广东省农民协会执委兼文牍和仲裁部部长（1923 年）余创之（海丰县赤坑镇人）。

（五）培养和锻炼了一大批共青团骨干与精英

彭湃培养和锻炼了一批共青团骨干与精英，如：

团两广工委代理书记（1932 年）刘志远（海丰县海城镇人）；

团广东省委组织委员、宣传部部长陈回（海丰县梅陇镇人）；

团香港市委书记（1931 年）蔡俊（海丰县捷胜镇人）；

团东江特委书记（1927 年）王尔瞻（海丰县海城镇人）；

团东江特委书记（1928 年）余国英（海丰县赤坑镇人）；

团东江特委书记（1931 年）陈振生等。

四、勇于担当与顽强奋斗

在党的早期领导人中，彭湃的勇于担当与顽强奋斗精神是相当突出的。

党需要他搞农民运动时，彭湃创建了第一个县级农会、第一个市级农会、第一个省级农会，他担任广东省农会委员长，在他的领导下，广东农民运动蓬勃开展。又积极参与全国农会的创建与领导工作，成为中国现代农民运动一面迎风飘扬的红旗。

党需要与国民党合作时，他担任国民党中央农民部秘书（相当于副部长）、特派员等重要职务；创建了广州农民运动讲习所；协助两次东征，消灭了陈炯明的势力。

党需要他搞武装、军事斗争时，彭湃创建了中共领导下的第一支农军（人民武装），亲自策划、领导海陆丰三次武装起义：1927 年，蒋介石发动"四一二"反革命政变，背叛革命。蓬勃高涨的工农群众运动遭到残酷的镇压，成千上万的共产党员和革命群众倒在血泊之中。在革命的危急关头，中国共产党于4 月 24 日在汉口召开了第五次全国代表大会。彭湃参加了大会，并当选为中央委员。在彭湃的亲自策划和指导下，在中共海陆丰地委领导下，海陆丰人民为了反抗国民党的屠杀政策，曾先后三次举行武装起义。1927 年 4 月，海陆丰第一次武装起义前夕，彭湃在武汉派彭汉垣回到海丰，与中共海陆丰地委取得联系，策划举行武装起义。9 月 7 日海陆丰人民又举行第二次起义，彭湃亲自参与，并带头冲锋陷阵。南昌起义军失败后，彭湃随同周恩来撤往香港，在中共南方局工作的彭湃遵照中共广东省委书记张太雷的意见，返回海丰兼任东江特委书记，直接领导海陆丰人民举行第三次武装起义，以策应党在广州举行的武装暴动。彭湃抵达海丰后，马上与海丰临时政府委员们开会研究，一致同意立即举行第三次武装起义。10 月 25 日，彭湃发布 11 月 7 日俄国十月革命十周年举行武装起义的命令，命令一下，两县农军纷纷出动，率领农民不断袭击各乡镇的保安团和民团，战斗捷报频传。海陆丰第三次武装起义终于赶走了国民党反动派，夺得了政权。

　　党需要他建立红色政权时，他呕心沥血建立了中国第一个县级红色政权——海陆丰工农兵苏维埃。1927 年 11 月 13 日和 18 日，陆丰和海丰先后召开了工农兵代表大会，宣告了中国第一个县级红色政权——海陆丰工农兵苏维埃的建立。这次大会的意义，正如开幕通电所指出的："这种举动是中国前古所未有，即在世界上除苏联以外亦是第一次，这种壮举实开中国无产阶级革命的先声。"海陆丰第三次武装起义和苏维埃的建立，是中国共产党人以武装斗争反抗国民党反动派的屠杀，深入进行土地革命，建立红色政权的首次尝试。它为其后红色政权的建设在理论和实践上都积累了宝贵的经验。海陆丰苏维埃具有世界历史意义，揭开了中国苏维埃运动的序幕，开始进入工农兵三大力量联合革命的新时代。海丰苏维埃虽然失败了，但它在国际苏维埃运动史上占有显著的位置。海陆丰是在中国大地上第一个正式建立苏维埃的地方。这面红旗鼓舞了当时各地的工农武装起义，给他们提供了大量鲜活、丰富、可行的经验。这个苏维埃在白色恐怖的包围中，为推动土地革命，保卫新生的革命政权，决定实行全民武装。为贯彻全民武装的方针，苏维埃政府采取了多种措施。海陆丰苏维埃还创造了工农联合专政的政权形式，揭示了农村革命根据地的重要性。这些都给第二次国内革命战争的发展以宝贵的启示，给全国农民树立了光辉的榜样。海陆丰苏维埃作为中国革命史上的第一个红色政权将永垂史册，彭湃创建苏维埃的功绩也永远为后人所铭记。

第十章

不畏强暴、不惜牺牲一切的大无畏
精神

彭湃与爱人许冰合影（红宫红场旧址纪念馆提供）

牺牲，狭义上指牺牲生命，广义上包括牺牲各种利益。中国共产党的入党誓词明确提出："为共产主义奋斗终身，随时准备为党和人民牺牲一切，永不叛党。"中国共产党人为了共产主义事业，为了国家、民族和广大人民的利益，面对强大的敌人和险恶的政治环境，毫不犹豫地奉献自己的一切。共产党员的牺牲精神是共产党员发挥先锋作用的具体体现。在革命战争时期，共产党员的牺牲精神主要表现为冲锋在前，退却在后，不怕流血牺牲；在和平建设时期，主要表现为吃苦在前，享受在后，任劳任怨，埋头苦干；在处理各种利益矛盾时，先人后己，克己奉公，无私奉献；在国家财产和人民群众的生命安全受到威胁时，为保护国家和群众的利益挺身而出，不惜牺牲自己的生命等。

共产党员的牺牲精神具体表现为不畏强暴、不惧困难、不辞劳苦、不怕牺牲，英勇顽强、坚韧不拔、前仆后继、勇往直前。这些在彭湃身上体现得淋漓尽致。

一、时刻准备为党和人民牺牲一切

易元在 1930 年 8 月 30 日《北方红旗》第 29 期上发表的《彭湃同志略传》指出："他在斗争中又是最勇敢的。指挥没有训练过的农民作战是比较困难的事，然而只要当指挥的人肯站在前头，农民总是死都追随着你的。彭湃同志之所以深得农民信仰，固然处处为着农民阶级利益，而且在斗争中，他更不避艰险。一九二五年他领导广宁农民与地主斗争，一九二六年他又亲自到花县指挥农民与民团作战，一直至海陆丰苏维埃成立，攻惠来，陷普宁，大小百数十战，无不亲临前敌，为群众先锋。"①

（一）不怕牺牲、身先士卒，决心与敌人血战到底

1928 年 5 月 5 日至 11 日，彭湃召开了潮普惠三县的联席会议，制订了三县暴动计划，成立了由彭湃等十五人组成的暴动委员会，彭湃还提出组织敢死队（冲锋队）打冲锋，由他亲任队长。这件事同志们没有同意，省委后来也来信批评："彭湃同志自己当敢死队长，亦完全是无法号召群众起来时的一种拼命精神

---

① 《彭湃研究史料》编辑组 . 彭湃研究史料 [M]．广州：广东人民出版社，1981：343.

的表现，省委禁止这办法。"① 但从另外一个角度反映出彭湃不怕牺牲、身先士卒，决心与敌人血战到底的革命精神。

南昌起义后，当起义者从南昌来到瑞金时，彭湃第一次揭露了富农反革命组织 AB 团（反布尔什维克团体）。彭湃在瑞金遇到一个大地主的儿子，同他进行谈话。那个地主儿子天真地对农民运动表示不满，这使彭湃觉察到有一个反革命组织在活动。于是对这家进行了搜查，结果在墙里找到一封关于 AB 团的信。彭湃对这个地主的儿子进行了审讯，得知这个 AB 团的总部就设在附近一个村子里。彭湃带着 10 个士兵和这个地主的儿子，前去搜寻这个总部。到了这个总部以后，彭湃把士兵们布置在这间房子的周围，他一个人同地主的儿子走进这间房子。AB 团总部这时正在这里开会。与会者看见彭湃，开始时很害怕，然后便都摸起了手枪。彭湃立即掏出了自己的手枪，当场打死了几名总部成员，将其余的人逮捕了起来。在被打死的人中，有一名便是总部的副主席。②

（二）为了革命事业，从不计较个人得失

彭湃不为官、不为钱、不怕艰苦、不怕坐牢，慷慨赴死、从容就义，真正做到了为主义和信仰而奋斗、而献身。彭湃同志为了革命事业，从不计较个人名利与得失。

1923 年 5 月，彭湃策划在"五一"期间举办一次规模浩大的活动，组织"海陆归"（海丰、陆丰、惠阳。惠阳旧称归善）三县农民集会，举行示威游行，并发表了"五一宣言"。于是专门成立了活动筹备机构，其中设了"庶务部，主任杨嗣震，部员余创之、陈振韬、彭湃……"③ 这时候，彭湃是惠阳农民联合会的会长，却甘愿当一名普通的部员（干事）。

二、视死如归，英勇牺牲

1929 年 8 月，由于叛徒白鑫的出卖，彭湃在上海被捕。被捕后，国民党反动

① 《彭湃研究史料》编辑组. 彭湃研究史料［M］. 广州：广东人民出版社，1981：70.
② 肖三. 彭湃［M］//刘林松，蔡洛. 回忆彭湃. 北京：人民出版社，1992.
③ 《彭湃研究史料》编辑组. 彭湃研究史料［M］. 广州：广东人民出版社，1981：70.

派对他进行严刑拷打："反革命阶级仇视革命领袖是当然的事，但从未有象国民党对待革命领袖这样惨酷无人道。彭湃等五人被捉后，马上引渡到中国界。彭湃慷慨自述'我是彭湃，你们要怎样就怎样'。但是野蛮的国民党，一定要他受尽惨不忍睹的各种酷刑，他竟因此晕去九次之多，弄得手足俱折、身无完肤。"①

他在法庭上勇敢地回答国民党刽子手："是的，你们今天可以审讯我，侮辱我，而我只能痛斥你们这些叛徒、杀害人民的刽子手、帝国主义的走狗。但在不远的将来，当我们最终战胜你们时，你们这帮胆小鬼在人民面前坐在被审席上，甚至都不敢说一句为自己辩护的话。"②

在法庭上，面对众人，彭湃不忘宣传和鼓动，他说："不久的将来，一定会在全国建立苏维埃。那时，中国人民一定会有幸福的生活。""为了给中国的子子孙孙争得幸福，就是牺牲自己的性命也是在所不惜的。"

在监狱里，面对随时到来的牺牲，他坦然面对。他利用一切机会向狱内群众和看守士兵宣传党的主张，揭露国民党反动派的反革命罪行，使得看守士兵们深受感染，狱中众人都深受影响。彭湃甚至还争取到了一位押犯人的士兵，成为他与外面联系的"交通员"。

彭湃自知敌人将对他下毒手，他逃不过敌人的魔掌，于是执笔给许冰写了封绝命书，"冰妹：从此永别，望妹努力前进，兄谢你的爱！万望保重，余言不尽。你的湃"。他在信中勉励许冰继承其遗愿，为党的伟大事业而不懈努力。彭湃壮烈牺牲，许冰无比悲痛，写下《纪念我亲爱的彭湃同志》，她说："我彭湃同志虽然死了，但他光荣的历史，伟大的战绩，英勇的精神不能磨灭。""我要继承彭湃的精神，遵从他的遗嘱，踏着他的血迹坚决地到群众中去，磨利我的刺刀，杀死不共戴天的敌人。"她把短发重新留长，梳成发髻，扮成一个普通的家庭妇女，准备离沪，继续战斗。彭湃夫妇对共产主义事业的坚定信念和高尚真挚的爱情，在字里行间表现得淋漓尽致。信短情深，字字千钧，体现了一个共产主义战士敢于牺牲、视死如归的革命精神。

---

① 《彭湃研究史料》编辑组．彭湃研究史料［M］．广州：广东人民出版社，1981：266.
② 肖三．彭湃［M］//刘林松，蔡洛．回忆彭湃．北京：人民出版社，1992.

周恩来 1929 年 9 月 14 日亲自撰写的《彭杨颜邢四同志被敌人捕杀经过》披露了彭湃等人在监狱里与敌人斗争的情形："彭、杨五同志至公安局，当晚即开审，问官一无所得。而彭、杨五同志在看守所中即开始宣传，许多保安队员为之感动。二十七日下午复开审，审问历四五小时。问至彭湃同志，有人出为证明，彭湃同志公开承认。问官询其经过历史，彭同志慷慨而谈，历时一点多钟……当谈至在海陆丰惩办反革命时，彭同志向审问官抗声说道：似你们这班反革命党，我们在海陆丰不知杀了好多，你现在不必再问了，将我枪毙好了。问官亦为之动容。问至杨殷同志，杨殷同志亦公开承认自己的经过。审问毕，回至看守所，五同志齐唱《国际歌》，以赋同仇，直影响了全所。

"第二审过后，公安局深惧有意外，至二十八日清晨即转解警备司令部。适当晚发生了蒋介石被刺事，一切嫌疑卫兵统押至司令部。上至熊式辉，下至司法科，统忙得屁滚尿流。被押卫兵，经严刑拷打，血肉横飞，骨折肢断，无一肯供出刺蒋来源。于是五同志在押的三天中（二十八—三十日）未经一审，只是手铐脚镣，铁链叮铛，被严重地看管在司令部看守所中。在这三天中，五同志没放过一刻机会，不断向在狱群众与司令部内的士兵宣传。当彭、杨诸同志与士兵谈到痛切处，士兵中竟有捶胸落泪，痛骂国民党军阀非杀尽不可的。当他们说至激昂处，便齐唱《国际歌》与少年先锋歌，士兵与狱中群众亦高呼口号和之，于是愁苦惨淡的狱中，一变而为激昂慷慨的沙场。有些因贫穷而走入抢劫的盗犯，他们都感动而觉悟道：只有跟共产党走，才是我们穷人的正当出路！有些因革命嫌疑而下狱的群众乃更加坚决说：我们今后只有革命的一条路了！有些被难的同志则说道：到底是我们的中央领袖，能做我们的表率！有些久闻彭湃大名的人，闻得彭湃在此，均争相来看；还有几个识得彭湃的人，均以旧时相识为荣。

"他们入警备司令部后，已知必死，故他们传出书信多是遗嘱之辞。他们嘱咐党中同志不要因他们被捕而伤痛，要继续努力谋得革命的发展。他们嘱咐党中重要负责同志要为党惜身。他们望党内对于反对派的斗争要多从教育上做功夫，以教育全党。他们相聚谈话时，亦曾谈及许多政治问题，可惜未曾传出他们所谈的内容。他们都是谈笑自如，杨殷同志曾笑说：'朝闻道，夕死可矣。'他们对于自己爱人的遗嘱，都是勉其为党努力。

"在三十日这天，临时法院忽又故意票传五人复审。司令部遂亦于当天午后，在形式上将五人严密地解送至法院。到法院时有步兵一排，公安局包探多人，司令部副官几个，并有捕房巡捕携手提机关枪两架跟着警戒。法院在特别法庭开审，不许人旁听，问辞与供辞如上次。法官与陪审之帝国主义领事及捕房律师都含糊其辞地说了一些，并未将彭、杨等同志罪状究是些什么公开宣布。被告律师虽说了一些，法官等并不注意，最后判决文亦无人能听见法官究竟读了些什么。直至彭、杨等四同志已经枪毙了，上海英文报上忽皇皇地登着法院判决文是处彭、杨等同志以八年的有期徒刑。这一复审，简直是帝国主义强盗与国民党军阀合作的一出滑稽的杀人剧。他们想以法律的手续来欺骗群众，但又深恐怕群众晓得。其实，广大的革命群众老早就不相信你们这种鸟法律了！从一九二七年的"四一二"到现在，帝国主义者与国民党不知暗杀了冤杀了几多群众。屠杀成河的血，早已染红了工农劳苦群众的心，他们只知道以群众的斗争力量来回答你们的白色恐怖，谁还管你们的鸟法律！

"在临时法院审后，即刻又武装紧严地解回警备司令部。当由法庭回至囚车时，颜昌颐同志举手呼共产党万岁，五人相视而笑。至司令部，先回看守所，当即送进一桌酒饭，五同志都知是死期已届，谁还肯吃这一桌劳什子'赏饭'！约一小时，便提彭湃、杨殷、颜昌颐、邢士贞四同志行刑。他们四人慷慨地向士兵及在狱群众说了最后的赠言，唱着《国际歌》，呼着口号出了狱门，引得一般士兵及狱犯都痛哭失声，甚至看守所员都为之掩面。行刑是秘密的，枪毙地点并未出司令部，开熊式辉任内之先例，其严重与畏惧之情可想而知。四同志死时的枪声，狱中群众隐约闻见。有一狱犯特杀鸡一只望空致祭，可见其感动之诚！四同志死时特留下内衣三件作为纪念，成为最后的遗物！死后，司令部又秘密地派人掩埋，以图灭迹。广大的革命群众虽看不见他们领袖的英勇遗体，然他们领袖之英勇的战绩，却永远光明地纪念在每一个人的心中，永远不会湮灭！"

彭湃面对敌人的枪口，视死如归，神态自若，高喊口号，充分表现了一位伟大共产主义者的崇高品质和革命气节。牺牲时，彭湃年仅33岁。

"这是帝王乡，谁敢高唱革命歌？哦，就是我。"——《赤心周刊》曾刊登彭湃的一首题为"我"的诗，充分表达了他的精神特质。而这样的视死如归、慷慨赴死，只为理想，只为信念，只为信仰。正因为心中有理想、心中有信念、心中有信仰，所以他才将牺牲看作生命最美丽的句点和人生最精彩的亮点！

三、满门忠烈，义薄云天

在彭湃的影响下，彭湃一家牺牲了七个烈士〔彭湃和他的兄弟彭汉垣、彭述、彭达伍，妻子蔡素屏、许冰，侄子彭陆（彭汉垣之子）〕，"文革"中，彭湃的三儿子、曾任海丰县县长的彭洪遭迫害致死；彭湃的侄子彭科、堂弟彭劲、堂侄彭株等也惨遭杀戮，彭湃一家又为坚持真理牺牲了四个人。

彭汉垣烈士（1893—1928），彭湃的三哥。土地革命时期海陆丰早期领导人之一。1922年6月任广东省农会的执行委员兼交际部部长；1925年3月，经周恩来的推荐，被任命为海丰县县长；后随周恩来进军汕头，被任命为南昌起义临时革命政府军法处长。1928年3月16日在澳门被捕，后被引渡到广州，4月12日遭杀害，时年35岁。

彭达伍烈士（1888—1928），彭湃的二哥。对彭湃的农民运动十分支持，经常给予活动经费的支持。掩护他自己创办的织布厂的党员。1928年3月，周恩来指示彭汉垣到澳门购店铺或酒楼设立地下交通站，他与彭汉垣在寻找店铺时被国民党暗探盯上继而被澳葡警方逮捕，坚贞不屈，1928年4月12日英勇就义，牺牲时不满40岁。

彭述烈士（1902—1933），原名彭汉述，彭湃烈士七弟。1927年加入中国共产党。小学时就参加了郑志云同志组织和领导的学生联合会，积极开展学生爱国运动。1922年中学毕业后，在彭湃的影响下，放弃管理彭家物业的家事，毅然投身农民运动。1925年从事海丰农会组织交通站、情报站的工作；后任中共澄海县委书记，中共东江特委委员。1933年秋，在揭阳县大南山与敌作战时牺牲。

彭陆烈士（1911—1928），彭湃的侄子，即其兄彭汉垣的儿子。14岁就参加革命，中共党员，曾任广州市工委书记。大革命失败后，他在广州一家书店当店员作掩护，进行地下工作。被坏人认出后告发，随即遭到逮捕，囚禁于警务司令部特别法庭，数天后敌人开庭逼供，对他严刑拷打，但他决不供认，终于在1928年2月28日被杀害，尸体被抛入珠江中，牺牲时年仅17岁。

蔡素屏烈士（1897—1928），彭湃第一位爱人。广东省海丰县鹿境人。1922年彭湃在海陆丰发起农民运动，蔡素屏支持彭湃烧毁自家田契以取信农民，并随彭湃下乡宣传，志同道合，负责公平、赤坑、可塘等区的武装斗争。1928年9月19日因叛徒告密，蔡素屏被敌人逮捕，面对敌人的酷刑拷打，坚贞不屈。9月21日惨遭杀害，终年31岁。

许冰烈士（1907—1933），彭湃第二位爱人。她在榕城读书时，就积极投身五四运动。在长期的革命斗争中，许冰与彭湃建立深厚的感情，后结为终身伴侣。1928年国民党反动派调动大批军队围攻海陆丰革命根据地，许冰随彭湃转战大南山，开展妇女工作。为了行动上的方便，许冰剪去长发，改穿男装，出入小山村，发动妇女参加政治活动，支援革命，反击敌人围攻。1933年秋，国民党反动派组织大批军队围攻大南山，由于叛徒的出卖和敌众我寡，许冰在战斗中被捕。敌人得知她是彭湃的爱人，就千方百计劝她自首却被她拒绝。反动分子劝降不成就对她严刑逼供，许冰坚贞不屈，后被押至汕头杀害，时年仅26岁。

如果彭家再扩大一点，历历算来，从"信古堂"这座宗祠同一高祖走出的革命烈士还有：

彭承伦烈士（1897—1932），原名彭叙，与彭湃同一位高祖父。1926年加入中国共产党，曾任中共紫金县委书记、曲江县委书记、北江特委书记、广东省委巡视员等职。1931年春天在香港参与营救省委陈舜仪等人的行动，他坚定地认为："党内越是困难，越要有人坚持下来。"1932年6月，他留任省委巡视员，他回曲江移交北江特委工作时被叛徒认出，被捕牺牲，时年35岁。

彭承泽烈士（1906—1932），又名彭熙，彭承伦的堂弟，与彭湃同一位高祖父。1926年加入共产党。1928年开始在大南山工作，历任共青团东江特委书记、中共东江特委委员、特委常委等职。1932年3月，省委机关被破获后，4月，两广临时工委调他任两广省委书记。6月17日，遭遇反动派派兵200余人包围，激战中惨遭戮头，壮烈牺牲，时年仅26岁。1932年6月25日《东江红旗》整版刊文《追悼我们的死者彭承泽》，给予他高度评价，纪念并形容"在革命队伍里牺牲了一位能坚决领导党与广大群众作残酷斗争的革命领袖！的确是革命的大损失，要使我们痛心不已者！"

彭惠贞烈士（1907—1928），又名彭碧求，彭承伦的胞妹。为中共海丰县第一区区委妇女委员。1928年春，国民党攻陷县城后，她隐蔽在母亲蔡钗的娘家鹿境村，因内部奸细告密而被捕，关押在海丰国民党县政府监狱。其间，惠贞母亲常去探监。有一天，其母亲又去看惠贞，行至大街之时与国民党行刑队伍相遇，目睹惠贞被五花大绑在囚车上，心如刀割，立在街边不断地淌泪。惠贞与母亲告别道："不要伤心过度了，革命总要有人流血牺牲的，把我收埋吧。"

彭家三代（包括为支持儿子的正义事业、忠贞不屈的英雄母亲周凤）几十丁口，几乎人人都在彭湃的感召下，追随其血染的足迹和风采，为中国人民的解放、为中国革命事业的成功写下了一篇篇可歌可泣的壮丽诗篇！是什么样的精神支撑着他们一个个慷慨赴死、视死如归？是什么样的境界支撑着他们一个个坚定忠贞、前仆后继呢？对！就是坚定不移的理想，就是坚如磐石的信念，就是薪火相传的信仰，就是钢铁一般的意志，就是脚踏实地的奋斗！要知道，这种真正的理想、信仰（信念）的传承是筋骨相连、生生不息、源源不断、一往无前的。可见一个人要具有理想的追求和执着的信仰（信念）是何等重要，那种理想、信仰（信念）的至尊，使他们成为一个个大写的人，纵然生命短暂，却是流芳万世！

彭湃原是一个有钱人家的少爷，为什么放着锦衣玉食的生活不过，为什么放着好好的官不做，却要如此千辛万苦投身革命，却要如此义无反顾牺牲一切呢？这难道不值得每一个人尤其是我们每一个共产党人好好思考吗？这是拷打灵魂之问：我们入党为了什么？当官为了什么？参加工作为了什么？如果想清楚了这些问题，正确回答了这些问题，我们的思想便会纯洁很多，我们的党风便会清正很多，我们的社会便会澄明很多。

彭湃在狱中受尽酷刑，被敌人折磨得四肢俱折、体无完肤、九次晕死过去却始终坚贞不屈！牺牲时才33岁！他的两任妻子蔡素屏和许冰也分别在狱中受尽敌人的欺凌，英勇就义时分别是31岁和26岁！国民党反动派当时对他一家实行的是"斩草除根，决不留后患"的绝招！还有他的几个兄弟、侄子先后牺牲时年龄都不超过37岁！就是这样一个有钱的大户人家，却为祖国的正义事业、为人民的自由解放秉承那份令人感动的执着、无悔和忠贞，付出了如此惨重的代价，换来了我们今天和平幸福的日子。

彭家的牺牲承载着一个时代的历史风云，隐藏着许多共产党人的信仰故事，等待我们去挖掘与歌颂！

四、为有牺牲多壮志

彭湃敢为人先、善于创新、甘于奉献、勇于担当、不怕牺牲、英勇奋斗的精神获得了中共中央领导人的高度称赞。

彭湃牺牲后，8月31日，时任中共中央政治局常委、秘书长兼组织部部长、中央军委书记兼中央军事部部长周恩来即以中共中央名义起草《中国共产党反对国民党屠杀工农领袖宣言》，9月2日，该宣言在中共中央机关报《红旗》第43期发表，高度评价了彭湃战斗的一生。

宣言写道："彭湃同志是广东几千万农民的领袖，海陆丰苏维埃委员长，中国共产党的中央委员。他曾领导海陆丰几万农民，开始中国农民反抗地主剥削阶级的革命斗争，他曾指导着全广东几千万农民不断地（反抗）一切地主阶级残酷的压榨；他曾亲身领导东江海陆丰广大农民群众实行土地革命，肃清反动帝国主义与封建势力，反抗资产阶级的剥削，创立苏维埃。他并参加南昌起义。他这样英勇的革命斗争的历史早已深入全国广大劳动群众心中，而成为广大群众最爱护的领袖。谁不知广东省有彭湃，谁不知彭湃是中国农民运动的领袖，一切反革命派污蔑他是杀人放火的凶犯，但广大工农劳苦群众，尤其是几万万农民群众都深深知道他是他们最好的领袖，是土地革命的忠实领导者。……一切反革命派污蔑他是杀人放火的凶犯，但广大工农劳苦群众，尤其是几万万农民群众却深深知道他是他们最好的领袖，是土地革命的忠实领导者！"宣言号召全国工农劳苦群众"以革命的斗争回答白色恐怖"。

1929年9月5日中共中央又刊登通告《中央通告第四十七号——号召广大群众起来反抗国民党屠杀革命领袖彭湃、杨殷同志等》，谴责国民党反动派的暴行："彭湃同志是广东几千万农民的领袖，海陆丰农民暴动、没收地主阶级土地、创立苏维埃的指导者；杨殷是省港罢工的领袖，广州暴动的领导者之一，他俩是中央政治局的委员，在全国工农劳苦群众中极有威信的领袖。颜昌颐同志是海陆丰工农革命军的指导者；邢士贞同志是上海吴淞群众运动的领袖。他们都是我们最好的干部，最勇敢的群众的领袖。正由于他们坚决领导群众的革命斗争，在群众中最有威信的领袖，所以更加引起帝国主义、国民党军阀的嫉视，而即刻加以暗杀。"[1]

1929 年 9 月 9 日，江苏省委发表通告，对彭湃等烈士惨遭屠杀表示谴责："彭湃、杨殷、颜昌颐、邢士贞四同志的牺牲，是党的一个莫大损失，同时也是中国革命的莫大损失。彭同志等领导工农群众的英勇的奋斗，使敌人的统治日趋动摇而采用残酷的屠杀，这是教训我们每一个同志认识了自己更大的责任，继续他们的精神，更坚决勇敢领导中国千百万工农群众走向推翻反动统治，完成中国革命，也就是完成他们的工作。各级党部必须号召广大群众起来反抗国民党屠杀中国革命的四个伟大的领袖。"[2]

当时的中央领导人瞿秋白同志撰文对彭湃给予高度评价，他指出："彭湃同志是中国农民运动第一个战士。""他是做群众运动工作的模范，他是真正能深入到群众里面去的同志。他的勇敢、果决的精神，工作的能耐，在从来未有的中国白色恐怖之下工作，这是党内同志无论哪一个都是极端的佩服他的。他是中国劳苦的农民群众顶爱的、顶尊重的领袖。"

彭湃的战友们也纷纷撰文纪念他。林甦发表了《哭彭湃同志》，文章十分感人，令人读后潸然泪下："你死了！你死了！你当真死了吗？当噩耗传来！赤心迸裂！我悲哀，愤激，痛哭，流泪！这不但各地的工农群众尤其是广东的东江，失了慈母般的悲惨！甚至全中国以及全世界被压迫的无产阶级，都与我们一样同情的悲哀，愤激，痛哭，流泪！然而你虽死，你的精神永不死！失掉了个你，还有无数千万的你继续地奋斗！

……这班敌人，为什么时时刻刻不放松你呢?！因为你是中国工农群众革命的领袖，曾领导过广东东江农民暴动，建立海陆丰苏维政权埃，谁都知道你特别是农民运动中，最有威信的群众领袖，又是无产阶级先锋队——中国共产党的指导者，同时也是中共中央政治局的委员。因此帝国主义国民党豪绅资产阶级，及一切民众

---

① 《彭湃研究史料》编辑组. 彭湃研究史料［M］. 广州：广东人民出版社，1981：84.

② 《彭湃研究史料》编辑组. 彭湃研究史料［M］. 广州：广东人民出版社，1981：87.

的敌人，为要压迫消灭中国革命，不惜处心积虑，对于群众领袖的你，下此毒手！更认清敌人之毒杀你，是整个的残酷的直接向中国广大劳苦群众的进攻，间接是向世界革命的压迫，你的死，是中国劳苦群众，中国革命，共产党，世界革命，莫大的损失！但是中国革命，世界革命的高涨，并不是因你之死，而低沉下去，更广泛更浩大的劳苦群众都起来向一切的敌人作反攻，以达到我们的胜利！

"你的英勇！你的伟大！不特给我们同志一个很深刻的印象，而且给革命民众一个很明显的认识；同时特别给负责同志们：比较严重而不能忘记的检阅自己，提防内敌的一个教训！不过我所最痛心！最痛的，是你在这长期奋斗当中，尚未展开发挥你革命的能力，创造的天才于万一！只开一条很鲜红很光大，明示我们拼命，努力奋斗，前进的血路！"①

1931 年 8 月，瑞金中央苏区为纪念彭湃，在宁都县分设彭湃县（次年 2 月复并宁都县）。1933 年 7 月 22 日，中华苏维埃共和国中央政府第四十六次人民委员会会议通过决议又设立彭湃县，区域范围在福建的宁化县、建宁县，江西的宁都县之间，县址设在宁化安远（1934 年中央红军长征后，县名自行消失）。

中华民族历经几千年的沧桑，却从来都不乏"人生自古谁无死，留取丹心照汗青""苟利国家生死以，岂因祸福趋避之"的先知先觉者和民族精英，是这些像文天祥、林则徐、彭湃等先知先觉者和民族精英维系着我们国家的生存与希望，这些人的精神是我们一代又一代人奋斗和幸福的精神"脐带"。虽然在和平年代已不需要作如此的牺牲了，但像彭湃等先烈那种面对民族命运勇于担当、敢于牺牲的高风亮节和革命情操，无论在任何时候，对任何人来说都是弥足珍贵的精神财富！

---

① 《彭湃研究史料》编辑组 . 彭湃研究史料 [M] . 广州：广东人民出版社，1981：337 - 338.

参考文献

［1］彭湃．彭湃文集［M］．北京：人民出版社，1981.

［2］彭湃．海丰农民运动［M］．［出版地不详］：［出版者不详］，1926.

［3］《彭湃研究史料》编辑组．彭湃研究史料［M］．广州：广东人民出版社，1981.

［4］陈平主．为理想奋斗的彭湃一家［M］．北京：人民出版社，2017.

［5］魏伟新．海丰革命在我党历史上的重要地位［M］//魏伟新．海丰学研究．广州：广东旅游出版社，2018.

［6］魏伟新．彭湃在中国农民运动中的十大创新［M］//魏伟新．海丰学研究．广州：广东旅游出版社，2018.

［7］魏伟新．我党早期的杰出军事领导人彭湃［M］//魏伟新．海丰学研究．广州：广东旅游出版社，2018.

［8］魏伟新．敢为人先、善于创新的彭湃［M］//魏伟新．海丰学研究．广州：广东旅游出版社，2018.

［9］魏伟新，黎明锋．血染沙场气化红——探寻彭湃对缔造人民军队的重要贡献［N］．汕尾日报，2019－08－30.

［10］魏伟新，黎明锋．"彭湃精神"与彭湃革命事迹［N］．海丰报，2019－08－30.

［11］侯枫．彭湃［M］．广州：广东人民出版社，1978.

［12］侯枫．彭湃的故事［M］．北京：中国少年儿童出版社，1980.

［13］华南农学院马列主义教研室，广东海丰县红宫纪念馆《彭湃传》编写

组．彭湃传［M］．北京：北京出版社，1984.

［14］曾文．彭湃年谱［M］//政协广东省海丰县委员会文史资料研究委员会．海丰文史：第十辑．汕尾：政协广东省海丰县委员会文史资料研究委员会，1993.

［15］叶佐能．彭湃与海陆丰革命根据地［M］．北京：中共中央党校出版社，2011.

［16］中共中央党史资料征集委员会，等．广州起义［M］．北京：中共党史资料出版社，1988.

［17］王克欧．红二、四师进入海陆丰后的斗争［M］//中国人民政治协商会议广东省委员会文史资料研究委员会．广东文史资料：第三十辑．广州：广东人民出版社，1981.

［18］杨东．彭湃：马克思主义在乡村大众化的先驱［J］．党的文献，2010（3）.

［19］赵和平．一枚东江暴动纪念章——海丰农民运动的缩影和见证［J］．广东党史，2004（1）.

［20］张淑贞．关于彭湃精神时代价值的若干思考［J］．探求，2008（4）.

［21］汪高鑫．彭湃对农民运动若干问题的认识［J］．安徽教育学院学报，1991（4）.

［22］余炎光．彭湃思想发展初探［J］．暨南大学学报（哲学社会科学版），1981（3）.

［23］江静，祝颜．彭湃：杰出的农民运动领袖［J］．党史博采，2007（4）.

［24］祝彦．彭湃对农民问题的认识与贡献［J］．毛泽东思想研究，2007（6）.

［25］栾盈菊．彭湃农民运动理论在广宁的实践与发展［J］．韶关学院学报，2011（11）.

［26］卢庆洪．中共历史上的七所彭杨军校［J］．党史博采，2011（2）.

［27］杨业竞．彭湃与我党早期的武装斗争［J］．暨南大学学报（哲学社会科学版），1982（1）.

［28］仝华．传承海陆丰苏维埃红色基因，建设新时代中国特色社会主义

［J］．红色文化学刊，2011（11）．

　　［29］李坚真．难忘的引路人［M］//中国人民政治协商会议广东省委员会文史资料研究委员会．广东文史资料：第三十二辑．广州：广东人民出版社，1981.

　　［30］王新生．略论彭湃农民运动思想［M］//汕尾市政协文史资料委员会．汕尾文史：第三十一辑．汕尾：汕尾市政协文史资料委员会，2020.

　　［31］谢乾生．海丰农民起义三次夺权斗争综述［M］//政协广东省海丰县委员会文史资料研究委员会．海丰文史：第十六辑．汕尾：政协广东省海丰县委员会文史资料研究委员会，1998.

　　［32］颜小石．试论海丰农民运动的基本特点［M］//政协广东省海丰县委员会文史资料委员会．海丰文史：第二十五辑．汕尾：政协广东省海丰县委员会文史资料研究委员会，2006.

　　［33］林雄辉．海陆丰对中国苏维埃运动的贡献［M］//中共海丰县委宣传部，中共海丰县委党史研究室．探索·先河——纪念海陆丰苏维埃建立九十周年征文选编．汕尾：中共海丰县委宣传部，中共海丰县委党史研究室，2017.

　　［34］柯楚彬．海陆丰苏维埃的经济工作［M］//中共海丰县委宣传部，中共海丰县委党史研究室．探索·先河——纪念海陆丰苏维埃建立九十周年征文选编．汕尾：中共海丰县委宣传部，中共海丰县委党史研究室，2017.

　　［35］马小芳．论彭湃对海陆丰农民运动的贡献［M］//中共海丰县委宣传部，中共海丰县委党史研究室．探索·先河——纪念海陆丰苏维埃建立九十周年征文选编．汕尾：中共海丰县委宣传部，中共海丰县委党史研究室，2017.

　　［36］邓荣元．中共八七会议与海陆丰土地革命斗争［M］//中共海丰县委宣传部，中共海丰县委党史研究室．探索·先河——纪念海陆丰苏维埃建立九十周年征文选编．汕尾：中共海丰县委宣传部，中共海丰县委党史研究室，2017.

　　［37］杨新英，罗晓梅．弘扬海陆丰革命精神，实现中华民族振兴［M］//中共海丰县委宣传部，中共海丰县委党史研究室．探索·先河——纪念海陆丰苏维埃建立九十周年征文选编．汕尾：中共海丰县委宣传部，中共海丰县委党史研究室，2017.

［38］吴继金．彭湃的革命艺术宣传［EB/OL］．广东党史网，2016.

［39］吴继金．彭湃的形象教育法［M］//中共海丰县委宣传部，中共海丰县委党史研究室．挥索·先河——纪念海陆丰苏维埃建立九十周年征文选编．汕尾：中共海丰县委宣传部，中共海丰县委党史研究室，2017.

［40］孙莉娜．浅析彭湃早期思想及其农民宣传工作的社会历史背景［M］//中共海丰县委宣传部，中共海丰县委党史研究室．探索·先河——纪念海陆丰苏维埃建立九十周年征文选编．汕尾：中共海丰县委宣传部，中共海丰县委党史研究室，2017.

［41］王宋斌．海陆丰苏维埃建立的主要特点及其历史意义［M］//中共海丰县委宣传部，中共海丰县委党史研究室．探索·先河——纪念海陆丰苏维埃建立九十周年征文选编．汕尾：中共海丰县委宣传部，中共海丰县委党史研究室，2017.

后 记

这部著作算是对海陆丰革命、彭湃的贡献和"彭湃精神"的一个深度挖掘与整理、总结。从近 1 000 多万字的史料中爬梳，确实花了不少时间和精力，比如关于农民诊所（药房）、平民医院的医师的信息，很多资料都只是一笔带过，没有具体的名单，只能从一本本的史料、回忆录中一个个地挖掘。

不过这部著作能够成书并出版，要感谢不少人，首先要感谢著名历史学者彭年教授的悉心指导和大力支持；其次要感谢林泽民、叶佐能、林忠佳、曾文等老一辈党史工作者和家乡党史办的同志，他们收集和整理了很多的资料；再次要感谢汕尾政协、海丰政协、陆丰政协的同志，他们提供了《汕尾文史》《海丰文史》《陆丰文史》等资料，汕尾市党史办、海丰党史办、陆丰党史办的同志提供了许多宝贵资料，以及帮笔者收集、寻找这些珍贵资料的老友新朋林奕生、谢立群、柯明文、陈孝能、罗晓梅、翁柱东、冯国强、黄大毅等；最后要感谢暨南大学出版社社长张晋升、总编晏礼庆和策划编辑曾鑫华等对本书策划与编审的高度重视。

著 者
2021 年 3 月